ACADÉMIE ROYALE DE BELGIQUE. — COMMISSION ROYALE D'HISTOIRE

LE
SOULÈVEMENT DE LA FLANDRE MARITIME
DE 1323-1328

DOCUMENTS INÉDITS
PUBLIÉS AVEC UNE INTRODUCTION
PAR

Henri PIRENNE
PROFESSEUR A L'UNIVERSITÉ DE GAND

BRUXELLES
Librairie KIESSLING et Cⁱᵉ
P. IMBREGHTS, SUCCESSEUR
54, MONTAGNE DE LA COUR, 54

1900

HAYEZ, IMPRIMEUR DE L'ACADÉMIE

LE
SOULÈVEMENT DE LA FLANDRE MARITIME
DE 1323-1328

ACADÉMIE ROYALE DE BELGIQUE. — COMMISSION ROYALE D'HISTOIRE

LE
SOULÈVEMENT DE LA FLANDRE MARITIME
DE 1323-1328

DOCUMENTS INÉDITS

PUBLIÉS AVEC UNE INTRODUCTION

PAR

Henri PIRENNE

PROFESSEUR A L'UNIVERSITÉ DE GAND

BRUXELLES

Librairie KIESSLING et Cie

P. IMBREGHTS, SUCCESSEUR

54, MONTAGNE DE LA COUR, 54

1900

INTRODUCTION

Le XIV⁰ siècle fut agité, on le sait, dans presque tout l'Occident de l'Europe, par de très violentes luttes sociales. Ces luttes eurent surtout les villes pour théâtre et les artisans pour acteurs. Mais le peuple des campagnes ne laissa pas que d'y jouer un rôle important. Si les paysans furent moins constants dans leurs efforts que les gens de métier, s'ils eurent moins nettement conscience du but à atteindre, s'ils disposèrent de moins de ressources, les mouvements auxquels ils prirent part se distinguent, en revanche, par leur soudaineté et leur violence. La Jacquerie en France (1), le soulèvement de 1381 en Angleterre (2) présentent, à cet égard, une physionomie caractéristique. Il en est de même de la révolte de la Flandre maritime en 1323-1328, qui, pour avoir été peu étudiée jusqu'ici, offre cependant un très vif intérêt et fournit bon nombre de particularités

---

(1) Siméon Luce, *Histoire de la Jacquerie d'après des documents inédits.* Nouvelle édition. Paris, 1895. — Add. J. Flammermont, *La Jacquerie en Beauvaisis* (Revue historique, t. IX, 1879, pp. 123 et suiv.).

(2) Voir sur cet événement l'excellent travail de MM. A. Réville et Ch. Petit-Dutaillis, *Le soulèvement des travailleurs d'Angleterre en 1381.* Paris, 1898.

instructives pour l'histoire sociale de l'époque (1). On trouvera dans ce volume un certain nombre de documents destinés à la faire mieux connaître.

Cette révolte donne lieu tout d'abord à deux observations importantes. Il faut remarquer, en effet, d'une part, qu'elle se rattache, sinon dans son principe au moins dans son développement, au soulèvement de Bruges et d'Ypres contre Louis de Nevers; d'autre part, qu'elle ne s'étendit pas à toute la Flandre mais resta localisée dans le Franc de Bruges et surtout dans les châtellenies de Furnes, de Bergues, de Cassel, de Bailleul et de Bourbourg.

Nous ne pouvons songer à étudier ici les causes diverses qui amenèrent deux des trois grandes villes de Flandre à s'insurger contre le comte. Nous nous bornerons à exposer plus loin leur influence sur le mouvement agraire qui fait l'objet de cette publication. En revanche, il est indispensable de rechercher pourquoi celui-ci ne se propagea point en dehors d'un territoire relativement restreint, d'indiquer les motifs qui le provoquèrent, et de fixer enfin les phénomènes spéciaux par lesquels il s'est manifesté.

---

(1) KERVYN DE LETTENHOVE a raconté le soulèvement en détail dans son *Histoire de Flandre*, t. III, pp. 118 et suivantes. Mais, visiblement influencé par les idées d'Augustin Thierry, il a voulu y voir une lutte de race analogue à celle des Saxons et des Normands en Angleterre. Pour lui, les révoltés du littoral sont des « Karls » (Kerels) Saxons, en qui revivent les « passions tumultueuses » et les « fureurs impies » de leurs ancêtres. Cette conception bizarre n'a pas manqué de passer dans maints ouvrages de vulgarisation et a singulièrement contribué à propager dans le public des idées radicalement fausses sur l'histoire de Flandre. Les erreurs et les contresens sur lesquels elle repose ont été fort bien exposés par M. H. VAN HOUTTE, *Les Kerels de Flandre*, Louvain, 1898.

I.

La longue bande de bruyères et de dunes qui, du pays de Waes à Dunkerque, coupe la Flandre en diagonale, a partagé cette contrée, pendant de longs siècles, en deux régions nettement distinctes (1). A l'est, dans les terres fertiles arrosées par la Lys et par l'Escaut, l'organisation domaniale s'introduisit de bonne heure, et si, grâce à l'activité de la vie sociale, le servage y disparut presque complètement au cours du XIII° siècle, le pays, couvert d'anciens monastères, de seigneuries foncières, de juridictions féodales, conservait pourtant à cette époque des traces nombreuses du passé et présentait en somme une constitution agraire analogue à celle des territoires voisins. Il en allait tout autrement à l'ouest. Là, le sol était pauvre et froid, couvert de « moeres » et de « wastines », exposé à l'invasion des flots que n'arrêtait pas encore le bourrelet de dunes qui défend aujourd'hui le littoral (2). Les Francs n'avaient que très peu colonisé cette côte inhospitalière, et il semble bien que la majeure partie de la population y était d'origine frisonne. En tous cas, elle se distinguait du reste des habitants de la Flandre par la rudesse et la sau-

---

(1) H. PIRENNE, *Histoire de Belgique des origines au commencement du XIV° siècle* (Bruxelles 1900), pp. 14, 15. Pour les caractères spéciaux que présente la région maritime de la Flandre, voir *Ibid.*, pp. 133 et suiv. et 274 et suiv.

(2) D'après les travaux des géologues, les dunes de la côte belge ne remonteraient guère qu'aux XIII°-XIV° siècles et seraient dues à un relèvement de la côte. Voy. A. RUTOT, *Les origines du quaternaire de la Belgique* (Bull. de la Soc. belge de géologie, t. XI, 1897), p. 130 du tirage à part.

vagerie de ses mœurs (1). Charles le Bon périt victime de ses efforts pour lui imposer les lois de paix (1127), et, au commencement du XIII® siècle, elle était encore déchirée par les guerres que se livraient les fractions rivales des Blavoetins et des Ingrekins (2). Le christianisme ne se répandit que lentement dans la région. Au XII® siècle, des superstitions payennes vivaient encore parmi la noblesse (3).

Mais c'est surtout par leur condition sociale et leur situation économique que les habitants de la côte présentaient une physionomie particulière. L'organisation domaniale ne fut pas introduite dans leur pays de marécages et de bruyères. Avant le XII® siècle, on n'y rencontre que de rares monastères. La noblesse y était nombreuse, mais ses biens étaient peu considérables, et, à part les châtelains qui, du chef de leurs fonctions possédaient des revenus abondants, elle formait une classe de soldats laboureurs, probablement analogues aux *edeling* des régions frisonnes du nord. Aussi le servage n'absorba-t-il pas, dans ce coin de terre, la classe des paysans. Il n'y est fait

---

(1) WALTER, *Vita Caroli comitis Flandriae*, Mon. Germ. Hist. Script., t. XII, § 12, 15, 18; le même, *Vita Johannis Warnestunensis*, Ibid., t. XV, p. 1146. Add. *Miracula S. Ursmari in itinere per Flandriam facta*, Ibid., p. 839; HARIULF, *Vita S. Arnulfi Suessionnensis*, Ibid., p. 879; *De S. Donatiano*, Ibid., p. 858.

(2) LAMBERT D'ARDRES, *Chronicon Ghisnense et Ardense*, édit. G. Ménilglaise (Paris, 1855), pp. 220, 381, 383. Les Blavoetins semblent originaires du pays de Furnes. On remarquera combien le nom de Blauvoet est fréquent dans l'inventaire publié plus loin. Sur les Blavoetins et les Ingrekins, voy. Reiffenberg, préface à son édition de Philippe Mousket, t. II, pp. LXXII et suiv.

(3) HARIULF, *Vita S. Arnulphi*, Mon. Germ., Hist. Script., t. XV, p. 873.

mention ni de corvées, ni de juridiction patrimoniale, ni de ces droits privés qui pesaient ailleurs sur les personnes : meilleur catel, morte-main, droit de poursuite, de formariage, etc. La charte du Franc de Bruges (1), rédigée pendant le règne de Philippe d'Alsace, nous laisse voir très clairement que le fonds de la population consistait en hommes libres. Elle mentionne, il est vrai, à côté d'eux, les *homines ecclesie* de Saint-Donatien, mais on sait qu'il ne faut entendre par cette expression que des individus placés sous l'avouerie de l'Église et tout à fait différents des serfs de corps des grands domaines.

Ainsi, dans la contrée maritime, les hommes ne furent point répartis dans des cadres domaniaux. Le pouvoir des *villici* et des *ministeriales* seigneuriaux ne s'étendit point sur eux. La juridiction privée ne les arracha point à la juridiction publique. Ils conservèrent dans ses traits essentiels leur constitution germanique primitive. Le comte ou ses représentants, les châtelains, continuèrent de présider les *gouding* où, à époques fixes, se réunissaient les échevins, choisis parmi les principaux propriétaires de chaque circonscription (2).

En sa qualité de haut justicier, le comte possédait le domaine éminent des terres vagues si nombreuses dans la région. De bonne heure, dès le XI siècle en tous cas, il les a distribuées en un certain nombre de *ministeria* (*ambachten = métiers*) placés sous la surveillance de fonc-

---

(1) WARNKOENIG-GHELDOLF, *Histoire de Flandre*, t. IV, p. 363, et *Coutumes du Franc de Bruges* (*Collection des Coutumes belges*), t. II, p. 3.

(2) GALBERT, *Histoire du meurtre de Charles le Bon*, édit. Pirenne, p. 81, mentionne les échevins d'une foule de villages des alentours de Bruges, comme chefs des *meliores et fortiores* des habitants.

tionnaires appelés notaires (1). Ces notaires n'ont rien de commun avec les maires domaniaux, chefs et juges des *familie* serviles. Leurs attributions sont purement financières. Ils ont à tenir note des revenus de leurs circonscriptions, et, à époques fixes, ils se réunissent sous la présidence du comte ou de son chancelier pour rendre leurs comptes.

L'augmentation naturelle de la population ne tarda pas à susciter dans le pays un nouveau genre d'activité. L'espace manquant pouvait être conquis sur les flots ou sur les marécages et les bruyères, et, depuis la fin du X° siècle, on se mit résolument à l'œuvre. Le comte prêta un concours actif aux habitants, et les abbayes cisterciennes, fondées dans la région au cours du XII° siècle, apportèrent de leur côté une collaboration énergique à l'œuvre entreprise. Ce n'est pas ici le lieu de décrire les procédés employés et les résultats obtenus. Il nous suffira de constater que, dans la seconde moitié du XIII° siècle, d'étonnants progrès étaient réalisés. Les « solitudes » avaient disparu en grande partie. La côte était bordée de digues, le régime des eaux régularisé (2). La population s'était multipliée au point que, vers 1250, l'évêque de Tournai, Walter de Marvis, devait procéder à l'érection d'une foule de nouvelles paroisses (3). Le système de l'assolement triennal faisait place à des procédés perfectionnés de

---

(1) Sur ces notaires, voy. H. PIRENNE, *La chancellerie et les notaires des comtes de Flandre avant le XIII° siècle*, (*Mélanges J. Havet*, Paris, 1895), pp. 733 et suiv.

(2) H. PIRENNE, *Histoire de Belgique*, pp. 274 et suiv.

(3) DESCAMPS, *Walter de Marvis* (*Mémoires de la Soc. historique de Tournai*, t. I). — J.-O ANDRIES, *La bruyère de Bulscamp* (*Annales de la Soc. d'Émulation de Bruges*, t. XVII, pp. 271 et suiv.).

culture intensive (1). Les « terres-neuves » gagnées sur les marécages ou sur la mer étaient organisées en wateringues. L'élevage du bétail, trouvant des débouchés assurés dans les grandes villes voisines d'Ypres et de Bruges, était particulièrement florissant. Les pâturages appartenant au comte, aux abbayes ou à la noblesse étaient divisés en *heerdnessen* placés sous la surveillance de *hooftmannen* et donnés à cens aux particuliers (2).

Si la mise en culture des landes et des terres inondées augmenta de beaucoup l'importance des domaines du comte, si les abbayes cisterciennes, et particulièrement celle des Dunes, fondée vers l'an 1107, se trouvèrent bientôt à la tête d'un très vaste capital foncier, si les nobles, très nombreux dans la contrée, durent profiter aussi des progrès accomplis, la classe des paysans en ressentit également les heureux effets. Les petits propriétaires libres, loin de disparaître, virent croître leur nombre. Les « hôtes » (*hospites*) appelés par le comte dans les terrains à défricher recevaient en effet des tenures héréditaires moyennant un cens minime. Dans les wateringues, les terres endiguées appartenaient à tous ceux qui avaient contribué à l'établissement des digues au prorata de leur participation au travail. Il suffit de parcourir un cartulaire de la région (3)

---

(1) Voy. plus loin page 208. La division des 24 mesures de Jean de Saint-Nicholay en 8 mesures de blé, 8 mesures d'avoine et 8 mesures de fèves ne comporte pas de jachère et exclut ainsi le système de l'assolement triennal.

(2) GILLIODTS-VAN SEVEREN, *Coutumes de la ville et châtellenie de Furnes*, t. I (Introduction), p. 101. Ces *hooftmannen* sont naturellement tout autre chose que les *hooftmannen* (capitaines) nommés par le peuple pendant la révolte.

(3) Par exemple, celui de l'abbaye des Dunes ou celui de Saint-Nicolas de Furnes.

pour constater que le morcellement du sol était extrême. C'est par centaines que nous avons conservé les chartes par lesquelles de petits propriétaires vendent, échangent ou achètent des parcelles de quelques « mesures » ou même de quelques « lignes » de terre. L'inventaire des héritages des morts de Cassel fournit d'ailleurs un témoignage aussi éloquent que précis à cet égard. Non seulement il nous montre que presque tous les habitants des châtellenies de Furnes, Bergues, Cassel et Bailleul étaient possesseurs de terres et de maisons, mais il atteste aussi qu'un très grand nombre d'entre eux détenaient de petits fiefs. Ajoutons, enfin, que le fermage libre, introduit en Flandre dès la fin du XII° siècle, fournissait encore à une foule d'individus les moyens de mener une existence indépendante (1).

C'est au moment même où cette situation nouvelle s'établit que le régime politique de la contrée reçut l'organisation qu'il devait conserver sans changements essentiels jusqu'à la fin du XVIII° siècle. Cette organisation apparaît, en somme, comme l'adaptation à une époque et à des nécessités nouvelles de la vieille organisation judiciaire germanique. Chaque châtellenie continua, comme par le passé, à former une circonscription distincte. A la place du châtelain, réduit à la possession de revenus féodaux et de droits honorifiques, apparaît maintenant, à la tête de chacune d'elles, le bailli du comte. Des échevins ou

---

(1) Les paroles suivantes des *Annales Gandenses* « Flandrenses homines fortes et bene nutriti » (édit. Funck-Brentano, p. 22) concernent cette partie de la population qui prit part à la guerre contre la France de 1302 à 1304, c'est-à-dire non seulement les gens de métier des villes, mais aussi les paysans de la côte, ceux de l'intérieur n'y ayant joué aucun rôle.

« coratores, » (*keuriers* = *keurheeren*) forment une cour de justice, organe de la coutume territoriale, en même temps qu'un conseil d'administration. C'est à eux que sont rattachés les échevinages locaux existant dans les paroisses. Ainsi chaque châtellenie ou *ambacht* forme une sorte de commune territoriale. Elle se trouve, vis-à-vis du comte, dans la même situation que les grandes villes du pays. Comme elles, elle possède sa loi, ses privilèges, son tribunal; comme elles, elle jouit d'une large autonomie; comme elles enfin, elle constitue une corporation reconnue et garantie par le droit public. Les habitants se nomment « keurfrères » (*keurbroeders*) et sont rattachés les uns aux autres par le lien de la défense et de la protection mutuelles.

Des chartes octroyées en 1240 introduisirent, d'une manière identique, dans les châtellenies de Bergues, de Bourbourg et de Furnes, l'organisation dont nous venons de décrire les traits principaux (1). De plus, le « Hoop » de Furnes, assises où se réunissaient périodiquement les keuriers de Bergues, de Bourbourg et de Furnes, contribuait à maintenir dans tout le pays une étroite solidarité (2). Les châtellenies de Cassel et Bailleul formaient de leur côté un « Hoop » siégeant à Hazebrouck (3).

On comprend combien une telle organisation dut pro-

---

(1) *Keure de Bergues et de Bourbourg*, juin, 1240; Keure de Furnes, juillet, 1240. Édit Warnkoenig, *Flandrische Staats- und Rechtsgeschichte*, t. II² P. J., p. 73; Gilliodts-Van Severen, *op. cit.*, t. III, p. 27; E. de Coussemaker, *Keure de Bergues, Bourbourg et Furnes* (Annales du Comité flamand de France, t. V).

(2) Hesdey, *Essai sur le statut du Mont ou Hoop d'Hazebrock*. Dunkerque, 1890.

(3) Gilliodts-Van Severen, *op. cit.*, pp. 55 et suiv.

pager chez les habitants de la côte l'énergie, la vigueur et la santé morale. Le *self-government*, l'aptitude à s'administrer soi-même et à s'imposer une discipline dans l'intérêt commun pénètrent chez eux dans tous les domaines. Dès le XIIIe siècle, on voit apparaître, au moins dans la châtellenie de Furnes, des associations contre l'incendie et la perte du bétail (1).

Telle était la situation dans la châtellenie de Furnes et dans les territoires voisins quand éclata la guerre entre Philippe le Bel et Gui de Dampierre. Dès le début des opérations militaires, cette région fut occupée par les Français (2). La noblesse et les patriciens des villes qui, depuis longtemps, on le sait, s'étaient placés sous la protection de la couronne pour tenir en échec le pouvoir du comte, reçurent les troupes royales avec enthousiasme. Des garnisons furent établies, des impôts frappés par la « chambre des renenghes » de Lille (3). Après l'annexion de la Flandre, le gouverneur français, Jacques de Châtillon, ne sut pas empêcher l'aristocratie d'exploiter à son profit les événements qui venaient de s'accomplir. Les formidables émeutes qui ensanglantèrent les rues de Gand et de Bruges en 1301 témoignent suffisamment de l'intensité de la réaction qui dut alors se produire. Dans le plat pays, si les paysans de l'intérieur, dépourvus d'organisation et accoutumés au régime seigneurial, semblent s'être facilement résignés, il n'en fut pas de même des populations de la côte, habituées à s'administrer elles-mêmes et conscientes de leurs droits et de leurs privilèges. Le mécontentement y fut bientôt général.

---

(1) Gilliodts-Van Severen, *loc. cit.*, p. 185.
(2) *Annales Gandenses*, éd. Funck-Brentano, pp. 27, 28.
(3) Limburg-Stirum, *Codex diplomaticus Flandriae*, t. II, p. 152.

Les *vulgares* se plaignaient amèrement d'être « oppressi et quasi ad servilitatem redacti » (1).

Le soulèvement des artisans brugeois en 1302, aussitôt suivi de l'arrivée en Flandre des fils de Gui de Dampierre et de Guillaume de Juliers, mit fin à l'occupation française. Quelques jours après, Guillaume se dirigeait le long de la côte et se voyait accueilli avec transports (*toto corde*) par les paysans. Les garnisons royales et les Leliaerts s'empressaient de fuir sans essayer une vaine résistance. Cassel seul ne se rendit qu'après un siège (2). Dès le mois de juin, tout le pays, de Bruges au Neuf-Fossé, appartenait au peuple et se mettait en armes.

Ses habitants prirent une part active, sous le commandement de Guillaume de Juliers, à la guerre qui aboutit en 1304 au traité d'Athis (3). Ils furent, en partie du moins, à Courtrai, attaquèrent Saint-Omer en 1303, pillèrent Térouanne, combattirent à Mons-en-Pevèle et assistèrent au siège de Lille. L'aspect que présentaient alors les châtellenies peut être comparé assez exactement à celui des campagnes françaises pendant les premières années de la Révolution. Le peuple, se sentant puissant, se persuada qu'il était invincible et se crut tout permis. Une loi martiale fut établie (4); les biens des « émigrés » mis sous séquestre servirent à faire face aux dépenses mili-

---

(1) *Annales Gandenses*, p. 28.
(2) *Ibid.*, p. 28.
(3) *Ibid.*, p. 42.
(4) *Annales Gandenses*, p. 93. Ajoutez l'ordonnance de Philippe de Thiette du 15 janvier 1304, dans A. Vandenpeereboom, *Ypriana*, t. IV, p. 411.

taires. Le contact continu dans les armées avec les gens de métier répandait chez les paysans les idées démocratiques qui fermentaient dans les villes. La haine contre la France, soutien des nobles et des Leliaerts, s'exaspérait. A Térouanne, les gens de la Westflandre décapitèrent sur le marché une statue de Saint-Louis (1). Guillaume de Juliers et les fils du comte, obligés de ménager ce peuple qu'ils conduisaient au combat, laissaient faire...

Dans ces circonstances, on comprend la fureur que dut provoquer le traité d'Athis. Ces artisans et ces paysans qui n'avaient pas été vaincus se voyaient condamnés à d'énormes amendes, à la perte de leurs privilèges, à des serments humiliants. Les Leliaerts rentraient en foule dans le pays, exigeant avec arrogance des dédommagements pour les pertes subies par eux pendant la guerre. Quoi d'étonnant dès lors si la paix apparut au peuple comme une trahison? N'étaient-ce pas les nobles d'ailleurs qui l'avaient négociée et pouvait-on douter qu'elle ne fût une machination complotée entre le roi, le comte et l'aristocratie pour opprimer les *vulgares* (2)? Les âmes simples des gens du « commun » ne pouvaient comprendre les considérations politiques qui avaient contraint Robert de Béthune à accepter le traité d'Athis (3). Pleins de confiance dans leurs forces, ils ne craignaient pas la continuation de la guerre. Enflés par leur succès récents,

---

(1) *Chronique artésienne*, éd. Funck-Brentano, p. 68. D'après les *Annales Gandenses*, p. 30, les Français avaient traité de même les statues des saints lors de leur expédition en Flandre en 1302.

(2) *Annales Gandenses*, p. 93.

(3) H. Pirenne, *Histoire de Belgique*, p. 393.

ils affichaient leur mépris pour les troupes françaises (1). Le soupçon qui s'était emparé d'eux attisait leur vieille haine contre les Leliaerts. Leur parti fut bientôt pris de ne point exécuter les clauses de la paix.

Les tentatives du comte pour lever les amendes dues au roi provoquèrent dans les grandes villes et parmi les paysans de la côte de furieux soulèvements. Nous n'avons malheureusement aucun renseignement sur ce qui se passa dans les châtellenies de Furnes à Cassel, mais nous savons qu'en 1309, les habitants du pays de Waes se révoltèrent, se donnèrent pour chefs des *hooftmannen* et que Robert de Béthune dut faire appel à la noblesse pour les réduire. Après une lutte sanglante, les rebelles déposèrent les armes ; vingt-cinq capitaines furent bannis, cinq furent condamnés au dernier supplice (2). Deux ans plus tard, en 1311, des faits analogues se produisirent à Ardenbourg (3), et nous sommes bien obligés de croire que la résistance s'était propagée dans la plus grande partie du comté, lorsque nous voyons, en 1311, Philippe le Bel chercher à justifier ses intentions aux yeux des Fla-

---

(1) *Annales Gandenses*, p. 22. Le même sentiment anime encore les discours de Zannekin à ses troupes avant la bataille de Cassel. Voy. *Chronicon comitum Flandrensium* dans *Corpus Chronicorum Flandriae*, t. I, p. 205.

(2) *Ibid.*, p. 99. Il faut remarquer que ce soulèvement du pays de Waes s'explique parfaitement par les causes générales que nous avons exposées. La *terra Wasiae* formait, en effet, comme les châtellenies de Furnes, Bergues, etc., une commune territoriale (voy. sa keure dans WARNKOENIG, *Flandrische Staats- und Rechtsgeschichte*, t. II³ P. J., p. 178), et ses habitants avaient pris part à la guerre contre la France (*Annales Gandenses*, p. 38).

(3) SAINT-GENOIS, *Inventaire analytique des chartes des comtes de Flandre*, p. 356, n°ˢ 1239-1242. LIMBURG-STIRUM, *loc. cit.*, p. 202.

mands (1), et surtout lorsque nous constatons qu'en 1317, sur 1,500,000 livres dues au roi, 480,000 seulement avaient été payées (2).

A ce moment d'ailleurs, la perception des amendes avait complètement cessé depuis trois ans (3). Le comte avait lancé, en 1314, une protestation contre le roi (4) et repris les hostilités contre la France. Du même coup, il avait recouvré la faveur du peuple et rompu avec la noblesse et le patriciat. De nouveau la dynastie s'appuyait sur les gens de métier et les paysans, qui, enhardis par cette attitude, ne manquèrent pas de se venger sur le parti adverse des griefs qu'ils lui reprochaient depuis dix ans. En 1315-1316, une émeute éclatait à Bergues contre les keuriers, et l'on entendait de nouveau retentir ce vieux nom de « Blauwvoeten », jadis si célèbre dans la région (5).

---

(1) LIMBURG-STIRUM, op. cit., t. II, p. 208.

(2) FUNCK-BRENTANO, Documents relatifs aux formes diplomatiques aux XIIIe et XIVe siècles (Revue d'histoire diplomatique, 1897), p. 73 du tirage à part.

(3) Nous savons, en effet, que du 17 septembre 1313 au 10 octobre 1322, c'est-à-dire jusqu'au commencement du règne de Louis de Nevers, Bruges ne paya plus rien au roi.

(4) FUNCK-BRENTANO, Philippe le Bel en Flandre, p. 649.

(5) SAINT-GENOIS, Inventaire des chartes des comtes de Flandre, n° 575, p. 168. Saint-Genois date le texte de l'enquête à laquelle nous empruntons ces détails de 1290 environ. Mais cette date est inadmissible, plusieurs des témoins cités déclarant s'être trouvés au siège de Lille pendant les événements sur lesquels on les interroge. Or il n'y a pas eu de siège de Lille en 1290, tandis que des armées flamandes parurent fréquemment sous les murs de cette ville en 1314-1315. Il est certain d'ailleurs que la révolte fut provoquée par la levée d'impôts, c'est-à-dire fort probablement par les amendes royales. Les faits mis à charge de « li communs dou terroir de Bergues » sont d'avoir marché « à banière desploiée sour le capitaine [comtal] de Bergues et dou teroir et sour le bailliu », d'avoir

C'est au milieu de ces circonstances que s'ouvrit le règne de Louis de Nevers (septembre 1322). Dès les premiers jours, ce jeune prince de 18 ans, pour résister aux entreprises de son oncle Robert de Cassel et de ses sœurs qui revendiquaient l'héritage de Robert de Béthune, se vit obligé de recourir à l'assistance du roi et ne fut plus dès lors qu'un instrument entre ses mains. En quelques semaines tout fut transformé en Flandre. La perception des amendes reprit, la noblesse et le patriciat redevinrent tout-puissants, une nouvelle réaction contre le « commun » se manifesta (1).

La révolte de Bruges, au mois de juin 1323, provoquée par la cession du port de l'Écluse à Jean de Namur, fut le prologue d'un soulèvement populaire qui devait durer jusqu'à la défaite de Cassel en 1328. Il s'étendit à presque toutes les villes flamandes ainsi qu'aux populations de la côte du Zwin au Neuf-Fossé. Si le pays de Waes et les

---

« enforchiet » les prisonniers et d'avoir fait une alliance « pour tuer les coeriers ». Les griefs invoqués par les émeutiers touchaient la gestion financière des keuriers. Un de leurs chefs, Jehan li Brabanteres « disoit.. Elas! Blauvox, vous convient-il tant payer ».

(1) Nous ne pouvons qu'indiquer dans cette introduction, sans entrer dans tous les détails, les diverses phases de la révolte de 1323-1328, en nous attachant surtout à la Westflandre. La source la plus sûre et la mieux informée est le récit contemporain du *Chronicon comitum Flandrensium* (Corpus Chronicorum Flandriae, t. I, pp. 184-209, Cf. *Thesaurus Anecdotorum*, t. III), qui a été suivi par Adrien De Budt (*Corpus Chronicorum Flandriae*, t. I, p. 316). Gilles le Muisit (*Ibid.*, t. II, pp. 209-212) est très incomplet. La *Chronique normande* (éd. A. et É. Molinier, pp. 33 et suiv.) et la *Chronique de Denys Sauvage* (éd. KERVYN DE LETTENHOVE, *Istore et Cronique de Flandre*, t. I, pp. 328 et suiv.) sont également assez maigres. On trouve quelques bons détails dans le continuateur de Guillaume de Nangis (éd. Géraud, t. II, pp. 51 et suiv.) et dans Villani (éd. Muratori, t. XIII, pp. 547 et suiv.).

Quatre-Métiers n'y furent pas entraînés, c'est bien certainement que Gand, resté au pouvoir des patriciens, demeura fidèle au comte et les contraignit, bon gré mal gré, à l'obéissance.

Les premiers symptômes de la rébellion, chez les paysans des territoires situés au nord et à l'ouest de Bruges, nous apparaissent dès la fin de 1323. Les comptes de la ville de Gand nous apprennent que, dès le commencement du mois de novembre de cette année, des troubles avaient éclaté dans le Franc et avaient gagné, au mois de décembre, les châtellenies de Furnes et de Bergues (1). Les pièces publiées plus loin ne peuvent laisser aucun doute sur les causes occasionnelles de ce « discord ». Le peuple se plaignait de la conduite des keuriers recrutés dans la classe des chevaliers et des patriciens et dont quelques-uns, bannis pour leurs abus pendant les dernières années, n'avaient pas craint de reprendre leurs fonctions. On les accusait de taxer arbitrairement les contribuables, de s'attribuer illégalement des frais et vacations, de distribuer des dons et de contracter des dettes sans rendre compte de leur gestion (2).

En l'absence du comte qui séjournait alors dans son comté de Nevers, le sire d'Aspremont, garde ou ruwaert de Flandre, et les trois grandes villes tentèrent de rétablir l'ordre. Mais leurs négociations avec les émeutiers restèrent sans effet. Le bruit se répandait parmi ceux-ci que le prince était parti pour toujours et qu'il avait troqué la Flandre

---

(1) *Cartulaire de la ville de Gand. Comptes de la ville et des baillis de Gand* (1280-1336), publiés par J. Vuylsteke, t. I, p. 340.

(2) Voy. plus loin, pp. 165-180, et add. *Chronicon comitum Flandrensium*, p. 187.

contre le comté de Poitiers (1). Les instances du sire d'Aspremont firent enfin comprendre à Louis que son retour était indispensable (2). Il arriva au mois de janvier 1324. Les châtellenies de la côte étaient alors en pleine révolte (3). Le peuple n'obéissait plus aux baillis ; il avait emprisonné les keuriers et les collecteurs d'impôts, abattu les maisons des nobles et il s'était donné des capitaines (4). Bien que les chroniques ne mentionnent pas la participation de Zannekin à ces événements, il faut croire pourtant qu'il y joua un rôle assez actif et qu'il y fit son apprentissage d'agitateur et de tribun, car, au mois de mars 1324, eut lieu une enquête sur les excès dont il s'était rendu coupable dans le métier de Furnes (5).

Louis de Nevers ne semble pas avoir songé sérieusement à réprimer le mouvement (6). Il y eut bien quelques exécutions pour « trahison » envers la personne du comte (7), mais on en vint tout de suite à un arrangement. Une commission d'arbitres, composée de Robert de Cassel et

---

(1) Voy. plus loin, p. 164.
(2) Voy. plus loin, p. 163.
(3) Le mouvement avait pris tout de suite un caractère d'extrême gravité : « Tantusque et tam periculosus factus est tumultus, quod talis a seculis non est auditus. » *Chronicon comitum Flandrensium*, p. 187.
(4) Voy. plus loin, p. 179.
(5) *Cartulaire de la ville de Gand*, loc. cit., p. 342.
(6) « Hunc sedavit superficialiter tumultum. » *Chronicon comitum Flandrensium*, p. 187.
(7) J. DE COUSSEMAKER, *Documents inédits relatifs à la ville de Bailleul en Flandre*, t. I, p. 69. (Acte du 14 juillet 1324, par lequel Louis de Nevers donne commission à Philippe, sire d'Axelle, pour s'informer si Robert de Flandre possède réellement la justice dans le lieu où a été pris et exécuté Gilles de Baklerode, coupable de trahison envers le comte.) — Cf. GILLIODTS-VAN SEVEREN, *Coutumes de Furnes*, t. III, p. 81.

des bourgmestres et échevins de Bruges, de Gand et d'Ypres, fut chargée de s'informer de ce qui s'était passé et de prononcer une sentence. De ces arbitres un bon nombre étaient favorables aux émeutiers. Nous avons conservé l'avis des échevins d'Ypres qui reconnait sans réserves le bien fondé de leurs griefs (1). Le 28 avril 1324, une décision définitive intervint. Elle proclamait l'amnistie, déposait pour toujours quelques-uns des keuriers et mettait à la charge des magistrats les dépenses qui avaient été effectuées sans le consentement du peuple (2). Celui-ci l'emportait donc et il ne fallait pas s'attendre, dès lors, à le voir modifier son attitude (3). Le succès augmenta la popularité des capitaines et l'audace du « commun ». Les vagues aspirations communistes, qui depuis longtemps déjà devaient s'être emparées des petites gens, se précisaient. Les paysans s'opposaient à la perception des dîmes et prétendaient obliger les abbayes à faire départir les « blés yssans des dictes dismes, cueillis et mis ès granges des... religieux... en pain aux povres demourant ou terrouer (4) ».

A peine le comte a-t-il quitté la Flandre, la révolte éclate de nouveau. Cette fois, elle n'a plus comme prétexte

---

(1) Voy. plus loin, p. 168.
(2) Voy. plus loin, p. 171.
(3) « Quicumque fuerant tumultus hujus incentores, in perniciosum exemplum posteris fuerunt honorati et super alios elevati. » *Chronicon comitum Flandrensium*, p. 187.
(4) Van Lokeren, *Chartes de l'abbaye de Saint-Pierre de Gand*, t. II, p. 31. L'acte est relatif aux abbayes de Saint-Pierre et de Saint-Bavon. Mais on ne peut douter que les dispositions des paysans qu'il nous révèle n'aient été plus accusées encore dans les territoires de Furnes et de Bergues où la révolte battait son plein. Nous savons d'ailleurs que l'abbaye des Dunes eut gravement à souffrir des émeutiers.

les abus des keuriers (1) : elle est nettement dirigée contre la noblesse et contre les baillis du prince (2). Elle affecte les allures d'une révolution et l'on ne peut douter qu'elle n'ait été décidée et concertée à l'avance lorsqu'on la voit se répandre en quelques jours à toutes les châtellenies de la côte. D'ailleurs les paysans n'agissent plus isolément. Ils obéissent à un mot d'ordre parti de Bruges où les métiers se sont emparés du pouvoir (3). Le principal de leurs chefs, Zannekin, s'est fait inscrire dans la bourgeoisie de la grande ville (4) et, sous sa direction, la population rurale soulevée combine ses mouvements avec ceux de la population urbaine.

En présence d'une telle situation, la résistance était impossible. Les nobles s'empressèrent de fuir, abandonnant leurs châteaux au pillage. Les baillis quittèrent leurs postes. Robert de Cassel, après avoir songé un instant à entraver les progrès du « commun », allait rejoindre son neveu qui, au mois de décembre 1324, était revenu précipitamment de Paris.

La Flandre se trouvait en pleine guerre civile. En face de Bruges et des populations de la côte, Gand, resté au pouvoir des patriciens, servit de base d'opérations au comte et à la noblesse, si bien qu'aux haines sociales déchaînées vint s'ajouter, par surcroît, la rivalité écono-

---

(1) « Nullam ad hoc faciendum novam occasionem habentes. » *Chronicon comitum Flandrensium*, p. 188.

(2) « Qui congregati in unum conceperunt intra se non esse bonum, nobiles inter ipsos mansiones habere fortes, et cum eis habitare. » *Chronicon comitum Flandrensium*, p. 188.

(3) « Et tunc liquido patuit quod illi de villa Brugensi favebant his popularibus et eorum consilio dicti populares omnia faciebant. » *Chronicon comitum Flandrensium*, p. 189.

(4) *Ibid.*, p. 180.

mique des deux grandes cités. Ce fut tout d'abord, pendant plusieurs mois, une lutte sans merci. Dès le 21 janvier 1325, Louis de Nevers mandait à Robert de Cassel « de faire punir, grever et constraindre les devantdis chaus du Franc de Bruges, Colin Zannekin et les autres leur aidant et aliiet, en toutes les manières que vos sorés et porés, soit par leur maison ardoir, soit par aus ochirre et tuer, soit par aus leurs biens et leurs terres faire noiier ou en quelconque autre manière que faire le porés et sorés par vous ou par vos gens (1) ». Ces recommandations étaient inutiles. Les patriciens et les nobles ne demandaient qu'à en finir avec ces paysans brutaux, « mangeurs de lait battu et de caillebotte qui, avec leur longue barbe et leurs vêtements déchirés, se montrent aussi fiers qu'un comte et s'imaginent que l'univers entier, villes et campagnes, leur appartient (2) ». Mais il fallait autre chose que des raids de cavalerie pour dompter des révoltés organisés, accoutumés à se gouverner eux-mêmes et pleins de confiance dans leurs forces. L'auteur du *Kerelslied*, qui fut certainement composé alors pour servir de chant de guerre à la chevalerie (3), ne s'y trompait pas : ils voulaient se débarrasser définitivement de la noblesse :

Si *wilden* de ruters dwinghen!

---

(1) LIMBURG-STIRUM, *Codex diplomaticus*, t. II, p. 569. L'acte est daté par erreur de 1324 dans cette publication. Cf. *Chronicon comitum Flandrensium*, p. 188 : « Exibant milites... domos popularium incendendo... et quos... captivos abduxerant, vel decapitabant eos vel absque redemptione aliqua supra rotas altas elevabant. »

(2) *Kerelslied*, dans KERVYN DE LETTENHOVE, *Histoire de Flandre*, t. II, p. 538. Pour la mélodie, voy. P. FREDERICQ, *Onze historische volksliederen* (Gent, 1894), p. 13.

(3) M. Van Houtte, dans son étude sur les *Kerels de Flandre* (voy. plus haut, p. II, n.), cherche à prouver, contre l'opinion admise jusqu'au-

A la violence ils répondirent par la violence. Les biens des émigrés furent pillés, leurs demeures incendiées. Les capitaines s'emparèrent du gouvernement, et, usurpant les fonctions des baillis, rendirent la justice et levèrent les revenus du comte. Des garnisons furent placées dans les petites villes. Une véritable terreur fut organisée.

Pour dompter un mouvement aussi général, aussi conscient de lui-même, aussi énergiquement soutenu, il eût fallu une armée. Louis de Nevers n'en avait pas. Malgré les expéditions réitérées de ses *ruters*, il ne gagnait pas de terrain. Il songea enfin à composer avec les rebelles. Au mois de mars 1325, ils acceptèrent une enquête, à la condition que la vie et les biens de chacun resteraient saufs (1). Mais une révolution ne se termine pas par une enquête. Si quelques capitaines firent leur soumission (2), les autres se ressaisirent bientôt. Après la période de massacres dont on sortait, la conduite du comte leur apparut comme une nouvelle preuve de faiblesse. Les sentences des enquêteurs furent immédiatement le signal de protestations passionnées. Le peuple reprenait les armes et suivait menaçant les commissaires chargés de l'instruction des troubles. Le 11 juin, pendant une séance tenue par

---

jourd'hui, que le *Kerelslied* ne se rapporte pas aux troubles de 1325-1328. D'après lui, il n'y faut voir que l'expression d'un état d'esprit général dans la noblesse flamande à la fin du XIV⁵ siècle. C'est faire certainement trop bon marché du caractère sombre et sauvage du poème (voy. P. FREDERICQ, *op. cit.*). M. Van Houtte n'eût sans doute pas manqué de le reporter à la seule date qui puisse lui convenir, si, au lieu de voir dans la révolte de la Westflandre sous Louis de Nevers un simple mouvement politique, il en avait remarqué le caractère social.

(1) *Chronicon comitum Flandrensium*, p. 192.
(2) Voy. plus bas, page 180, la soumission de Lambert Bonin.

eux à l'abbaye des Dunes, une émeute éclatait qui fut le signal d'une nouvelle insurrection aussi terrible et aussi générale que la première.

Segher Janssone et Clais Zannekin, les instigateurs du nouveau soulèvement, avaient attendu sans doute le mot d'ordre des Brugeois pour recommencer la lutte. La révolte jaillit en effet au même moment dans la ville et dans la campagne. Pris au dépourvu, le comte s'enfuit à Courtrai. Quelques jours après, il y était fait prisonnier par les Brugeois, tandis que Zannekin entrait à Ypres aux acclamations du peuple. Les métiers s'emparaient du gouvernement de la ville, mettaient sous séquestre les biens des patriciens et commençaient autour des faubourgs, laissés jusqu'alors sans défense, la construction de solides fortifications (1). Jamais les rebelles n'avaient été plus puissants : il semblait que la Flandre tout entière allait passer en leur pouvoir.

Les patriciens de Gand, renforcés de tous les émigrés de la Westflandre, restaient toutefois inébranlablement fidèles au comte, massacraient et expulsaient les tisserands suspects d'être favorables à la cause populaire (2), mettaient des garnisons dans les petites villes de leur châtellenie, envoyaient des *beleeders* dans le pays de Waes qui s'agitait, enfin appelaient comme *ruwaert* le grand-oncle du comte, Jean de Namur. De leur côté, les Brugeois s'étaient adressés à Robert de Cassel, depuis longtemps secrètement hostile à son neveu. Ils avaient contraint

---

(1) H. Pirenne, *Documents relatifs à l'histoire de Flandre pendant la première moitié du XIVe siècle* (*Bull. de la Comm. roy. d'histoire*, 5e sér., t. VIII [1897], pp. 477 et suiv.).

(2) *Chronicon comitum Flandrensium*, p. 197. Van Duyse, *Inventaire des chartes de la ville de Gand*, p. 118.

Louis de Nevers à lui donner le titre de *ruwaert*, et Robert, soit qu'il n'ait écouté que son ambition et espéré, grâce aux rebelles, pouvoir s'emparer du comté (1), soit qu'il ait voulu seulement, en s'alliant à eux, garantir du pillage son apanage de Cassel, accepta la dignité qui lui était offerte. Ainsi la maison de Dampierre fournissait des chefs aux deux partis. Certains nobles, tels que Gérard de Liedekerke, profitaient du désordre pour venger sur le comte d'anciens ressentiments (2).

Le roi de France ne pouvait se désintéresser plus longtemps des événements. Non seulement depuis le commencement de la révolte les amendes imposées par le traité d'Athis n'avaient plus été payées, mais le parti populaire avait pris, sous la direction de Bruges, une attitude nettement hostile à la couronne : il refusait de laisser circuler en Flandre les monnaies royales, il s'emparait du château de Helchin dans l'évêché de Tournai et y plaçait une garnison, enfin il entretenait avec l'Angleterre des négociations suspectes (3). Gardien de l'ordre établi, protecteur de ses vassaux, Charles le Bel pouvait-il d'ailleurs

---

(1) Il était depuis plusieurs années hostile à Louis de Nevers (*Chronicon comitum Flandrensium*, p. 194) et à Jean de Namur. *Ibid.*, p. 197 : « Ipsius amore non languebat. » Les *Grandes chroniques de Saint-Denys*, t. V, p. 287, parlent d'un complot de Louis de Nevers contre Robert, qu'il aurait voulu faire assassiner par les gens de Warneton. Les sources flamandes ne confirment pas ce fait qui reçoit d'ailleurs, des détails qui l'entourent, une couleur assez légendaire. Robert de Cassel prit le titre de *Ruwaert* le 30 juin 1325. (LIMBURG-STIRUM, *op. cit.*, t. II, p. 374.) L'acte qui fut dressé à cette occasion dit qu'il agit à la prière du comte. Mais il est inutile de faire observer que c'est là un pur mensonge. Le comte avait un *Ruwaert* qui lui était tout dévoué en la personne de Jean de Namur.

(2) Voy. plus loin, p. 190.

(3) LIMBURG-STIRUM, *Codex diplomaticus*, t. II, pp. 374 et suiv.

tolérer plus longtemps la conduite de ces ouvriers et de ces paysans qui tenaient leur suzerain en prison, usurpaient ses droits, nommaient des fonctionnaires, et n'était-il pas à craindre que leur impunité ne fût bientôt d'un dangereux exemple? (1) Le 4 novembre 1325, le roi faisait lancer l'interdit sur les révoltés, les accusait de lèse-majesté et sommait ces « bellue carentes sensu et judicio » de rentrer dans l'obéissance (2). En même temps, il adressait des lettres menaçantes à Robert de Cassel, confisquait ses biens dans le Perche (3), rassemblait des troupes à Saint-Omer, supprimait les relations commerciales entre la France et la Flandre, et prenait les Gantois sous sa sauvegarde. Cette attitude affaiblit tout de suite la force des rebelles. Robert de Cassel, effrayé des conséquences probables de sa conduite, les abandonna et chercha par tous les moyens à se justifier aux yeux du roi. L'interdit angoissait les consciences, la suspension du commerce nuisait aux intérêts de tous. Une scission se fit parmi les révoltés. Les plus modérés d'entre eux demandèrent et obtinrent dès le 30 novembre la mise en liberté de Louis de Nevers (4). Pourtant, les capitaines parvinrent à retarder de plusieurs mois encore la conclusion d'un arrangement définitif. Au mois de février 1326, on s'attendait sans doute à une invasion française, puisque les Furnois prièrent à cette date l'abbaye des Dunes de vouloir bien accepter leurs archives

---

(1) « Ne si terminos suos exirent [rebelles] attrahere sibi possent communitates alias Picardiae et Franciae, et sic magnam confusionem facere nobilibus atque regno. » *Chronicon comitum Flandrensium*, p. 203.

(2) LIMBURG-STIRUM, *Codex diplomaticus*, t. II, p. 374.

(3) Voy. plus loin, p. 180. Add. *Istore et croniqué de Flandre*, t. I, p. 339.

(4) *Chronicon comitum Flandrensium*, p. 200.

en dépôt (1). Mais le roi, impliqué à ce moment dans de graves difficultés avec l'Angleterre, répugnait à une rupture décisive. Il se montra prêt à négocier, et, le 19 avril 1326, la paix fut conclue à Arques, près de Saint-Omer (2). Elle décidait que les nouvelles forteresses seraient abattues, que les amendes dues à la France seraient payées, que les nouveautés introduites par les révoltés seraient mises à néant, et les capitaines supprimés. On dédommagerait les églises et les abbayes des dommages soufferts par elles pendant les troubles, et on payerait 10,000 lb. au comte. Outre ces stipulations générales, un traité particulier, que nous avons perdu, était fait avec les châtellenies de la côte. Robert de Cassel rentrait en grâce et obtenait son pardon. L'interdit était levé.

On put croire un instant que l'ordre allait être rétabli. Le comte envoya ses baillis reprendre leurs postes en West-flandre et y rétablir les « lois » suspendues déjà depuis tant d'années. Un parti considérable aspirait au repos et se montrait disposé à rentrer dans la légalité (3). Mais les capitaines, accoutumés au pouvoir, ne cherchaient qu'à se maintenir. Ils se sentaient soutenus et encouragés par un nombre important de partisans décidés à tout et en qui vivait toujours robuste l'espérance de fonder un nouveau régime où le commun, débarrassé du prince et de la noblesse, serait omnipotent. Chez eux, la passion surexcitée dominait toute prudence ; l'interdit, l'excommunication ne les arrêtaient pas : ils ne faisaient qu'augmenter leur haine contre l'Église.

Ces tendances révolutionnaires prirent bientôt le des-

---

(1) *Chronicon monasterii de Dunis*, p. 158.
(2) LIMBURG-STIRUM, *op. cit.*, t. II, p. 387.
(3) Voyez pour ce qui suit les curieux détails fournis par les documents imprimés plus loin, pp. 206 et suiv.

sus. A peine quelques jours s'étaient-ils passés depuis la paix d'Arques, que l'exécution du traité fut entravée. Les capitaines restèrent en fonctions; les baillis furent de nouveau expulsés, et ceux qui tentèrent de les défendre se virent en but à des persécutions de toutes sortes. On les jeta en prison, on confisqua leurs biens, on démolit leurs maisons et on en employa les briques à élever des ouvrages de défense (1). Instigué par les éléments les plus violents, le soulèvement prit cette fois un caractère d'atrocité qu'il n'avait pas encore revêtu jusqu'alors. Le Brugeois Jacques Peyt vint en prendre la direction. Il lui imprima l'allure d'une véritable terreur. Les nobles, les modérés, tous ceux qui ne se déclarèrent pas nettement pour le commun furent appréhendés au corps. Tous ceux qui ne vivaient pas du travail de leurs mains furent suspects. Par un raffinement de cruauté inouïe, on obligeait des parents à mettre à mort leurs propres parents sous les yeux du peuple (2). L'interdit, jeté une fois de plus sur le pays, n'eut aucun effet. Suivis de bandes armées, les capitaines obligèrent les curés à continuer les offices : ceux qui osèrent s'y refuser furent « boycottés » et forcés d'émigrer. Jacques Peyt ne craignait pas d'afficher son mépris pour

---

(1) Voy. plus loin, p. 212.

(2) Pour tous ces détails, voyez le récit très vivant du *Chronicon comitum Flandrensium*, page 202. La phrase suivante est particulièrement instructive : « Dicebant enim alicui diviti : Tu plus diligis dominos quam communitates de quibus vivis, et nulla alia causa in eo reperta, talem exponebant morti ». Les documents publiés plus loin, pp. 206 et suiv., fournissent beaucoup de particularités nouvelles sur le rôle de Peyt. Voyez encore la curieuse supplique adressée par Jehan Lain, curé de Dunkerque, aux « commissaires députés de par Mgr Robert de Flandre, seigneur de Cassel, as plaintes et as supplications de chiaus qui ont souffert damage », publiée par A. Bonvarlet dans le *Bulletin du Comité flamand de France*, t. II (1862), p. 282.

la religion. Il ne mettait jamais les pieds dans une église et il eût voulu, disait-il, voir le dernier prêtre suspendu à la potence (1). Jamais, ni pendant la Jacquerie ni pendant le soulèvement anglais de 1381, on ne revit de violences semblables à celles qui épouvantèrent alors la West-flandre, et qui arrachent au moine de Clairmarais, qui nous en a conservé le récit, ces paroles désespérées : « Quod taederet homines vitae suae » (2).

Comme il arrive toujours, les modérés furent débordés par les violents. Ils n'avaient pas d'organisation et l'esprit d'ordre, passif de sa nature, ne leur inspirait pas l'énergie que l'esprit révolutionnaire donnait au parti adverse. Il y eut sans doute çà et là des résistances partielles. Jacques Peyt fut assassiné. Mais sa disparition ne modifia pas la situation. Bruges, qui continuait à diriger les événements, ordonna une enquête sur les coupables (3).

Le comte avait fui à Paris pour implorer le secours du roi, laissant aux Gantois le soin de résister à outrance aux révoltés. La mort inopinée de Charles le Bel retarda de quelques mois l'intervention française devenue maintenant inévitable. Il fallait en finir avec ces rebelles qui « turbato ordine regiminis universi » (4) menaçaient, semblait-il, la société tout entière. Les Liégeois, toujours si prompts à suivre l'exemple de la Flandre, ne venaient-ils pas, eux aussi, de se donner des « capitaines » et de contraindre leur évêque à s'adresser au roi en suppliant (5)?

---

(1) *Chronicon comitum Flandrensium*, p. 202.
(2) *Ibid.*, p. 202.
(3) N. DE PAUW, *L'enquête de Bruges après la bataille de Cassel* (*Bull. de la Comm. roy. d'histoire*, t. LXVIII, p. 686).
(4) LIMBURG-STIRUM, *op. cit.*, t. II, p. 375
(5) HOCSEM, *Gesta episcoporum Leodiensium*, dans *Chapeaville*, t. II, p. 388.

Il ne s'agissait plus seulement d'imposer aux Flamands l'observation des traités, il fallait, par un châtiment exemplaire, enlever au « popularium genus hominum naturaliter brutale » (1) la velléité de s'insurger à l'avenir contre les autorités sociales établies.

Philippe de Valois convoqua ses troupes dès le mois de juin 1328 (2). Il résolut d'attaquer les révoltés par le sud tandis que le comte et les Gantois les menaceraient du côté de l'est. Ce plan, fort habilement conçu, tendait évidemment à affaiblir la résistance en l'obligeant à se diviser : il réussit parfaitement. Les Brugeois, forcés de couvrir leur ville, ne purent marcher contre l'armée royale. La mission de lui barrer le chemin fut confiée aux hommes des châtellenies de Furnes, de Bergues, de Bourbourg, de Cassel et de Bailleul qui, massés sur le mont de Cassel, attendirent l'arrivée de l'ennemi (3). La position était imprenable de vive force et les Français se gardèrent bien de vouloir l'enlever. Ils se bornèrent à observer l'ennemi et à le harceler pour l'obliger à sortir de ses lignes et à descendre dans la plaine. Le 23 août 1328, la faute qu'ils attendaient fut commise (4). Énervés par la

---

(1) Lettre d'Adolphe de La Marck au roi de France, dans HOCSEM, *loc. cit.*, p. 388.

(2) Lettre du roi au bailli de Lens, donnée à Paris le 18 juin 1328, pour la convocation du ban et de l'arrière-ban en vue de la guerre contre les Flamands. *Archives de l'État à Gand. Chartes des comtes de Flandre, supplément. Nº 210 de l'Inventaire manuscrit. Original.*

(3) Le 10 août, le roi était à Ecouen, le 17, près de l'abbaye de Ham, ainsi qu'il résulte de deux actes originaux conservés aux archives de l'État à Gand. *Chartes des comtes de Flandre, supplément. Nºˢ 577 et 580 de l'Inventaire manuscrit.*

(4) Les travaux de P.-A. LENZ, *La bataille de Cassel* (*Nouvelles archives historiques*, t. I, pp. 519-532), Gand, 1837, et de P.-J.-E. DE SMYTTERE, *La bataille du Val de Cassel de 1328* (Lille, 1883) n'ont

chaleur et par la soif, les rebelles voulurent en finir et s'avancèrent brusquement, en trois corps, sur le camp royal. Bien qu'ils eussent choisi l'heure la plus chaude de la journée, pendant laquelle les chevaliers français désarmés cherchaient sous leurs tentes un abri contre l'ardeur du soleil, ce mouvement ne pouvait réussir. Les armées populaires n'étaient fortes que dans la défensive. Si leurs masses compactes savaient, sur un terrain bien choisi, supporter sans se rompre ni s'ébranler une charge de cavalerie, elles n'avaient ni assez de souplesse, ni assez de rapidité, ni assez de précision dans les manœuvres pour effectuer une attaque avec quelque chance de succès

---

aucune valeur. Les récits que les sources nous ont conservés, émanant tous du parti des vainqueurs, présentent d'ailleurs la bataille sous le même aspect, abstraction faite de divergences peu importantes dans les détails. On peut diviser les récits contemporains comme suit : a) *Chronicon comitum Flandrensium*, p. 205; b) *Chronique de Denys-Sauvage* (KERVYN, *Istore et Chroniques de Flandre*, t. I, p. 342), dont la relation est d'un témoin oculaire et d'où sont tirés le récit de la *Chronique normande*, éd. Molinier, p. 30, celui de la *Grande chronique de France*, t. V, p. 312, et celui de la *Chronographia regum Francorum*, t. I, p. 287; c) Continuation de Guillaume de Nangis, éd. Géraud, t. II, p. 98; d) G. Procurator (MATTHAEUS, *Veteris aevi analecta*, t. II, p. 681) met surtout en relief le rôle du comte de Hainaut-Hollande. — Le Muisit, Le Bel et Froissart n'ont pas d'importance. Adr. De Budt (*Corpus Chronicorum Flandriae*, t. I, p. 322) combine les renseignements du *Chronicon comitum Flandrensium* avec ceux de la Chronique dite de Denys-Sauvage.

Le chiffre des morts varie considérablement d'une source à l'autre. Il est de 9,000 d'après le *Chronicon comitum Flandrensium*, de 10,000 d'après Procurator, de 12,000 d'après Le Muisit, de 15,000 d'après Le Bel, de 11,000 d'après la *Chronique normande*, de 19,800 d'après les *Chroniques de Saint-Denys*, enfin de 11,547 d'après une lettre du roi de France alléguée par le continuateur de Guill. de Nangis, et de 19,800 en comptant les fuyards. On a cru que le document que nous publions plus bas permettait de l'établir rigoureusement. Nous verrons qu'il n'en est rien.

contre des troupes exercées qui savaient se retirer et se disperser devant leurs lourds bataillons, puis revenir à la charge et les envelopper quand le mouvement de la marche avait essoufflé les hommes et fait flotter les rangs. Après une courte panique, les Français se ressaisirent. Les trois corps flamands se virent bientôt entourés de lances sur tous leurs fronts et séparés les uns des autres. Leurs files s'entrouvrirent et ils ne furent plus qu'une cohue sans cohésion et livrée au massacre. La bataille fut aussi courte que sanglante. Des milliers de cadavres restèrent en tas sur le terrain.

Cette fois la révolte était écrasée. Dès le lendemain, le roi recevait en suppliant les envoyés des châtellenies qui se rendirent à merci. Bruges et Ypres ouvrirent leurs portes sans résistance, et attendirent passivement le bon plaisir du vainqueur et la vengeance de Louis de Nevers et de l'aristocratie (1).

Il fallait s'attendre à une répression impitoyable. Aux yeux du comte et de la noblesse, les révoltés s'étaient mis hors du droit commun et ne méritaient ni pardon ni pitié. Dès le lendemain de la bataille, les barons de l'armée pressaient le roi de livrer aux flammes la Flandre maritime et

---

(1) *Chronicon comitum Flandrensium*, p. 207. Dunkerque envoya sa soumission au roi dès le 24 août. CARLIER, *Robert de Cassel*, p. 180 (*Annales du Comité flamand de France*, t. X). On trouvera *ibidem* la nomenclature des autres soumissions faites au roi après la bataille. Les soumissions à Louis de Nevers et à Robert de Cassel ne se firent officiellement que quelques semaines plus tard. Voyez les lettres de la châtellenie de Furnes du 19 octobre 1328, GILLIODTS-VAN SEVEREN, *Coutumes de Furnes*, t. III, p. 83. Celles de la châtellenie de Cassel du 14 avril 1329, rappelant des lettres de soumission antérieures du 10 novembre 1328, ont été publiées en facsimilé par J. FLAMMERMONT, *Album paléographique du nord de la France*, p. 113.

d'y massacrer jusqu'aux femmes et jusqu'aux enfants (1). Les capitaines, et tous ceux qui avaient accepté des fonctions des rebelles, furent décapités ou périrent sur la roue. Guillaume De Deken, le bourgmestre de Bruges, conduit à Paris, y mourut écartelé (2). Les petits seigneurs locaux s'empressaient de confisquer les biens des coupables. Dans les villes, les patriciens émigrés, revenus au pouvoir, se montrèrent féroces. Jusqu'en 1330-1331, les comptes communaux d'Ypres mentionnent en masse les « courtoisies » faites aux baillis et aux écoutètes des villes voisines (Bruges, Gand, Lille, Malines) qui ont fait exécuter des bannis (3).

A côté de ces violences et de ces cruautés, la répression officielle, si elle fut moins barbare, présente pourtant ce caractère d'impitoyable rigueur qui frappe le crime de lèse-majesté. Toutes les chartes, tous les privilèges des villes et des châtellenies rebelles furent confisqués et remis au comte (4). Bruges (5) et Ypres (6) furent condamnés à

---

(1) *Chronicon comitum Flandrensium*, p. 206.

(2) H. STEIN, *Les conséquences de la bataille de Cassel pour la ville de Bruges et la mort de Guillaume De Deken, son ancien bourgmestre* (*Bull. de la Comm. roy. d'histoire*, t. LXVIII, pp. 647-664).

(3) Renseignement fourni par M. Ém. De Sagher, archiviste de la ville d'Ypres. Cf. également VAN DUYSE, *Inventaire des archives de Gand*, pp. 118-126.

(4) Voy. dans GILLIODTS-VAN SEVEREN, *Coutumes de Furnes*, t. III, p. 84, la nouvelle keure qu'il donne à la châtellenie le 26 avril 1332. Le 10 juillet 1330, il remplace également la keure du Franc de Bruges par la charte appelée le « mauvais privilège ». GILLIODTS-VAN SEVEREN, *Coutumes du Franc de Bruges*, t. II, p. 74. C'est pendant cette même année 1330 que leurs lois furent rendues, plus ou moins modifiées après enquête par les conseillers du comte, à la plupart des villes : à Bruges, le 4 mars (GILLIODTS-VAN SEVEREN, *Inventaire des archives de Bruges*,

la démolition de leurs murailles, au comblement de leurs fossés, à l'exil de plusieurs centaines des bourgeois les plus compromis et au paiement de rentes perpétuelles au profit du comte. Des enquêteurs siégèrent en permanence pendant de longs mois pour rechercher les coupables et fixer les indemnités dues aux victimes de la révolte (1). Enfin, dans les châtellenies, tous les biens de ceux qui avaient combattu contre le roi à Cassel étaient confisqués (2).

Dès le mois d'octobre, l'ordre était partout rétabli par la terreur. Le 19, le pape consentait à contre-cœur à lever

---

t. I, p. 417); à L'Ecluse, le 1er juillet (GILLIODTS-VAN SEVEREN, *Coutumes des petites villes du quartier de Bruges*, t. IV, p. 510); à Dixmude, le 13 octobre (*Ibid.*, t. II, p. 338); à Ardenbourg, Langardenbourg, Ysendike et Oostbourg, le 17 octobre (*Ibid.*, t. III, pp. 512, 513, et SAINT-GENOIS, *Inventaire des chartes des comtes de Flandre*, p. 459); à Monikerede, Mude et Houcke, le 18 octobre (GILLIODTS-VAN SEVEREN, *Ibid.*, t. III, pp. 71, 266, 353); à Ostende, Blankenberghe et Gistelles, le 8 novembre (*Ibid.*, t. I, p. 593; t. III, p. 21, et t. IV, p. 31). Tous ces privilèges se rattachent à un projet général de keure à établir dans les petites villes, par lequel il est défendu, sous peine de mort, d'instituer désormais des vinders, doyens, hooftmans et capitaines de métiers, conformément à la nouvelle charte donnée à Bruges la même année (*Ibid.*, t. IV, p. 520). Nous avons conservé les annotations des conseillers du comte à la vieille coutume d'Ardembourg, soigneusement revisée par eux. Elles présentent le plus vif intérêt pour l'appréciation du conflit entre le prince et les villes (WARNKOENIG, *Flandrische Staats- und Rechtsgeschichte*, t. II² P. J., p. 52, et GILLIODTS-VAN SEVEREN, *loc. cit.*, t. I, p. 129).

(5 de la page précédente) GILLIODTS-VAN SEVEREN, *Inventaire des archives de Bruges*, t. I, p. 401.

(6 de la page précédente) DIEGERICX, *Inventaire des archives d'Ypres*, t. II, p. 51.

(1) Voy. plus loin, pp. 206 et suiv.
(2) *Chronicon comitum Flandrensium*, p. 207.

l'interdit jeté sur la Flandre (1), et tous ceux qui avaient assez de crédit ou d'argent pour obtenir leur pardon se hâtaient de faire dresser des actes par lesquels ils s'en remettaient à la merci du comte (2). Après l'échec d'une tentative désespérée de Segher Janssone pour soulever le Franc de Bruges vers le mois de février 1329 (3), les opérations des enquêteurs et des commissaires aux confiscations continuèrent paisiblement.

Si nous cherchons, après ce rapide exposé des péripéties de la révolte dans les châtellenies, à dégager la signification qu'elle présente, il nous apparaîtra clairement qu'elle fut avant tout un phénomène social. Il n'y faut voir ni un soulèvement national contre la France ni un mouvement politique. Si les rebelles furent amenés à combattre le comte tout d'abord, puis ensuite le roi, si leur antipathie pour les Français, résultat des longues guerres du commencement du XIV° siècle, est indiscutable, si la cause des premières émeutes doit être cherchée dans la perception des amendes imposées par le traité d'Athis, si Robert de Cassel songea peut-être un instant à profiter des circonstances pour se substituer à Louis de Nevers, il n'en reste pas moins vrai que, durant les cinq années qui s'écoulent de 1323 à 1328, la Flandre fut incontestablement le théâtre d'une guerre de paysans ou, pour mieux dire, d'une guerre de classes entre les paysans et la noblesse.

---

(1) GILLIODTS-VAN SEVEREN, *Inventaire des archives de Bruges*, t. I, p 403, avec la date inexacte du 27 octobre. Voyez le texte de la bulle publié d'après l'original dans H. STEIN, *op. cit.*, p. 660.

(2) Voyez les très nombreuses lettres de soumission analysées dans SAINT-GENOIS, *Inventaire des chartes des comtes de Flandre*, n°º 1447-1652, pp. 421 et suiv.

(3) *Chronicon comitum Flandrensium*, p. 207. — Sur une autre tentative d'un certain R. Monac en 1331, voy. plus loin, p. 222.

Seule une guerre des classes a pu revêtir ce caractère de violence et d'atrocité que nous avons constaté. En dépit de l'insuffisance des sources, nous avons pu relever d'ailleurs certains faits qui ne peuvent laisser aucun doute sur la nature des sentiments qui animaient les rebelles : il suffira de rappeler ici leur attitude à l'égard des dîmes, et la conscience presque moderne qu'ils avaient de l'opposition entre le « commun » et la noblesse, celui-ci formé de travailleurs manuels, celle-là vivant du labeur d'autrui (1).

Ce serait pourtant une erreur complète que de comparer à la Jacquerie la révolte agraire de 1323 à 1328. Elle s'en distingue non seulement par sa longue durée et par son organisation, mais surtout par la situation de ceux qui y prirent part. La Jacquerie fut un soulèvement désespéré de malheureux ruinés et foulés par les guerres : la rébellion flamande eut pour auteur un peuple sain et robuste, composé pour la plus grande partie de petits propriétaires et de fermiers libres. Le paysan flamand, tel que nous le décrit le *Kerelslied*, se trouve aux antipodes du Jacques affamé et déguenillé ; mais surtout l'inventaire que l'on trouvera plus loin nous apporte la preuve irrécusable que la population de la Westflandre, au commencement du XIV° siècle, se trouvait dans un état hautement satisfaisant au point de vue économique. Observons encore que les chefs de nos révoltés appartiennent à ce que l'on appellerait aujourd'hui les classes moyennes. Lambert Bonin possède un sceau (2); Zannekin est propriétaire de trente « mesures » de terre à Lampernesse (3). Entre eux et un grand Ferré ou même un Wat Tyler, le contraste est éclatant.

---

(1) Voy. plus haut, pp. xviii, xxvi et la note 2.
(2) Voy. plus loin, p. 182.
(3) Voy. plus loin, p. 58⁵.

L'originalité de la révolte westflamande apparait enfin dans sa parfaite organisation. Sans doute, l'influence de Bruges, qui prit de bonne heure la direction du mouvement, doit avoir beaucoup contribué à ce résultat. Mais il ne faut pas oublier que les habitants des châtellenies de la côte, accoutumés à une très large autonomie, réunis en communes territoriales, se trouvaient mieux à même, que ne le furent plus tard les insurgés de France et d'Angleterre, de combiner leurs efforts et de conserver pendant les troubles la discipline à laquelle ils étaient habitués en temps de paix. Durant ces années terribles de 1323 à 1328, le pays ne fut pas livré à l'anarchie. Une administration révolutionnaire, calquée sur l'administration officielle, fonctionna normalement. Le bailli fut remplacé dans chaque châtellenie par un « capitaine » général, et aux ammans des villages se substituèrent des « capitaines » locaux (1). L'armée qui combattit à Cassel n'était pas une cohue d'émeutiers : elle fut levée et conduite comme elle l'eût été par le comte lui-même (2). Les cadres du gouvernement étaient tout tracés : on les maintint. On ne voulait pas détruire le mécanisme administratif, mais seulement modifier la nature des forces qui le mettaient en mouvement.

Ces quelques observations suffisent à faire ressortir les traits particuliers que présente notre révolte. Ce ne fut pas un soulèvement de prolétaires, mais un essai de révolution tenté par des paysans robustes, pleins de confiance en eux-mêmes, capables de vouloir et de persévérer, inspirés d'idées égalitaires et poussés à bout par les tentatives de

---

(1) Voy. plus loin, pp. 206, 214, 215.

(2) « Ordinatis capitaneis et decurionibus ». *Chronicon comitum Flandrensium*, p. 191.

réaction et les abus d'une aristocratie devenue étrangère au peuple « dont elle vivait » (1). Suscité par les exactions des keuriers et la perception des amendes dues à la France, elle eut des commencements analogues à la rébellion anglaise de 1381. Mais elle prit bientôt une ampleur que celle-ci fut loin d'atteindre (2). Elle chercha vainement, mais avec plus d'énergie qu'on ne le fit jamais sans doute au moyen âge, à déraciner pour toujours la noblesse.

II.

C'est en invoquant la loi de lèse-majesté que le roi avait confisqué les biens de tous ceux qui avaient combattu contre lui à Cassel. Le comte fut étranger à cette mesure qui apparut ainsi, non seulement comme un châtiment pour les rebelles, mais comme la preuve la plus manifeste de la souveraineté de la couronne en Flandre.

Cette démonstration faite, Philippe de Valois consentit à partager avec son vassal le produit des confiscations. Dès le mois de septembre il lui en abandonna le tiers (3), et, le 20 décembre, il octroya la même faveur à Robert de Cassel dans la partie des châtellenies qui constituait son apanage (4).

Les opérations commencèrent sans tarder. Immédiatement après la bataille le roi manda en Flandre des

---

(1) Voy. plus haut, p. xxvi, n. 2.

(2) Voir pour la modération des paysans anglais qui reconnaissent et proclament, en pleine révolte, les droits de leurs seigneurs, PETIT DU TAILLIS et RÉVILLE, op. cit., p. 45.

(3) Voy. plus loin, pp. 184, 193.

(4) Voy. plus loin, p. 185. Dès le mois d'octobre d'ailleurs le roi aurait déjà décidé, pour mettre fin au débat entre Robert de Cassel et le châtelain de Bergues, qu'ils jouiraient chacun du tiers des confiscations (*Archives départementales du Nord*, B. 621).

commissaires chargés d'inventorier les biens des combattants (1). De son côté, Louis chargeait le 17 septembre son fidèle Josse de Hemsrode, qui venait de prendre possession du baillage de Furnes, de s'enquérir, avec les envoyés royaux, des noms et surnoms des rebelles, et de lever à son profit la troisième partie de leurs héritages (2). Enfin Robert de Cassel installait lui aussi des enquêteurs (3). De plus, nous savons que des commissions spéciales reçurent les plaintes des victimes de la révolte qui furent indemnisées des dommages subis (4).

Les gens du roi gardèrent bien entendu la direction générale des opérations. Ils étaient au nombre de trois : Jean des Prés, qui fut remplacé bientôt par Regnaut de Fieffes, chanoine d'Amiens, Gautier de Cavaucamp et Vaast de Villers (5). Ils s'établirent à Saint-Omer, et, de cette ville, dirigèrent les opérations d'agents envoyés par eux dans les châtellenies (6). Un Lombard, depuis longtemps déjà chargé de la perception des amendes royales en Flandre, Vane Guy (7), devait recueillir les

---

(1) *Chronicon comitum Flandrensium*, p. 207.
(2) Voy. plus loin, p. 184.
(3) Voy. plus loin, pp. 207, 219. Sur la participation de Robert de Cassel au châtiment des rebelles dans son apanage, voyez les documents signalés dans l'*Inventaire sommaire des archives du département du Nord*, t. I (nouvelle édition, 1899), pp. 203 et suiv.
(4) Voy. plus bas, pp. 206 et suiv., et cf. p. xxvi, n. 2. Les textes publiés à cet endroit ne se rapportent qu'à la seigneurie de Robert de Cassel, mais il y eut sans doute des commissions analogues dans les terres du comte.
(5) Voy. plus loin, pp. 185, 195.
(6) Voy. plus loin, pp. 196, 197, 201, 204, 205.
(7) Les Guy, ou plutôt Guidi, originaires de Florence, jouèrent parmi les financiers italiens, si nombreux à la cour de France depuis le règne de Philippe le Bel, un rôle de premier ordre. Il suffira de rappeler ici que c'est à cette famille qu'appartint le fameux Mouche. Vane Guy et son

sommes acquises à la couronne. Un autre Lombard, Ottenin

---

frère Tote Guy, mentionnés dans le livre de la taille de Paris en 1298, étaient fils de Nicolo Guidi, frère de Mouche, et par conséquent neveux de ce dernier (C. PITON, *Les Lombards en France et à Paris*, p. 104). Il n'est donc pas étonnant de voir Philippe le Bel et ses successeurs avoir de bonne heure recours à leurs services. Dès le mois d'octobre 1307, Tote Guy est nommé receveur des amendes imposées aux Flamands par la paix d'Athis, comme second de Jacques de Chertaut (LIMBURG-STIRUM, *op. cit.*, t. II, p. 61). Comme ce dernier appartenait à la fameuse compagnie de Peruzzi (PITON, *op. cit.*, p. 59), il est fort probable que les Guy y étaient également intéressés. Tote Guy est mentionné de 1309 à 1317 dans de nombreuses quittances de versements données par lui aux villes de Bruges et de Gand pour la liquidation des amendes (GILLIODTS-VAN SEVEREN, *Inventaire des archives de Bruges*, t. I, pp. 312-315, 466, t. VI, p. 528; VAN DUYSE, *Inventaire des archives de Gand*, nos 277, 278; FUNCK-BRENTANO, *Documents pour servir à l'histoire de la diplomatie*, p. 73 du tirage à part). Il chargea d'ailleurs fréquemment son frère Vane Guy de le remplacer. Celui-ci agit en ses lieu et place à Bruges en 1312 et 1313 (GILLIODTS, *op. cit.*, t. I, p. 466). En 1316-1317, il est en rapport avec Gand, et peut-être en 1322 est-il l'un des fermiers de l'assise (zoengeld) du blé en cette ville (*Cartulaire de Gand, Comptes*, éd. Vuylsteke, t. I, pp. 116, 119, 129, 244). A ce moment, le payement des amendes royales, suspendu depuis la fin du règne de Robert de Béthune (voy. plus haut, p. XVI, n. 3), venait de reprendre. En 1321, Tote Guy avait reçu une nouvelle commission de receveur (VAN DUYSE, *op. cit.*, n° 309). Mais l'année suivante, son frère Vane lui fut substitué (*Ibid.*, n° 310. GILLIODTS, *loc. cit.*, t. I, p. 337). Depuis lors nous possédons de nombreuses preuves de son activité comme receveur du roi en Flandre jusque 1332 (GILLIODTS, *op. cit.*, t. I, pp. 352, 405, 416, 424, 425, 426, 437, 443, 445, 450, 454, 466, 467; VAN DUYSE, *op cit*, pp. 106, 107; DIEGERICK, *Inventaire d'Ypres*, t. II, p. 64; SAINT-GENOIS, *Inventaire*, n° 1645). En 1332, il apparaît comme receveur du comte (GILLIODTS, t. I, p. 454), le receveur du roi étant alors Betuche Guy (*Ibid.*, t. I, pp. 458, 464, 467) Tout en s'occupant des affaires du roi, les Guy, en leur qualité de banquiers, entretenaient aussi d'actives relations financières avec les villes. Nous en avons vu plus haut un exemple pour Gand. En 1331-1332, c'est par leur entremise que Bruges termina son long procès avec les Crespiniens d'Arras (GILLIODTS, t. I, pp. 452 n., 454 n., 462). M. GILLIODTS, *op cit.*, t. I, p. 352, donne la description du sceau de Vane Guy.

Macet (1), fut « receveur des forfaitures » au nom de Louis de Nevers.

La besogne des commissaires n'alla pas sans difficultés. La veuve de Robert de Cassel, mort en 1331, Jeanne de Bretagne, leur suscita de nombreux obstacles (2). Un certain nombre de seigneurs justiciers prétendirent percevoir une partie des confiscations opérées dans leur ressort (3). Quelques-unes des personnes chargées d'inventorier les biens des rebelles formèrent des états inexacts (4). D'autre part, en 1334 les châtellenies se rachetèrent moyennant le versement d'une somme fixe (5). En 1336, on était fort loin encore d'avoir terminé les opérations (6). Il semble bien d'ailleurs qu'elles ne furent pas complètement exécutées. Au moment où éclata la guerre de Cent Ans, Philippe de Valois, qui fit aux Flamands tant de concessions infructueuses pour les empêcher de s'allier à

---

(1) Mentionné comme ayant prêté de l'argent à Gand en 1314 (Van Duyse, *op. cit.*, n° 286). Cf. aussi sur lui le *Cartulaire de Gand, Comptes*, éd. J. Vuylsteke, pp. 65, 80, etc. Il y aurait une très belle étude à faire sur le rôle considérable et fort mal connu de ces Lombards en Flandre. Voyez, pour l'un d'entre eux, V. Fris, *Note sur Thomas Fin, receveur de Flandre (1306-1309)*. (*Bull. de la Comm. roy. d'histoire*, t. LXIX, p. 8.)

(2) Voy. plus loin, p. 198.

(3) Voy. plus loin, pp. 186, 187. Add. un mandement de juin-juillet 1333 de Philippe VI au bailli d'Amiens, lui ordonnant d'ajourner au parlement plusieurs seigneurs qui s'opposent au payement par leurs sujets des sommes dues à Jeanne, dame de Cassel (*Archives départementales du Nord*, B 695).

(4) Voy. plus loin, pp LV et 95.

(5) J. De Coussemaker, *Documents relatifs à Bailleul*, t. I, p. 85. On a des arrangements semblables des mois de juillet et novembre 1334, pour les châtellenies de Bergues, Cassel et Furnes (*Archives nationales de Paris*, JJ, 66, fol. 626 r°, 639 r° et 655 v°).

(6) Voy. plus loin, p. 204.

l'Angleterre, renonça à ce qui pouvait lui être dû encore dans les châtellenies (1). Quant à Louis de Nevers, il s'était déjà sans doute à cette date désisté de toutes poursuites. Le payement d'une rente perpétuelle, qui continua d'être versée jusqu'à la fin du XVIIe siècle sous le nom de *nieuwe rente*, lui fit abandonner ses droits au tiers des biens confisqués (2).

Quoi qu'il en soit d'ailleurs de la fin des opérations, elles furent du moins très énergiquement poussées au début. Le 14 octobre 1329, Vane Guy versait à la Chambre des comptes de Paris 3,400 l. 12 s. parisis « de bonis quondam Flamingorum occisorum ante Cassellum » (3). Au mois de février 1331, il lui communiquait un relevé des « inventores des hirritages des Flamens qui furent tueys en le bataelle de Casseel » dans les châtellenies de Furnes, de Bergues, de Bailleul et de Cassel. Le texte de ce précieux document occupe la plus grande partie de la présente publication. Il importe d'examiner attentivement les différentes questions qu'il soulève.

―――――

(1) Acte de janvier 1339 dans GILLIODTS-VAN SEVEREN, *Inventaire des archives de Bruges*, t. I, p. 488. — Dès le mois de juillet 1338, le roi, à la prière du comte, défend à ses « bailliz d'Amiens, de Vermandois et de Lille, les prévost et sergenz desdiz baillages et aucuns autres commissaires et leurs officiers [qui] ont faiz et perpétrez de lonc temps, mesmement dès le derenier conflict de Cassel plusieurs griefz, dommages, excès, abus et nouvelletez en diverses manière au païs de Flandres, espécialement ès villes et chastelleries de Furnes, de Nueſport, de Berghes, de Dunkerque, de Bourbourch, de Gravelinegues, de Cassel, de Bailloes, de Popinghes, de Warneston » de s'abstenir désormais de tous exploits de justice « si ce n'est tant seulement ès cas des appeaux de deffaut de droit et de mauvais jugemenz ou de ressort ou de nostre souveraineté. » (*Archives nationales de Paris*, JJ. 71, fol. 121 r°.)

(2) PAUWELS HEYNDERIX, *Jaerboeken van Veurne*, t. I, p. 220.

(3) *Archives nationales de Paris*, KK. 2, fol. 103 v°.

III.

Nos inventaires sont contenus dans un volume en parchemin conservé aujourd'hui à la Bibliothèque nationale de Paris, manuscrit français, n° 10366. Dans son état actuel, il contient 175 feuillets de parchemin de 35 × 25 centimètres. Les folios 69 v° à 72 r° sont restés en blanc. Le tout est écrit de la même main, à l'exception des noms des enquêteurs dans les paroisses qui ont été ajoutés postérieurement. L'ordre du recueil est très clair. Il se divise en deux grandes parties : la première consacrée à la nomenclature de ceux « qui furent tueys en le bataelle de Casseel », la seconde renfermant la liste de ceux qui « eschapèrent de la bataelle de Casseel ». La première partie est beaucoup plus complète que la seconde. Elle comprend le relevé des morts, paroisse par paroisse, dans les châtellenies de Furnes, de Cassel, de Bailleul et de Bergues, tandis que la seconde n'est relative qu'à la ville de Nieuport ainsi qu'aux villages de Reninghelst, Vlamertinghen, Locre, Elverdinghe, Watou et Soucote et aux terres de quelques seigneurs. De plus, on trouve dans la première partie l'indication des biens-fonds appartenant à chacun des morts : la seconde ne fournit qu'une suite de noms propres.

Le *livre des inventores* a été signalé depuis longtemps déjà à l'attention des historiens. E. Mannier en a donné une édition dès 1863 (1). Mais ce travail ne peut passer

---

(1) E. MANNIER, *Les Flamands à la bataille de Cassel (1328). Noms des Flamands morts dans cette journée, publiés pour la première fois d'après le manuscrit unique de la Bibliothèque impériale.* Paris, A. Aubry,

pour satisfaisant. Outre qu'il comprend un assez grand nombre de fautes de lecture, il est fort incomplet. Mannier n'y a fait entrer que les noms des morts, négligeant, on ne sait pourquoi, et la liste nombreuse des « eschapés » et surtout les renseignements précieux pour l'histoire économique que renferme toute la première partie du manuscrit. De plus, il n'a pas cru devoir soumettre le document à une critique attentive et il a propagé par là d'assez graves erreurs sur la valeur qu'il convient de lui attribuer.

Avant de chercher à fixer celle-ci, voyons tout d'abord ce que renferme le manuscrit. Le tableau suivant où les noms de lieux sont ramenés à leur forme moderne permettra de s'en faire une idée très complète. J'indique en regard de chacun des noms de village le folio du manuscrit qu'il occupe et la page de la présente édition à laquelle on le trouvera.

PREMIÈRE PARTIE.

LISTE DES MORTS.

Châtellenie de Furnes.

Ville de Furnes, fol. 1 r°, p. 1.
— — Beoosterpoort, fol. 3 v°, p. 3.
— — Bewesterpoort, fol. 4 v°, p. 6.
Paroisse d'Adinkerke (arr. de Furnes), fol. 7 v°, p. 9.
— de Wulveringhem (arr. de Furnes), fol. 10 r°, p. 13.
— d'Alveringhem (arr. de Furnes), fol. 11 v°, p. 15.

1863, 146 pages, in-8°. Cf. H. PIRENNE, *Documents relatifs à l'histoire de Flandre pendant la première moitié du XIVe siècle.* (*Bull. de la Comm. roy. d'histoire*, 5e sér., t. VII, pp. 15 à 24.)

Paroisse d'Ysenberghe (arr. de Furnes), fol. 14 r°, p. 17.
— de Beveren (arr. de Furnes), fol. 15 v°, p. 18.
— de Leysele (arr. de Furnes), fol. 18 v°, p. 22.
— de Zuydschote (arr. d'Ypres), fol. 21 v°, p. 24.
— de Loo (arr. de Dixmude), fol. 22 r°, p. 25.
— de Wulpen et Boidekins-Houcke (arr. de Furnes), fol. 23 v°, p. 26.
— de Pollinchove (arr. de Dixmude), fol. 25 v°, p. 29.
— de Westvleteren (arr. d'Ypres), fol. 27 v°, p. 30.
— de Stavele (arr. de Furnes), fol. 29 r°, p. 32.
— d'Oostkerke (1) [*Wolcravenskinderkerke*] (arr. de Furnes), fol. 31 r°, p. 34.
— de Saint-Ricquiers (arr. de Furnes), fol. 31 v°, p. 35.
— de Ramscapelle (arr. de Furnes), fol. 32 v°, p. 35.
— de Stuyvekenskerke (arr. de Dixmude), fol. 32 v°, p. 36.
— de Sainte-Walburge [*Sainte-Wuubur*] (2) (arr. de Furnes), fol. 34 v°, p. 37.
— de Coxyde (arr. de Furnes), fol. 35 r°, p. 38.
— de Reninghe (arr. de Dixmude), fol. 36 r°, p. 39.
— de Rousbrugge-Haringhe (arr. d'Ypres), fol. 38 v°, p. 41.
— d'Oostduinkerke (arr. de Furnes), fol. 41 r°, p. 43.
— de Zoetenaey (arr. de Furnes), fol. 41 v°, p. 44.
— de Ghyverinchove (arr. de Furnes), fol. 42 r°, p. 44.

---

(1) Le nom d'Oostkerke semble s'être substitué au XVIᵉ siècle à celui de Wolcravenskinderkerke. C'était primitivement le nom d'une cour existant dans la paroisse. Je dois ces renseignements à l'obligeance de M. J. Cuvelier.

(2) Aujourd'hui paroisse suburbaine de Furnes.

Paroisse d'Eggewaertscapelle (arr. de Furnes), fol. 43 r°,
    p. 45.
—   de Noordschoote (1) (arr. de Dixmude, fol. 44 r°,
    p. 46.
—   d'Hoogstade (arr. de Furnes), fol. 44 v°, p. 46.
—   d'Elverdinghe (arr. d'Ypres), fol. 45 v°, p. 47.
Ville de Loo (arr. de Dixmude), fol. 46 v°, p. 48.
Paroisse d'Avecapelle (arr. de Furnes), fol. 47 r°, p. 48.
—   de Proven (arr. d'Ypres), fol. 48 r°, p. 49.
—   de Caeskerke (arr. de Dixmude), fol. 49 r°, p. 50.
—   de Bulscamp (arr. de Furnes), fol. 50 v°, p. 51.
—   d'Oostvleteren (arr. d'Ypres), fol. 52 r°, p. 53.
—   de Crombeke (arr. d'Ypres), fol. 53 v°, p. 54.
—   d'Houthem (arr. de Furnes), fol. 55 r°, p. 56.
—   de Lampernesse (arr. de Dixmude), fol. 57 r°,
    p. 57.
—   de Pervyse (arr. de Furnes), fol. 59 r°, p. 59.
—   de Ste-Catherine, dép. de Pervyse (arr. de Furnes),
    fol. 59 r°, p. 59.
—   de Nieucapelle (arr. de Dixmude), fol. 61 r°, p. 61.
—   de Vinchem (arr. de Furnes), fol. 62 r°, p. 62.
—   de Poperinghe (arr. d'Ypres), fol. 63 r°, p. 63.
—   de s' Heer-Willems-Capelle, dép. de Furnes (arr.
    de Furnes), fol. 64 r°, p. 64.
—   de Sint Jacobs-Capelle (arr. de Dixmude), fol. 64 v°,
    p. 64.
—   d'Oudecapelle (arr. de Dixmude), fol. 65 v°, p. 65.
—   de Steenkerke (arr. de Furnes), fol. 66 r°, p. 66.

---

(1) Le titre de l'inventaire mentionne Zuydschoote et Noordschote. Mais la première de ces paroisses ayant déjà été mentionnée plus haut, il ne peut s'agir ici que de la seconde.

Châtellenie de Cassel.

Paroisse d'Oudezeele (Nord, arr. d'Hazebrouck), fol. 73 r°, p. 69.
— de Quaedstraet, dép. de Cassel (Nord, arr. d'Hazebrouck), fol. 73 r°, p. 69.
— de Sainte-Marie-Capelle (Nord, arr. d'Hazebrouck) et Risele (?), fol. 74 v°, p. 70.
— de Zuydpeene (Nord, arr. d'Hazebrouck), fol. 74 v°, p. 71.
— de Noordpeene (Nord, arr. d'Hazebrouck), fol. 74 v°, p. 71.
— de Capple (?), fol. 74 v°, p. 71.
— d'Arneke [*Renteke*] (Nord, arr. d'Hazebrouck), fol. 75 v°, p. 72.
— de Zermezeelle (Nord, arr. d'Hazebrouck), fol. 76 v°, p. 72.
— d'Hardifort (Nord, arr. d'Hazebrouck), fol. 76 r°, p. 72.
— d'Hazebrouck (Nord), fol. 76 v°, p. 73.
— de Steenvoorde (Nord, arr. d'Hazebrouck), fol. 77 r°, p. 73.
— de Godewaersvelde [*Goudefortcamp*] (Nord, arr. d'Hazebrouck), fol. 78 v°, p. 74.
— de Winnezelle (Nord, arr. d'Hazebrouck), fol. 79 v°, p. 75.
— de Boeschepe (Nord, arr. d'Hazebrouck), fol. 81 r°, p. 76.
— de Renescure (Nord, arr. d'Hazebrouck, fol. 81 v°, p. 77.
— d'Ebblinghem (Nord, arr. d'Hazebrouck), fol. 82 r°, p. 77.

Paroisse de Staple (Nord, arr. d'Hazebroeck), fol. 82 r°,
p. 77.
— de Zeggers-Cappel (Nord, arr. de Dunkerque),
fol. 82 r°, p. 77.
— de Bollezeele (Nord, arr. d'Hazebrouck), fol. 82 v°,
p. 78.
— de Rubrouck (Nord, arr. d'Hazebrouck), fol. 82 v°,
p. 78.
— de Volkerinchove (Nord, arr. de Dunkerque),
fol. 83 r°, p. 78.
— d'Hondeghem [*Adinghem*] (Nord, arr. d'Hazebrouck), fol. 83 r°, p. 78.
— de Lynde ou Tille (Nord, arr. d'Hazebrouck),
fol. 84 r°, p. 79.

Châtellenie de Bailleul.

Paroisses non spécifiées, fol. 84 v°, p. 79.
Paroisse de Dranoutre (arr. d'Ypres), fol. 84 v°, p. 79.

———

Ville de Nieuport, fol. 85 r°, p. 80.
La Nieuweheide (1), fol. 90 r°, p. 86.

Châtellenie de Bergues.

Ville de Bergues, fol. 91 r°, p. 87.
Paroisse de Ghyvelde (Nord, arr. de Dunkerque), fol. 91 v°,
p. 88.

———

(1) Jadis hameau près d'Oostduinkerke. Voy. VLIETINCK, *Het oude Oostende*, p. 28. En 1280, Neuve-Heide est citée comme « villette près de Nieuport », SAINT-GENOIS, *Inventaire des chartes des comtes de Flandre*, n° 267.

Paroisse d'Uxem (Nord, arr. de Dunkerque), fol. 94 r°, p. 91.

— de Killem (Nord, arr. de Dunkerque), fol. 94 v°, p. 92.

— d'Houtkerque (Nord, arr. d'Hazebrouck), fol. 96 r°, p. 93.

— d'Hondschoote (Nord, arr. de Dunkerque), fol. 98 r°, p. 95.

— de Spycker (Nord, arr. de Dunkerque), fol. 102 r°, p. 99.

— de Brouckerque (Nord, arr. de Dunkerque), fol. 104 r°, p. 101.

— de Bambecque (Nord, arr. de Dunkerque), fol. 106 r°, p. 103.

— de Warhem (Nord, arr. de Dunkerque), fol. 109 v°, p. 106.

— de Quaedypre (Nord, arr. de Dunkerque), fol. 113 v°, p. 110.

— de Wormhoud (Nord, arr. de Dunkerque), fol. 116 r°, p. 112.

— de Bierne (Nord, arr. de Dunkerque), fol. 117 v°, p. 114.

— d'Hoymille (Nord, arr. de Dunkerque), fol. 120 r°, p. 116.

— de Coudekerque (Nord, arr. de Dunkerque), fol. 121 r°, p. 117.

— de Teteghem (Nord, arr. de Dunkerque), fol. 123 r°, p. 119.

— de Leffrinchoucke (Nord, arr. de Dunkerque), fol. 126 r°, p. 121.

— de Pitgam (Nord, arr. de Dunkerque), fol. 127 v°, p. 123.

Paroisse de Ledringhem (Nord, arr. de Dunkerque), fol. 130 r°, p. 125.

— de la Petite-Synthe (Nord, arr. de Dunkerque), fol. 130 v°, p. 125.

— de Bissezeele (Nord, arr. de Dunkerque), fol. 133 r°, p. 128.

— de la Grande-Synthe [*Zentergran-Monstier*] (1) (Nord, arr. de Dunkerque), fol. 133 v°, p. 128.

— d'Arembouts-Cappel (Nord, arr. de Dunkerque), fol. 137 r°, p. 131.

— d'Arembouts-Cappel-Capelle (Nord, arr. de Dunkerque), fol. 137 r°, p. 131.

— de Steene (Nord, arr. de Dunkerque), fol. 139 v°, p. 134.

— d'Herzeele (Nord, arr. de Dunkerque), fol. 142 r°, p. 136.

— de Socx (Nord, arr. de Dunkerque), fol. 143 r°, p. 137.

— de Crochte (Nord, arr. de Dunkerque), fol. 144 r°, p. 138.

— de Rexpoede (Nord, arr. de Dunkerque), fol. 145 r°, p. 139.

— d'Oostcappel (2) [*Sint-Niclais-Cappele*] (Nord, arr. de Dunkerque), fol. 148 r°, p. 142.

— de Westcappel [*Arnouds-Capple*] (Nord, arr. de Dunkerque), fol. 149 r°, p. 143.

---

(1) Je dois cette identification à M. J. Cuvelier. La forme Zintene Capella se rencontre en 1273. Zintene aura donné Zenter, et Capella : Grand Monstier.

(2) Bien que je n'aie trouvé nulle part le nom « Sint-Niclais-Cappele » parmi les dénominations d'Oostcappel, je suppose pourtant que c'est ce village qui est désigné ici. L'église en était, en effet, dédiée à saint Nicolas. Voy. *Statistique archéologique du département du Nord*, p. 173.

(XLIX)

Ville le Roi à Zuytcoote (1) (Nord, arr. de Dunkerque), fol. 150 v°, p. 145.

—

Paroisse de Watou (arr. de Furnes), fol. 151 r°, p. 145.

—

Prévôté de Watten (2), fol. 152 r°, p. 146.
Terre à l'abbesse de Merckem (3), fol. 153 r°, p. 147.
Terre à Madame de Rubrouck, fol. 153 r°, p. 147.
Terre à l'abbé de Ham (4), fol. 154 r°, p. 147.
Terre au châtelain de Dixmude, fol. 154 r°, p. 148.
Terre à monseigneur Philippe de la Douve, fol. 154 r°, p. 148.
Terre à Monsieur de Rely, fol. 154 v°, p. 148.

---

(1) Le roi avait pris Zuydschoote sous sa protection à la fin de 1329 (*Archives départementales du Nord*, B. 637). On possède un mémoire des habitants de la même date, par lequel ils sollicitent contre leur seigneur, le comte de Cassel, l'intervention du roi (*Ibid.*, B. 640). La juridiction fut rendue à la dame de Cassel en 1333 (*Ibid.*, B. 688). Zuydschoote étant mentionné deux fois dans notre inventaire, il est évident que le village tout entier ne passa pas sous la juridiction royale.

(2) L'abbaye de Watten près de Saint-Omer.
(3) L'abbaye de Merckem près d'Ypres.
(4) L'abbaye de Ham près de Saint-Omer.

LISTE DES « ESCHAPÉS ».

Ville de Nieuport, fol. 155 r°, p. 149.
Paroisse de Reninghelst (arr. d'Ypres), fol. 162 v°, p. 154.
— de Vlamertinghe (arr. d'Ypres), fol. 163 v°, p. 154.
— de Locre (arr. d'Ypres), fol. 164 v°, p. 155.
— d'Elverdinghe (arr. d'Ypres), fol. 166 v°, p. 157.
— de Watou (arr. d'Ypres), [hommes du châtelain de Dixmude], fol. 168 r°, p. 158.
Hommes de Jean Arnould, fol. 168 v°, p. 158.
Paroisse de Zuytcoote (Nord, arr. de Dunkerque), fol. 170 v°, p. 159.
Paroisse de Watou (arr. d'Ypres) [hommes de Ph. de le Douvie], fol. 171 r°, p. 159.
Hommes de Ghys Plateel, fol. 174 r°, p. 161.
— d'Andries Bollekine, fol. 174 v°, p. 161.
— d'Olivier de Poelevoorde, fol. 174 v°, p. 162.
— de Clais Le Raet, fol. 175 r°, p. 162.

Notre manuscrit est évidemment une copie, ou plutôt une mise en ordre d'inventaires spéciaux dressés paroisse par paroisse par des commissaires *ad hoc* (1). Les noms de ceux-ci sont indiqués dans les titres qui annoncent la nomenclature des combattants dans les diverses paroisses. Notre manuscrit nous a conservé un de ces inventaires

---

(1) A côté des paroisses figurent les terres de quelques seigneurs (Voy. pp. 65, 145 et suiv., 161 et suiv.) et quelques domaines (francs), d'églises (voy. pp. 54, 64, 65, 121, 146, 147). Il nous est impossible de savoir si ces seigneuries sont les seules qui aient fourni des combattants à l'armée de Cassel, car il a pu arriver que dans certaines paroisses, les enquêteurs n'aient pas distingué les hommes du comte de ceux des seigneurs locaux.

spéciaux centralisés dans les mains de Vane Guy : celui d'Hondschoote, qui se trouve épinglé au fol. 97 v°.

D'où venaient les commissaires chargés de dresser les listes des rebelles? J'avais cru tout d'abord qu'ils avaient été envoyés de France. Mais je me suis convaincu ensuite qu'ils appartenaient aux châtellenies mêmes où ils exercèrent leurs fonctions. On s'aperçoit, en effet, que les divers villages soumis à l'enquête du même ou des mêmes commissaires, sont tous voisins les uns des autres. Preuve évidente que l'on a choisi les commissaires parmi les habitants de la contrée où ils devaient opérer (1). On s'en convaincra facilement par la table suivante, où, en regard des noms des commissaires, se trouvent les noms des localités où ils ont inventorié.

Chatellenie de Furnes.

W. Horard	Furnes.
M. de le Walle	Alveringhem.
P. Coppijn	Adinkerke.
J. Masin	Pollinchove.
J. le Coustre et J. le Ram	Leysele.
C. le Coustre et J. le Ram	Ysenberghe. Houthem.
J. le Roy et L. le Bonnere	Westvleteren. Haringhe. Proven. Oostvleteren. Crombeke.

---

(1) On a même eu soin de les prendre autant que possible parmi les victimes de la révolte. Le fait est du moins certain pour trois d'entre eux : J. Baucinood (voy. pp. 216 [25], 218 [1]), J. le Goes (voy. pp. 170 [1], 174 [1], 176 [25]) et J. le Vinc (voy. pp. 206 [20], 207 [1], [10], [15]).

B. Bladelijn et H. Willijn . .	Wulveringhem.
	Vinchem.
B. de le Court.	Beveren.
M. Scure et R. Boud. . . .	Steenkerke.
J. Boudeloet le jeune. . . .	Nieucapelle.
	Sint-Jacobs-Capelle.
	Franc de Wijts Vischs.
	Oudecapelle.
G. Damman	Bulscamp.
C. de le Scelewe et B. Basekijn .	Lampernesse.
S. le Tolnare	Sainte-Catherine.
C. Ogier et J. Clenay. . . .	Stuyvekenskerke.
	Caesekinskerke.
Ph. de le Zueine	Loo.
J. Scotelinc	Ramscapelle.
	Avecapelle.
	's-Heer-Willems-Capelle
B. Bladelijn et B. de le Mote .	Furnes (Beoosterpoort).
J. Coppijn	Furnes (Bewesterpoort).
	Saint-Ricquiers.
G. f. Wouters	Zoutenaye.
G. f. Jehan et L. Reijfin. . .	Wulpen.
	Sainte-Walburge.
	Oostduinkerke.
W. le Poison	Hoogstade.
	Ghyverinchove.
J. le Koc, C. le Scelewe . . .	Egghewaertscapelle.
B. de le Court et J. le Roy .	Zuydschote.
	Noordschoote.
	Elverdinghe.
	Poperinghe.

Chatellenie de Cassel.

J. Cloed	{ Oudezeele. Sainte-Marie-Capelle. Zermezeele. Arneke.
W. de Couthove	Hondeghem.
L. de le Crois	Staple.
W. le Foullon	{ Zeggers-Cappel. Bollezeele. Rubrouck. Volkerinchove.
B. Scoet	{ Renescure. Ebblinghem. Tille.
W. de Couthove et J. le Scrivere.	{ Steenvoorde. Godewaersvelde. Winnezeele. Boeschepe.
M. Bart	Hazebrouck.
B. Mauwere.	{ Zuydpeene. Noordpeene.

—

A. le Wale	Bailleul.
J. le Goes	{ Nieuport. Le Nieuweheide.

—

Chatellenie de Bergues.

H. Leencnecht, ...	{ Petite-Synthe. { Grande-Synthe.
S. le Keyser	Hoymille.
A. Loir	{ Rexpoede. { Oostcappel. { Westcappel.
S. des Prés	{ Spycker. { Brouckerque.
W. Martelien et B. Gherkijn	{ Teteghem. { Leffrinchoucke.
J. le Long	Bergues.
J. Kief et Th. le Brabandere	{ Ghyvelde. { Warhem.
J. le Jovene	{ Houtkerque. { Ledringhem.
J. de Kilhem	Killem.
C. le Doyere et S. le Keyser	{ Wormhoud. { Herzeele.
J. le Vinc et J. Bancinood . .	Hondschoote.
P. le Hane	Quaedypre.
Ph. de Werhem	Bambecque.
A. Paeldinc.	Warhem.
B. Faillart	Bierne.
B. le Brabandere	Coudekerque.
M. Carstel	Bissezeele.
G. Ossine	{ Socx. { Crochte.
C. le Rouch	Steene.
J. Armijs	Arembouts-Cappel.

Ainsi, ce sont des Flamands qui ont été employés aux confiscations effectuées dans les châtellenies. On s'en convaincra encore par surcroît si l'on observe que le scribe chargé par Vane Guy de recopier leurs inventaires, a reproduit tels quels les mots néerlandais qui s'étaient glissés dans le travail de plusieurs d'entre eux (1).

Les inventaires, avant d'être remis au copiste, ont été soumis à revision. La chose est évidente pour celui d'Hondschoote qui a été écarté comme taxant trop bas la fortune des rebelles. On peut encore tirer la même conclusion des mots « est en vie », que l'on lit à la page 58, en regard du nom de Ghis. Suerlin.

Après avoir établi le procédé suivi pour la confection de notre manuscrit, demandons-nous si, comme on l'a cru jusqu'aujourd'hui, il nous fournit la liste complète des morts et des « eschapés » de Cassel. Il faut répondre non, sans hésiter, à cette question. Tout d'abord, il ne nomme qu'un seul village de la châtellenie de Bailleul et il n'en contient aucun de celle de Bourbourg. Il ne mentionne pas la ville de Dunkerque (2). De plus, tandis que la liste des morts comprend en tout, outre la ville de Nieuport, cent dix paroisses et terres situées dans les châtellenies de

---

(1) Voyez par exemple, page 6, *sone*; page 8, *vulre*; page 14, *ymete arven*; page 48, *huisinghe*. Les mots *ymete arven* sont particulièrement intéressants, parce qu'ils démontrent clairement l'origine westflamande de celui qui les a écrits (*ymete-gemeten*). En revanche, de nombreux noms de lieux, suivant l'habitude courante du XIVe siècle, ont été traduits en français. Voy. par exemple ; *Viese Capelle* pour *Oude Capelle*, *Godefortcamp* pour *Godewaersvelde*, etc.

(2) Des confiscations furent pourtant accomplies dans cette ville par les commissaires royaux. Voy. plus loin, p. 224.

Furnes, de Cassel, de Bailleul et de Bergues, la liste de ceux qui « eschapèrent de le bataille » ne mentionne que la ville de Nieuport et les paroisses de Reninghelst, Vlamertinghe, Locre, Elverdinghe, Watou et Zuytcoote. Or, on ne retrouve que trois de ces noms (1) dans la première liste, et comme il est impossible d'admettre que le contingent fourni par Reninghelst, Vlamertinghe et Locre ait eu le bonheur d'échapper tout entier, il faut bien conclure que cette liste ne mentionne pas toutes les communes qui laissèrent une partie des leurs sur le champ de bataille. S'il nous est malheureusement impossible de fixer, même par conjectures, l'importance des omissions de notre manuscrit, nous pouvons être sûrs du moins qu'il est loin de nous donner la liste complète des combattants et que le chiffre des morts de Cassel dépasse certainement de beaucoup celui qu'il nous fournit.

En dépit de ses lacunes, notre manuscrit ne laisse pas que de présenter le plus vif intérêt. Il ne constitue pas seulement un témoignage froidement éloquent de la généralité du soulèvement des châtellenies, il nous donne surtout les plus précieux renseignements sur la situation économique de ceux qui y prirent part. Nous avons déjà dit que, dans sa première partie du moins, il présente, en regard des noms des rebelles morts à Cassel, l' « inventaire » de l'héritage de chacun d'eux. A vrai dire, ces inventaires sont loin d'être complets. Sauf deux exceptions, ils passent sous silence les biens meubles et ne comprennent que les propriétés immobilières. Celles-ci sont de deux espèces : les bâtiments et les terres.

---

(1) Nieuport, Elverdinghe et Watou.

Les bâtiments sont au nombre de 1,950, se décomposant comme suit :

Maisons	885 1/2
Maisonceux	49
Manoirs (1)	485 3/4
Portes (2)	10 1/2
Manages	11
Cambres	9
Buer (3)	1
Cot (4)	1
Granges	246
Estaux	198 3/8
Estavelettes	2
Colombiers	2
Estre	1
Moulins	18 7/8
Fours	1
Lieux	25
Forges	1
Estuves	2
	1950

---

(1) Le manoir est proprement la maison dont dépendent les terres d'une ferme. La coutume homologuée de Furnes (GILLIODTS-VAN SEVEREN, *Coutumes de Furnes*, t. II, p. 166) emploie dans le sens de « ferme à manoir », les mots : *gehuysde steden*.

(2) Ce mot désigne de petites maisons, appelées fréquemment en flamand : *poortkin*.

(3) Tugurium (cabane). Kiliaen, h. v.

(4) Le *Cot* est proprement l'habitation d'un « Cossael » ou « Coter » (Cotarius) ne possédant qu'un lopin de terre. Cf. l'anglais *Cottage*.

Quant aux terres, elles consistent presque toujours soit en « mesures » d'héritage (arven) (en tout 13,228 mesures), soit en « mesures » de fief (en tout 832). On trouve aussi quelques mentions de « terre de cour » ou « hoveland (1) », de « terres de brouck (2) », de « byscolterre (3) », de « scoudland (4) » (en tout 148 mesures), de « base-terre (5) » et de « terre de vache (6) ».

L'étendue des terres est appréciée en « mesures », « lignes » et « verges ». Au XVIII° siècle, dans le pays de Furnes, une verge carrée (roede) valait 14 centiares 67 ; une ligne (lyne) de 100 roeden faisait 14 ares 66 centiares et enfin une mesure (gemet) de 300 roeden ou de 3 lignes était égale à 44 ares 00.55 (7).

La liste suivante donne le relevé, village par village, des morts de Cassel, propriétaires ou non-propriétaires, ainsi que le nombre moyen des mesures de terre par individu et par propriétaire.

---

(1) Il faut probablement entendre par là la terre dépendant d'une cour (curtis) seigneuriale, démembrée et donnée à cens. On lit dans le même sens, p. 74 : terre de court.

(2) Marais.

(3) Signification inconnue.

(4) Je n'ai rencontré ce mot que dans G. J. BOEKENOOGEN. *De Zaansche Volkstaal* (Leyde, 1898), qui l'explique comme une terre dépendant de l'écoutête (schout). Je doute que cette explication soit exacte.

(5) Signification inconnue.

(6) Pâturages.

(7) Je ne suis pas parvenu à connaître exactement la valeur des mesures de surface employées dans les autres châtellenies. Mais il est sûr qu'elle était, à très peu et chose près, la même que dans la châtellenie de Furnes.

LOCALITÉS.	Propriétaires.	Non-propriétaires.	Total.	Mesures de terre par individu.	Mesures de terre par propriétaire.
Ville de Furnes	70	74	144	1,2	2,5
Beooster-Poort	14	2	16	6,4	7,0
Bewester-Poort	25	5	30	4,8	5,8
Adinkerke	56	20	76	2,4	3,3
Wulveringhem	25	12	37	4,1	5,0
Alveringhem	61	16	77	4,6	5,8
Ysenberghe	20	4	24	5,6	6,8
Beveren	68	12	80	4,5	5,3
Leysele	54	16	70	5,2	6,8
Zuydschote	15	2	17	8,0	9,0
Loo	23	6	29	5,0	6,5
Wulpen	26	2	28	6,0	6,7
Boidekins-Houke	15	21	36	1,1	2,8
Pollinchove	36	12	48	6,3	8,4
Westvleteren	28	2	30	7,5	7,9
Stavele	47	5	52	6,1	6,8
Oostkerke	15	3	18	8,0	9,5
Saint-Ricquiers	10	6	16	1,8	3,0
Ramscapelle	13	3	16	3,9	4,9
Stuyvekenskerke	26	5	31	3,0	3,5
Sainte-Walburge	7	3	10	5,0	7,1
A REPORTER	654	231	885		

LOCALITÉS.	Propriétaires.	Non-propriétaires.	Total.	Mesures de terre par individu.	Mesures de terre par propriétaire.
REPORT.	654	231	885		
Coxyde	24	9	33	1,2	1,7
Reninghe	29 / 17	1 / 6	30 / 23	5,7	6,6
Rousbrugge-Haringhe	41	1	42	7,7	7,8
Oostduinkerke	16	2	18	3,1	3,5
Zoutenaey	1	2	3	0,5	1½
Ghyverinchove	18	3	21	4,5	5,2
Eggewaertscappele	15	2	17	12,1	13,7
Noordschote	4	»	4	3,7	3,7
Hoogstade	22	2	24	4,3	4,7
Elverdinghe	8	»	8	7,5	7,5
Ville de Loo	14	»	14	6,4	6,4
Avecapelle	13	4	17	9,1	12,0
Proven	19	3	22	6,0	7,0
Caeskerke	18	8	26	5,6	8,1
Bulscamp	24	7	31	1,0	1,3
Oostvleteren	31	2	33	5,0	5,3
Crombeke	3	»	3	12,7	12,7
Franc de Crombeke	27	»	27	12,3	12,3
Houthem	23	18	41	2,2	4,0
Lampernesse	37	10	47	10,4	13,2
A REPORTER.	1,058	311	1,369		

LOCALITÉS.	Propriétaires.	Non-propriétaires.	Total.	Mesures de terre par individu.	Mesures de terre par propriétaire.
REPORT...	1,058	311	1,369		
Pervyse et Sainte-Catherine	38	14	52	5,3	7,2
Nieucapelle	11	1	12	5	5,3
Vinchem	19	6	25	7,9	10,4
Poperinghe	1	20	21	0,2	4,5
's Heer-Willems-Capelle	9	3	12	4	5,2
Sint-Jacobs-Capelle	8	»	8	6	6
— — (Franchise W. Vischs)	4	»	4	7	7
Oudecapelle (Franchise Saint-Pierre)	3	»	3	1,8	1,8
—	2	6	8	0,2	1
Steenkerke	47	27	74	3	4,7
Oudezeele et Quaedstraet	22	»	22	10,4	10,4
Sainte-Marie-Capelle	1	»	1	3,75	3,75
Risele	1	»	1	7,5	7,5
Zuydpeene, Noordpeene et Capple	18	2	20	4,1	4,5
Arneke	8	»	8	10,6	10,6
Zermezeele et Hardifort	11	»	11	7	7
Hazebrouck	4	»	4	3,2	3,2
Steenvoorde	26	»	26	8,8	8,8
Godewaersvelde	16	»	16	9,4	9,4
A REPORTER...	1,307	390	1,697		

LOCALITÉS.	Propriétaires.	Non-propriétaires.	Total.	Mesures de terre par individu.	Mesures de terre par propriétaire.
Report...	1,307	390	1,697		
Winnezele	21	»	21	9,2	9,2
Boeschepe	3	»	3	13,3	13,3
Renescure	4	»	4	6,2	6,2
Ebblinghem	2	»	2	16,5	16,5
Staple	2	»	2	6	6
Zeggers-Cappel	2	»	2	6,5	6,5
Bollezeele	1	»	1	26	2,6
Rubrouck	3	»	3	1,6	1,6
Volkerinchove	1	»	1	19	19
Hondeghem	7	»	7	14,5	14,5
Lynde ou Tille	2	»	2	9,4	9,4
Bailleul (châtellenie)	4	»	4	4,1	4,1
Dranoutre	1	»	1	6	6
Nieuport	76	98	174	1,5	3,7
Nieweheide	8	6	14	0,9	1,6
Bergues	13	7	20	0,3	0,6
Ghyvelde	62	16	78	2,1	2,6
Uxem	5	16	21	2,2	9,4
Killem	26	6	32	5,5	6,8
Houtkerque	23	3	26	4,5	5,4
A REPORTER...	1,573	542	2,115		

(LXIII)

LOCALITÉS.	Propriétaires.	Non-propriétaires.	Total.	Mesures de terre par individu.	Mesures de terre par propriétaire.
REPORT.	1,573	542	2,115		
Hondschoote (1)	61	»	61	1,3	1,3
Hondschoote (1)	1	121	122	»	»
Spycker	30	1	31	8,8	9
Brouckerque	30	6	36	4,5	5,4
Bambecque	57	4	61	6,2	6,6
Warhem	60	16	76	1,9	2,3
Quaedypre	38	2	40	8,4	8,9
Wormhoud	18	»	18	10,8	10,8
Prévôté de Wormhoud	3	1	4	1,3	1,8
Bierne	27	7	34	5,7	7,2
Hoymille	12	1	13	4,1	4,5
Coudekerque	29	9	38	5,2	6,9
Teteghem	42	3	45	4,4	4,7
Prévôté de Teteghem	7	»	7	7,5	7,5
Leffrinchoucke	13	9	22	3,7	6,3
Pitgam	28	11	39	3,6	5
Prévôté de Ledringhem	5	»	5	8	8
A REPORTER	1,973	733	2,706		

(1) L'inventaire d'Hondschoote a été écarté par Vane Guy comme taxant trop bas les biens des révoltés. L'inventaire nouveau qui l'a remplacé ne donne que la liste des noms (122 au lieu de 61), mais non celle des terres.

(LXIV)

LOCALITÉS.	Propriétaires.	Non-propriétaires.	Total.	Mesures de terre par individu.	Mesures de terre par propriétaire.
Report...	1,973	733	2,706		
Petite-Synthe	38	14	52	3,5	4,8
Bissezeele	7	2	9	2,4	3,1
Grande-Synthe	53	11	64	5,4	6,5
Arenboudts-Cappel	46	1	47	6,6	6,7
Steene	33	7	40	4,6	5,5
Herzeele	48	1	49	7,9	8,3
Socx	17	6	23	3,7	5
Crochte	6	3	9	4,9	7
Rexpoede	54	2	56	6,2	6,4
Oostcappel	16	»	16	6,8	6,8
Westcappel	21	»	21	7,5	7,5
Zuydschoote	11	1	12	4,1	4,5
Watou	1	70	71	0,09	7
Prévôté de Watten	»	3	3	»	»
Hommes de l'abbesse de Merckem	»	8	8	»	»
Hommes de Mme de Rubrouck	»	18	18	»	»
Hommes de l'abbé de Ham	»	7	7	»	»
Hommes du châtelain de Dixmude	»	2	2	»	»
Hommes de Ph. de le Douve	»	1	1	»	»
Hommes de Mons. de Rely	»	1	1	»	»
Total...	2,294	891	3,185		

Si nous résumons les résultats des deux tableaux qui précèdent, nous obtiendrons pour les 3,185 morts une proportion moyenne par individu de 0.6 bâtiments et 4 1/2 mesures, soit 1 hectare 98 ares. Cette proportion moyenne sera, si l'on ne tient compte, que des 2294 propriétaires de 0.8 bâtiments et de 5.74 mesures, soit 2 hectares 53 ares. Il est certain d'ailleurs que ces chiffres sont beaucoup trop bas.

Il faut remarquer tout d'abord, en effet, que le chiffre des individus donnés comme non-propriétaires (891 sur 3,185 personnes, soit 28 %) est supérieur à la réalité. Nous en avons une preuve évidente si nous comparons les deux inventaires d'Hondschoote. Le premier d'entre eux, rejeté par Vane Guy comme inexact, attribue à chacun des morts de ce village une certaine quantité de terres; le second, au contraire, qui reproduit cependant tous les noms du premier, ne mentionne plus qu'un seul propriétaire. Il est donc évident qu'il a été transcrit dans notre manuscrit avant que le travail de recensement n'ait été achevé. Ce qui s'est passé pour Hondschoote doit s'être passé pour plus d'une autre localité. Les sept dernières localités qui figurent dans le registre et qui ne fournissent que les noms des tués sans l'indication de leurs héritages se trouvent certainement dans ce cas. Observons encore que plusieurs fils de famille, vivant chez leurs parents, sont accompagnés de la mention « habuit père et mère ». La confiscation n'ayant pas porté sur les biens des parents, ces individus sont marqués comme ne possédant rien, et il faut évidemment tenir compte de ce fait pour apprécier exactement la valeur statistique du manuscrit.

Si nous devons donc considérer comme trop forte la proportion des non-propriétaires, il n'est pas moins sûr que nous sommes également obligés d'augmenter sensiblement l'importance des biens délaissés par les combattants de Cassel. Nous avons déjà vu que la fortune mobilière n'a pas été prise en considération par les enquêteurs. Mais, abstraction faite de ce premier point, il apparaît clairement que de nombreux individus ont été cotés trop bas, soit comme à Hondschoote de propos délibéré, soit simplement par erreur. D'autre part, observons que plusieurs terres étant mentionnées sans indications de contenance n'ont pu entrer en ligne de compte dans nos calculs et qu'enfin le chiffre assez élevé des non-propriétaires dans la population urbaine de Furnes et de Nieuport a eu encore pour effet d'altérer le résultat de ceux-ci. Le titre même du manuscrit indique que Vane Guy n'attribuait pas une exactitude rigoureuse aux inventaires qui y sont contenus. Remarquons enfin que, pour se représenter avec précision la situation économique des paysans des châtellenies, il faut tenir compte non seulement des terres d'héritage ou de fief dont ils étaient détenteurs, mais aussi des terres louées qui ne furent naturellement pas atteintes par les confiscations. Or il n'est pas douteux que bon nombre des combattants ne tinssent à bail des parcelles plus ou moins considérables. Le chiffre élevé de ceux d'entre eux qui nous apparaissent uniquement comme possesseurs de granges me parait le prouver à l'évidence.

Après tout cela on comprendra d'ailleurs qu'il reste impossible de fixer exactement l'importance moyenne des héritages des combattants de Cassel. Il ne semble pas pourtant que l'on se trompera beaucoup si l'on admet que la plupart d'entre eux durent se trouver dans une situation analogue à celle de Jaquemin le Raet de Dranoutre (pp. 79, [25]). Nous apprenons qu'il était propriétaire de 6 mesures de terre (2 hect. 64 ares) et que son cheptel consistait en 1 vache, 29 brebis, 1 pourceau, 2 lits, 2 tonneaux, 900 poids de blé et de warison (1). Si ce n'est pas là l'inventaire d'une grande ferme, c'est du moins celui d'un cultivateur aisé et fort différent d'un prolétaire. Nous pouvons encore invoquer, pour établir la bonne situation économique des révoltés des châtellenies, les renseignements que nous ont conservés certains enquêteurs qui, plus soigneux que leurs collègues, ont distingué pour chaque individu ses biens propres de ceux qu'il tenait de sa femme. Ils nous fournissent la preuve éloquente que les « populares » constituaient une classe nombreuse de petits propriétaires ruraux. Il va de soi d'ailleurs que parmi les noms recueillis par Vane Guy doivent figurer ceux de simples ouvriers agricoles (cotarii), possesseurs d'une cabane (kot) et d'un lopin de terre. Nous n'en pouvons toutefois reconnaître que deux avec certitude : Willem Coene (pp. 10, 30) dont la fortune consistait en un buer et 3 quartiers de terre, et Jehan Snickebant (pp. 11, 5), propriétaire d'un kot.

En revanche, le nombre des individus dont l'héritage dépasse 20 mesures de terre (8 hectares 80 ares) est considérable. Plusieurs d'entre eux nous apparaissent même comme des propriétaires importants, détenteurs de 30, de 40, de 60 mesures ou de plusieurs maisons. Deux individus possèdent même au delà de 100 mesures de terre (pp. 58, 25, 68, inventaire de Jehan de Borre).

Notre manuscrit nous fournit encore d'intéressantes données sur les petites villes de la contrée, au moins pour Furnes et pour Nieuport. La première nous apparaît

---

(1) Cf. d'autres inventaires détaillés parmi les plaintes adressées aux commissaires de Robert de Cassel, pp. 206 et suiv.

comme à demi rurale. Sur les 190 habitants qui périrent à Cassel, 109 étaient propriétaires fonciers, et de nombreuses granges sont mentionnées dans l'intérieur de la ville. Il en est autrement pour Nieuport. Parmi ses 561 participants à la bataille, la proportion des propriétaires est relativement restreinte et, d'autre part, plusieurs d'entre eux sont indiqués comme artisans. Remarquons que dans les deux villes nous rencontrons parmi les morts un propriétaire d' « estuve ».

Terminons, en faisant ressortir l'importance de notre document pour l'appréciation de la densité de la population dans la Westflandre au XIVe siècle. Sans doute, nous avons vu plus haut qu'on ne peut lui demander des chiffres définitifs. La liste des « eschapés » est évidemment incomplète, et nous n'avons naturellement aucun moyen de calculer le rapport qui a existé entre les morts laissés par chaque paroisse sur le champ de bataille et la population totale de celle-ci. Il faut remarquer de plus qu'un grand nombre d'individus avaient quitté le pays au commencement des troubles. Nous ne pouvons donc demander à notre texte qu'une impression d'ensemble. Mais cette impression est au plus haut point favorable. Tandis qu'au XVe siècle les villages des environs de Francfort ne possédaient qu'une moyenne de moins de 200 âmes (1), et que ceux de la vallée du Neckar ne dépassaient guère le chiffre de 400 (2), les inventaires de Vane Guy attestent avec une

---

(1) K. Bücher, *Die Bevölkerung von Frankfurt am Main im XIV. und XV. Jahrhundert*, p. 662.

(2) F. Eulenburg, *Zur Bevölkerung und Vermögenstatistik des XV. Jahrhunderts* (*Zeitschrift für Social- und Wirthschaftsgeschichte*, t. III, 1895), pp 435 et suiv.

éloquence d'autant plus grande qu'ils sont plus incomplets, la densité bien plus grande de la population dans les paroisses de la côte flamande dès le premier quart du XIV° siècle.

On trouvera ci-après la reproduction intégrale du « Livre des inventaires des héritages des Flamands tués à la bataille de Cassel ». La seule modification qui ait été apportée au texte du manuscrit, consiste dans la substitution de chiffres arabes aux chiffres romains, et dans la suppression des mots « qui mourut en le bataille de Cassel » ou « qui escapa de le bataille de Cassel », inscrits en regard de chaque nom, suivant qu'il appartient à la première ou à la seconde partie du document. L'orthographe très inconsistante du scribe a été maintenue. Toutefois, au lieu de le suivre dans l'emploi tantôt de ii, tantôt de ij pour rendre le double i, nous avons partout adopté la seconde de ces graphies (ij).

L'appendice se compose d'un certain nombre de documents relatifs à la révolte des châtellenies et aux confiscations qui en furent la conséquence. Ils ont été recueillis dans les archives de Bruxelles, de Lille, de Paris et d'Ypres. Il est évident que des recherches systématiques dans ces dépôts feraient découvrir encore beaucoup d'autres pièces analogues. Je n'ai voulu que donner ici quelques actes qui m'ont paru de nature à mieux faire comprendre l'inventaire de Vane Guy.

L'index des noms propres qui termine l'ouvrage est volontairement incomplet. Y faire entrer tous les noms de combattants qui figurent dans les inventaires, c'eût été doubler inutilement le volume de ce travail : ces noms étant rangés par villages, il sera toujours facile de découvrir à l'occasion celui que l'on rechercherait. L'index comprend en revanche tous les noms de lieux cités dans la publication, ainsi que les noms d'hommes mentionnés dans l'appendice.

Il me reste à remércier MM. H. Stein, archiviste aux Archives nationales de Paris, A. Diegerick et R. Schoorman, conservateur et conservateur adjoint des Archives de l'État à Gand, J. Cuvelier, conservateur adjoint des Archives de l'État à Bruges, et É. De Sagher, archiviste de la ville d'Ypres, de l'obligeance avec laquelle ils ont facilité mes recherches. De son côté, M. H. Vander Linden a bien voulu mettre gracieusement à ma disposition plusieurs copies prises par lui aux Archives nationales de Paris.

Mais je dois une reconnaissance toute particulière à M. A. Vidier, bibliothécaire à la Bibliothèque nationale de Paris, qui a consenti à collationner sur le manuscrit les épreuves de ce livre. C'est grâce à lui que je puis donner une reproduction fidèle d'un texte si précieux pour notre histoire, et je le prie d'agréer l'expression publique de ma vive gratitude.

Chest li livres des Inventores des hirritages des Flamencs qui furent tueys en le bataelle de Casseel qui fu en moys d'auost l'an MCCC et XXVIII si avant qu'il ont esté raporté par cheus qui les dis inventorez fisent, ensi comme il est contenu chi apres as tytles des viles et des parotches des casteleries. Lequel livre Vaneguy a delivré a Parijs en le chambre des conptes ou moys de feverir l'an MCCC et trente.

PREMIERS EN LE VILLE DE FURNES.

CE SONT LES MAYSONS ET LES TERES DE CIAUS QUI MORURENT AU MONT DE CASSEL TANT SEULEMENT DE LE VILE DE FURNES. LE INVENTORE FAITE PAR WILLAUME HORARD[a].

5 Jehans de Stainquerke. . .	13 mesures de terre dont les 4 sunt de fiez et maison dehorz et dedens.
Pitre de Stainkerke . . .	2 mesures de fies.
Christien Claisman . . .	1 maison dedens la vile.
10 Hannekijn Claisman . . .	1 maison dedens la vile et la motiet d'une molijn.

a. Le inventore — — — Horard, *ajouté postérieurement*.

1

(2)

Coppijn Joe	1 maison et 4 mesures de terre, s'est li maison dedens la vile et la terre dehorz.
Coppijn de Rexponde . . .	1 maison dedens la vile et 4 mesures de terre.
Jehans de Lile	1 maison dedens la vile.
Jacop Clauwe.	1 maison dedens le vile et 1 maison dehors et 4 mesures de terre.
Willem Clauwe	1 maison dedens la vile.
Pieter Visetiene March. . .	1 maison dedens la vile.
Mikiel Clauwe	1 maison dedens la vile, item le tierche part d'une maison dedens la vile.
Willem Laman	1 maison et 2 mesures de terre.
Hannekin Messekin. . . .	le tierche part d'une maison dedens la vile.
Jehans de Baenst	1 maison dedens la vile et 1 1/2 mesures de terre dehors.
Willem Lescrivein	1 maison dedens, 1 maison dehors et 3 mesures de terre.
Jehans Gatemins.	1 maison et 1 grange dedens la vile, item 2 mesures de fief et 2 mesures de terre.
Coppin Haghebare	1 maison dedens la vile.
Wouter die Bouc	1 maison dedens la vile, 8 1/2 mesures de terre dehors.
Willem Blankart	1 maison dedens.
Jehan Eliaes	1 maison dedens la vile.
Jehan Zuanke	1 maison dedens la vile.
Jehan li Dorpere	2 manors dedens la vile, 1/3 molin, 5 1/2 mesures de terre dehors.

(3)

	Jehan Basin	1 maison dedens la ville et terre dehors.	fol. 2 r°
	Baudin Naes	1 mesure de terre dehors.	
	Jehan Wittine	1 maison dedens la vile.	
5	Riquart Martin	1 maison dedens la vile et 11 mesures de terre dehors.	
	Hannekin Coppin	1 maison dedens la vile.	
	Jehan Gicle	¹/₃ maison dedens la vile.	
	Relin Wenijn	¹/₂ maison dedens la vile.	
10	Coppin de Oudenarde . . .	le quartre pard d'une maison dedens la vile.	
	Andries de Houquere . . .	1 manoir dedens la vile et le motiet d'un molin.	
	Jehan Lammin	1 maison dedens la vile et 2 lines de terre dehors.	
15			
	Matheus le Buc	1 manoir dedens la vile et 1 dehors et 17ᵃ mesures de terre.	
	Clai de Rexponde	1 maison dedens la vile et 5 mesures de terre dehors.	
20			
	Jehan de Hamer	1 maison dedens la vile et 4 mesures de terre dehors.	
	Goris de Cupre	1 maison dedens la vile.	fol. 2 v°
	Coppin Scavart	1 maison dedens la vile et 1 ¹/₂ mesure de terre dehors.	
25			
	Carackin	¹/₂ᵇ maison dedens la vile.	
	Gillekin le Pottere	le tierche part d'un manoir dedens la vile.	
	Laurens de Perauᶜ	2 manors et 1 molin dedens la vile et 3 mesures de terre dehors.	
30			

a. XVII est écrit de deuxième main après grattage.
b. ¹/₂ est écrit de deuxième main; une écrit de première main est exponctué.
c. ou Parau, le manuscrit porte P barré suivi de au.

Clais Batin . . . . 1 maison dedens la vile et 2 ½ mesures de fief dehors.
Jehan de Meulnare. . . . 1 maison dedens la vile.
Coppin Heinrinx . . , . . 1 manoir dedens la vile.
Clais Cockel . . . . demi maison dedens la vile.
Coppin Coeune . . . . . . 1 maison dedens la vile et 3 mesures de terre.
Hannekin le Witte . . . . 8 mesures de terre dehors.
Jan Harine . . . . 1 maison dedens la vile, 8 mesures et 2 mesures de fief dehors.
Pieter de Liches. . . . . 1 maison dedens la vile et 2 ½ mesures de terre dehors.

3 r° Coppin Warre . . . . . 1 maison dedens la vile.
Hannion . . . . 1 maison dedens la vile.
Jehan li Cardenal . . . . 2 mesures de fief et ½ mesure de terre.
Jan Pottere le follon . . . 1 maison dedens la vile.
Coppin Hannelin . . . . 1 cambre dedens la vile.
Coppin le Casemakre . . . 1 maison dedens la vile.
Jehan Necker. . . . . . 1 maison dedens la vile, item 2 mesures de terre.
Lotin le Drayere . . . . 1 maison dedens la vile.
Jan Priester . . . . . . 1 estuve dedens la vile.
Pieter Spade. . . . . . . 1 manoir et terres despres.
Franse de Luschewegbe . . 1 maison dedens la vile, item 1 manoir et 9 mesures de fief et 6 ½ mesures de terre dehors.
Coppin Bastkin . . . . . 4 cambres dedens la vile, item 1 maison dehors et demi mesure et 1 line de terre.
Clais Coppin . . . . . . 1 maison dedens la vile.
Jehan f. Sconen . . . . . 1 maison dedens la vile.

Jehan le Stil	1 maison dedens la vile.	
Percheval	1 maison dedens la vile, item	fol. 3 r°
	8 mesures de terre dehors.	
Jehan Pinche	1 maison dedens la vile.	
5 Honnequin de Jonchere . .	1 maison dedens la vile, item	
	2 mesures de terre dehors.	
Hannekin f. Pieters	2 mesures de terre, item 1 mai-	
	son en la vile.	
Clais Pierijn [a]	1 maison et 1 mesure de	
10	terre [c].	
Clay de Courtay	1 manoir et 25 mesures de	
	terre dehors la ville.	

BEROESTER-PORT EN LE PAROCHE SEN-NICHOLAY : CHEAUS QUI MORURENT A CASSEL. LE INVENTORE FAITE PAR BERTELEMIEU BLADELIJN ET BERTELEMIEU DE LE MOTE [b].

Piter Bouden	3 maisons, item 9 mesures.	
Jehan Coppin et se frere . .	1 manoir et 1 grange, item	
	22 mesures de terre.	
Denijs Poperay	1 manoir, item 3 mesures de	
20	terre.	
Coppin Moenin.		
Cortbeen.		
Hannekin de Vos	8 mesures de terre.	
Steven le Here	le quarte pard d'une maison,	
25	item 10 1/2 mesures de terre [c].	
Symoen le Duvenare . . .	3 mesures de terre 1 quartir	fol. 4 r°
	meins.	
Jehan Scure et li Amman Be-		
hoester-Poert	1 manoir, item 22 mesures	
30	de terre dehors.	

a. Le nom de ce personnage ainsi que celui du suivant et l'indication de leurs biens ont été ajoutés par une autre main.
b. Le inventore = = = Le Mote, ajouté par une autre main.
c. Les mots de terre ont été ajoutés par une autre main.

Robin Willekins sone . . . un manoir, item 15 mesures
    de terre.
Jehan Tant li vies . . . . 8 mesures de terre.
Clais Folkere* . . . . 4 mesures de terre.
Jehan Tant qui huet le fille
   Clais Borgoijs . . . . 4 mesures de terre.
Hannekin Bollard . . . . 1 maison et 2 lines de terre.

BEWESTER-POORT : CHEAUS QUI MORURENT EN LE BATAELLE DE CASSEEL. LE INVENTORE FAITE PAR JAQUEMIJN COPPIJN[b].

Jan Scoleboon . . . . . 1 maison dedens la vile,
   item 2 estavelettes.
Michiel Dancel . . . . . 1 maison.
Pieter Reingher . . . . . 1 maison, item 1 grange,
   item 4 lines de terre.
Hannin Reingher . . . . 1 maison, item 1 ½ mesure
   de terre.
Hann Mische . . . . . 1 maison, item 12 lines de
   terre.
Ghis de Hurtre . . . . . 1 maison.
Jehan Slabbart . . . . . 2 maisons, item 12 mesures
   de terre.
Willem Boudene . . . . . 2 maisons, item 5 mesures
   de terre, item 2 mesures de
   base terre.
Clais Varizont . . . . . 1 manoir, item 14 mesures
   de fief, item 4 mesures de
   terre.
Willekin Berkier . . . . 1 maison, item 1 line de
   terre.

a. Le manuscrit porte Folke avec un signe d'abréviation (barre transversale coupant les bastes de l et k).
b. Entête ajouté par une autre main.

Pieter Egghelin	5 maisons, item 5 mesures de terre.
Jehan Blankard	5 maisons, item 4 mesures de terre.
Michiel Leinin	5 maisons, item 7 mesures de terre, item 6 mesures de base terre.
Jacob de le Brigghe. . . .	1 grange. fol. 5 r°
Andries Danckeraven . . .	1 quartier d'une mesure de terre.
Clais Loys	2 maisons, item 5 mesures de terre.
Hanekins Zuedewet.	
Clais Baroud	1 grange, item 2 ½ mesures de terre.
Willekin de Wlf.	2 maisons, item 3 mesures de terre.
Coppin Ermengard et Michiel son frère	1 mesure de terre, item 6ten d'une maison.
Hannekin le Vos.	4 lines de terre.
Willem de Stallille.	
Pieter le Rover.	
Adriaen de le Wegheschede .	12 mesures de fief, item 6 mesures de terre fief.
Jehan f. Hareus	1 line de terre, item 18 mesures de fief.
Lauwer Borsekin	24 mesures de terre, item 1 mesure de heritage et 15 lines.
Clais Jostemond	1 maison, item 7 lines de terre. fol 5 v°
Hannekin f. Coppins Heinrix^a,	
Hannekin f Coppins Clais.	

a. Ajouté en surcharge de deuxième main.

CHE SUNT CIL QUI MORURENT EN LA BATAILLE DE CASSEL DE LA VILLE DE FURNES, LÀ NOUS N'AVONS TROUVÉ MAISONS NE TERRES. INVENTORE FAITE PAR WILLAUME HORARD [a].

Clais Meus.	Clais Vlec.
Hannekin Copelbaut.	Coppin Scavard. fol. 6
Belin Wenin.	Mikiel van der Houwe.
Clai Hughe.	Hannekin Roelin.
Gillis le Scriver.	Joes Pau.
Coppin de le Maret.	Jehan Guddin.
Robin Suelline.	Jehan Pinchin. 10
Coppin Lammin.	Willekin le Valuwe.
Jehan Zuanke.	Jehan Hoblare.
Clai Herkin.	Coppin Carleman.
Joris Gherardin	Jehan Lammin.
Wautier Blankart.	Coppin Barnier. 15
Willem li Heert.	Coppin de Audenarde.
Jehan Kokel.	Jehan le Potter vulre.
Pierterkin Tackellin.	Pieter f. Mihanen.
Clai li Blanc.	Coppin Taneman.
Coppin de Cotes.	f. Clais Lammins. 20
Jehan Roene.	f. Coppin Gilis.
Jehan li Cautelare.	Clais Vattin.
Michiel de le Hale.	Hannekin Hoefyfer.
Jehan Loc.	Jehan Balline.
Coppin Blankart.	Coppin Rosnet. fol. 7
Gillis Renier.	Meukin die Mersman.
Clais Corde.	Wautier le Brede.
Jacop Nicker.	Willem de Scoren.
Jehan Nicker.	Christiaen Capoen.
Pieter Naes.	Willem Hoenin. 30

a. là — — — Horard, *ajouté par une autre main*

Severin le Brede.
Cliaes f. Wautiers.
Hannekin Peverade.
Meus Wijnkebone.
5 Mikiel Riquart.
Henri le Blekre.
f. Christiaens Stasins.
Willekin Reufin.
Premerin le Brede.
10 Coppin Bacheler... 1 maison.
Willem Masin.

Willem le Cupere.
Mikiel le Tenturier.
Jehan le Portere.
Clais Dakersijn*.
Hannijn le Bleckere*.
Jehan le Blanc*.
Jacob de Cotes*.
Jehan de Stile*.
Christiaen le Blekere*.
Hannekijn Maes le pekeur*.

CHE SUNT CHIUS QUI MORURENT EN LE BATAILLE DE CASSEL DE LE PAROCHE DE ODENKERKE EN LE CASTELRIE DE FURNES. LE INVENTORE FAITE PAR PIERRE COPPIJN[b]. fol. 7 v°

15 Wautier Noydijn . . . . . 1 maison, item 1 $1/2$ mesures de terre.

Jehan Colbineel. . . . . . 2 maisons, item 4 mesures de terre.

Jehan Damman . . . . . . 1 maison, item 5 lines de terre.

20 Willem f. Boudens . . . . 1 maison.

Hannin Coene.

Obrecht die ghivoldre.

Pieter Noydin . . . . . . 2 maisons et $1/2$ mesure de terre, item $1/2$ mesure de
25 terre.

Lambart . . . . 1 $1/2$ maisons, item 3 lines de terre.

Clais Scalpart . . . . . . 2 maisons, item 1 line de terre.

Coppin Veurnart . . . . . 2 maisons, item 2 mesures de
30 fief.

a. *Ajouté par une autre main.*
b. en le castelrie — — Coppijn, *ajouté par une autre main.*

	Wautier Roene	1 maison, item 1 mesure de fief, item 1 mesure de terre.	
fol. 8 r°	Pieter Roene.	1 line de terre et 15 verges, item 8ᵗᵉ d'une maison.	
	Pieter Ermond	3 maisons, item 1/2 mesure de terre.	5
	Jehan le Vos	1 maison, item 8 mesures de terre.	
	Hannin Scernard	1 maison.	
	Coppin Herman	1 maison.	10
	Hannekin Coppin f. Clais. .	1 maison, item 1 mesure de terre.	
	Willem Scernard	3 maisons, item 1 mesure de terre.	
	Maes Folket	1 1/2 d'une maison, item 15 verges de terre.	15
	Lammin Karstelin.		
	Michiel f. Boudens	2 maisons, item 8 lines et 1/2 de terre.	
	Pieter le Vos de Vinxweghe .	2 mesures de terre.	20
	Hannin de Vos de Vinxweghe.	1 maison, item 1 line de terre.	
	Jehan f. Clais.		
	Jehan f. Willekins.		
	Thoms le Wachtre	2 maisons, item 1 mesure de terre, item 1 line.	25
fol. 8 v°	Coppin f. Willems	1 maison.	
	Jehan le Langhe	4 maisons, item 2 mesures et 1/2 ᵃ de terre, item 4 mesures.	
	Willem Dieselec.	3 maisons, item 4 mesures de terre, 1 line, item 4 lines de mauvaise terre.	30
	Willem Coene	1 kot, item 3 quartiers de terre.	

a. Avant 1/2 le manuscrit porte 1 exponctué.

Hannin Steil	1 maison, item 15 mesures de fief[a]
Jehan Hughelin senior. . .	2 maisons, item 5 mesures de terre fief, item 10 mesures de fief[a], item 3 mesures de terre.
Hannin le Deghen	le tierche pard d'une maison.
Jehan Snickebant	1 buer.
Coppin Haneloos.	
10 Pieter Avin	2 maisons, item 1 1/2 mesures de terre.
Coppin le Madre.	
Coppin, Robin, filii Clais Coppins	1 mesure de terre.
15 Michiel Nood	1/2[b] maison, 1/2 mesure tere de vache.
Christiaen le Volre	3 maisons, item 1/2 mesure de terre.
Coppin van Nortover . . .	2 maisons, item 5 lines de terre.
20 Coppin Mende.	
Hannin Mende	1 maison et le terre desous.
Clais f. Willem	8 mesures de terre.
Pieter le Vos.	
Jehan Moenin	1 mesure de terre.
25 Jehan Stul.	
Clais Melis	1/2 maison, item 1/2 mesure de terre, item 1/2 line.
Hannin f. Aechten	1 maison, item 5 lines de terre, item le 6e pard d'un molin.
30 Clais Mewelin	1 maison, item 3 mesures de terre et 2 lines.
Hannin f. Pieters	2 1/2 lines de terre.

a. Ce mot est écrit au-dessus du mot héritage non exponctué.
b. Devant 1/2 on distingue encore le chiffre 1 qui a été gratté.
c. Ce chiffre est écrit au-dessus de IV exponctué.

Gherkin Feel . . . . ½ maison.
Clais Ghiselin . . . . . 2 maisons, item 2 mesures de
 . . . . . .^a, item ½ mesure de
 terre.
Vardijn Verdebout.
Wiliem Arnout.
Jacop le Karel . . . . . . 4 mesures de terre, item 5 me-
 sures, item 7 lines.
fol. 9 v° f. Hannin Clais Moxds . . . ½ maison, 4 lines de terre.
Clais Springhenaghel . . . 2 mesures de terre, item 2 me-
 sures.
Coppin Stasin . . . . . 1 maison, item 5 ½ mesures de
 fief.
Hannin Strekeltap.
Pieter le Rooc.
Ghijs le Pud.
Claikin f. Noyds . . . . . ½ maison, item 5 mesures de
 terre et 1 line.
Jacop Scalpart . . . . . 1 manoir et le terre qui li
 apartient.
Wouterkin Hildebrant.
Pieter Coppin f. Petri . . . 5te d'une maison, item 1 me-
 sure de terre.
Coppin Lievin.
Jehan f. Brach.
Claikin f. Jan Eysen.
Maes Pierin f. Coppinnel.
Jehan Coppin . . . . . 8 mesures de fief, item 5 me-
 sures de fief, item 7 mesures
 de terre et 1 manoir.
Jehan Hughelin . . . . . 3 maisons, item 2 mesures de
 fief, item 5 mesures de fief,
 item 5 mesures de fief, item
 5 mesures de terre, item
 10 mesures arven.

a. Un mot disparu par suite d'un grattage.

Clais f. Jan Coppins . . . 5 maisons, item 7 mesures de heritage[a] et ¹/₂, item 8 mesures de terre, item 5 lines. fol. 10 r°

Willem Gherenbouts.
5 Hannin Michiels.

CHE SUNT CHEAUS QUI MORUBENT EN LE BATAILLE DE CASSEL DE LE PAROCHE DE WULVERINCHEM EN LE CASTELRIE DE FURNES. LE INVENTORE FAITE PAR BERTELEMIEU BLADELIJN ET HANNEKIJN WILLIJN[b].

10 Hannekin Merard.
Jehan Stasin li parmentier . 2 ¹/₂ lines de terre.
Andries le Langhe . . . . 2 mesures de terre.
Jehan Diederxe . . . . . 2 mesures de terre et ¹/₂.
Hannekin Telin . . . . . 1 mesure et ¹/₂ line de terre.
15 Jacomijn le Vinc . . . . 1 manoir et 4 mesures de terre.
Michiel Brekelijn . . . . 6 ¹/₂ mesures de terre. fol. 10 v°
Michiel Ghiselin . . . . 4 lines de terre.
Boidin Baselin . . . . . 1 ¹/₂ mesures de terre à tout le manoir.
20 Coppin Hene.
Hannekin Damman.
Coppin f. Moens.
Hannekin Ghiselin.
Jehan Botin . . . . . . 1 line de terre.
25 Willekin le Meester.
Lauwer Alboud.
Jehan Ghiselin . . . . . 1 ¹/₂ mesures de fief, item 2 lines.

a. *Mot gratté mais encore visible.*
b. *Le inventore — — — Willijn, ajouté par une autre main.*

	Coppin Caloen, habuit père et mère.	luer avoir esscrit 4 mesures de terre à tout le manoir.
	Coppin Moesin	4 mesures de terre.
	Jehan f. Wouters	½ manoir, 2 ½ mesures de terre.
	Jehan Zuedevoet	1 manoir, item 2 mesures de terre.
	Jake f Jan	3 mesures et ½ de terre.
fol. 11 r°	Arnoud Wilgemoud . . .	1 ½ mesures de fief, item ½ mesure de heritage.
	Hannekin Roene	3 lines de tere.
	Hannekin Kielin.	
	Hannekin le Bliec.	
	Gillis f. Wouters	8 lines de terre à tout le manoir.
	Boid Dammard.	
	Jehan de Jonchere	1 manoir et 9 ½ mesures de terre.
	Jehan Voet	9 mesures de fief, item 27 ymete arven à tout le manoir.
	Willem le Jonchere . . .	11 lines de terre, item 1 ½ mesures, item 4 mesures, item 10 mesures à tout le manoir.
	Stasin f. Pierins, qui moru en le bataille de Cassel pour son frère.	
	Jehan Storard.	
	Jehan de Wst	1 manoir et 10 mesures de terre, item 8 mesures.
	Clais de Wst	1 manoir et 5 mesures de terre, item 6 mesures.
	Jehan Adolf	1 manoir et 10 mesures de terre, item 1 mesure de fief.
fol. 11 v°	Stasin f. Jan Coppins . . .	le tierche part d'un manoir et 7 mesures de terre.

Che sunt cil qui morurent en le bataille de Cassel de le paroche de Alverinchem en le castelrie de Furnis. Le inventore faite par Mikiel de le Walle[a].

Ghijs Kiubles	10 mesures de terre et 1 manoir, item 5 mesures.
Jehan Veisin et Boidin ses frères	8 mesures de terre et ½ manoir, item 4 mesures.
Coppin f. Meukins	1 mesure de terre.
Boudin Orneweders.	
Coppin Bouls	2 mesures de terre et 1 manoir.
Willekin de Bare	4 lines de terre.
Jehan de Boemgadere. . .	7 lines de terre.
Jehan Spleets	2 lines de terre et 1 manoir.
Willem Pau	12 mesures de terre.
Clais Urbaen	5 mesures de terre et 1 manoir.
Jehan Orneweders	3 mesures de terre.
Coppin Knostel	½ mesure de terre.
Coppin Dwijn	12 mesures de terre et 2 manoirs.
Jehan Mahien	½ mesure, item ½ manoir.
Frans Woits	2 mesures de terre.
Jehan Machuuts.	2 mesures de terre, 1 manoir.
Wautier Coppin	10 mesures de terre.
Jehan Bruus	9 mesures de terre et 1 manoir.
Clement Lammins	10 mesures de terre et 1 manoir.
Clay Meuwins.	
Jehan Adelems	4 mesures de terre et 1 manoir.
Jehan Michiel.	

fol. 1

a. Le inventore — — le Walle, *ajouté par une autre main.*

	Coppin de Langhe	8 mesures de terre et 1 manoir.
fol. 12 v°	Coppin de Langhe	1 mesure de terre.
	Jehan le Lonc	10 mesures de terre, item 1 manoir.
	Masin le Vos	6 mesures de terre, item 1 manoir.
	Jehan Ans	1 mesure de terre.
	Heine Snochard	1 mesure de terre.
	Symoen le Werte	4 mesures de terre et 1 manoir.
	Jehan Verkin	14 mesures de terre.
	Pieter Joris	8 mesures de terre.
	Philippe [a] Kinbles	20 mesures de fief, item 25 mesures de terre.
	Jehan le Lonc	2 mesures de terre.
	Jacop Lammin	8 mesures de terre et 1 manoir.
	Jacop Kinblec	8 mesures de terre.
	Wautier Breetvoet	5 mesures de terre.
	Symoen le Raet	14 mesures de terre.
fol. 13 r°	Christiaen Janin.	
	Danekin le Raet.	
	Symoen Le Rouc	2 mesures de terre.
	Clais Ballinges	2 mesures de terre.
	Jehan Baex	5 lines de terre.
	Pieter Pinchart	15 mesures de terre.
	Michiel Scare.	
	Luc le Follon.	1 mesure de terre
	Willem Boidin	1 mesure de terre.
	Willem Henrins	1 mesure de terre et 1 manoir.
	Andrieu le Lonc	5 mesures de terre, item 1 manoir.
	J. Goetkin	8 mesures de terre, item 1/2 manoir.
	Jehan de le Mote	8 mesures de terre et 1 manoir.

a. *Le manuscrit porte* Ph. *avec un signe d'abréviation.*

Jehan Gheliemond	2 mesures de terre et 1 manoir.	
Michiel Scorard	1 mesure de terre et 1 manoir.	
Coppin Maes	3 mesures de terre.	fol. 13 v°
Coppin Verlisen.		
5 Hannekin Stadnos.		
Hannekin Hanke.		
Claikin Cortbeen.		
Lanchore.		
Wautier de le Mote.	15 mesures de terre.	
10 Stasin Eye	6 mesures de terre.	
Steven f. Boudins	5 lines de terre.	
Willekin Lecroc	1 maison	
Jehan Mikiel.		
Rilles Masekin.		
15 Scolin le Pape.		
Coppin van den Rinc	8 mesures de terre.	
Jehan le Oern	15 mesures de terre.	
Symoen Lammin f. Pieters	2 mesures de terre.	fol. 14 r°
Robin Willemssone	6 mesures de terre.	
20 Pieter Zoechoem	15 mesures de terre.	
Coppin Bast	3 mesures de terre et 1 manoir.	
Christiaen li Pisson	2 ½ mesures de terre.	
Jehan Willin	2 ½ mesures de terre.	
Fransoys Vijds.		
25 Michiel Davit	1 mesure de terre.	
Mathis Keurud.		

Che sunt cil qui morurent en le bataille de Cassel de le paroche de Ysenberghe en le castelrie de Furnes. Le inventore faite par Clais le Coustre et Jehan le Ram[a].

30

Robin le Pape.
Pauwelin Weghrevoet . . . 3 ½ mesures de terre. fol. 14 v°

a. Le inventore — — le Ram, *ajouté par une autre main*

Lippin f. Lammins	5 mesures de terre.	
Hebbin de Wand.		
Willem de Lensele	1 grange.	
Wautier f. Wautiers . . .	12 mesures de terre.	
Hebbin f. Longhe-Baudin . . .	15 mesures de terre et 1 manoir.	5
Jehan f. Jans	9 mesures de terre et 1 manoir.	
Pieter Saelmoen.	1 manoir et 5 mesures de terre.	
Clais f. Jans Wautiers . . .	1 manoir et 21 mesures de terre.	
Boidin li Contes.	1 manoir et 10 mesures de terre.	
Boidin Damin	1 mesure de terre.	10
Willem Colpard.	5 mesures de terre.	
fol. 15 r° Pieter Helleman	7 mesures de terre.	
Willekin Willin Michiel.		
Pieter Coppins Michiel.		
Willem Haraep	1 ½ mesures de terre.	15
Michiel Heliaes	1 line de terre.	
Jehan li Fevres	1 manoir et 16 mesures de terre.	
Wautier f. Annes . . .	1 manoir, item 18 mesures de terre.	
Boudin li Fevres	2 ½ lines de terre.	20
Jehan f. Clai Moenekins . .	2 mesures de terre.	
Hanne Hughelin	2 lines de terre.	
Willem de le Fevre . . .	3 mesures et ½ de terre.	

fol. 15 v° CHE SUNT CIL QUI MORURENT EN LE BATAILLE DE CASSEL DE
LE PAROCHE DE BEVERNE EN LE CASTELRIE DE FURNES 25
LE INVENTORE FAITE PAR BAUDEWIJN DE LE COURT*a*.

Willem Wencmaer. . . .	7 mesures de terre.	
Gilles le Walre	2 ½ mesures de terre.	
Pieter Spimard	½ mesure de terre et 15 verges.	
Willem van der Haghe . .	2 mesures de terre.	30

a. Le inventore — — le Court, *ajouté par une autre main.*

Michiel de Vlieteren . . .	2 mesures de terre.
Clai de Mote	1 maison et 9 mesures de terre.
Michiel Strulbend	2 mesures de terre, item 2 maisoncheus.
5 Gilles le Smit	1 manoir et 5 mesures de terre.
Jehan Vrame	2 maisons et 10 mesures de terre.
Heinrijc Lotin	2 $^1/_2$ mesures de terre et le manoir.
10 Jehan Huefgher	16 mesures de terre et le manoir. fol. 16 r°
Willem de le Houcke qui enwia un autre pour li .	6 $^1/_2$ mesures de terre et le manoir.
15 Amant le Sint pour Willem de Houke.	
Jehan Ghijs	9 mesures de terre et le manoir.
Michiel Reingher f. Jehans .	1 mesure de terre.
Item Michiel f. Wouters Reinghers	6 mesures de terre et le manoir.
20	
Robin le Brol	5 mesures de terre.
Willem Brechtin	1 $^1/_2$ mesures de terre.
Jehan le Hoghe	2 mesures de terre et le manoir.
Jehan Pierin	5 mesures de terre et 1 manoir.
25 Gilles f. Katerinen	12 mesures de terre à tout le manoir.
Michiel f. Michiels Elbouds .	1 manoir et 3 $^1/_2$ mesures de terre.
Jehan de le Mote	9 mesures de terre et le manoir. fol. 16 v°
30 Jehan Reingher et Michiel ejus frater, filii Michiels .	4 mesures de terre et 1 grange.
Pierin Coepman	5 mesures de terre.
Gilles f. Hensijs	2 lines de terre et le manoir.
Jehan f. Weits	2 $^1/_2$ mesures de terre et le manoir.

Jehan le Brede le Teldere.
Willem Pennine . . . . 6 mesures de terre et le manoir.
Jehan Wispelare . . . . 3 quartiers de terre et le manoir.
Coppin Reimbord . . . . 11 1/2 mesures de terre et 1 manoir.
Jehan de Proveda et Jehan ejus filius . . . . . . 35 mesures de terre à tout le fief conteit.
Jehan f. Gilles . . . . . 2 mesures de terre.
Coppin f. Alenen Rich.[a] pro ea.
Hannekin f. Michiel Bodemans, pro patre suo . . 9 mesures de terre à tout le manoir.

fol. 17 r° Michiel de Naghel . . . . 2 mesures de terre et 1 manoir.
Coirkin le Maunier.
Clais de Wilde . . . . . 8 mesures de terre et 1 manoir.
Jehan Bottoen . . . . . 1 line de terre et 1 manoir.
Gilles Keurne . . . . . 7 mesures de terre et 1 manoir.
Gilles de Cassel . . . . . 4 mesures de terre et le manoir.
Item Gilles f. ejus . . . . 3 quartiers de terre.
Gilles de Vlint . . . . . 1 maison.
Hellin Houweel.
Willem de Raet . . . . . 6 1/2 mesures de terre et 1 manoir.
Willem de Lensele . . . . 3 mesures de terre et le manoir.
Stasin de le Cruse . . . . 1 1/2 mesures de terre et 1 manoir.
Willem Moenin . . . . . 7 mesures de terre et le manoir.
Coppin Jaghedievel . . . 10 mesures de terre et le manoir.

fol. 17 v° Michiel f. Jehans Maben . . 1 mesure de terre.
Gilles Winnoc . . . . . 9 mesures de terre et le manoir.

a. *Le manuscrit porte* Rich *avec un signe d'abréviation.*

Michiel Robin	2 lines de terre et le manoir.
Gilles Jaghedievel	9 mesures de terre.
Michiel et Jehan f. Michiels Jaghedievels	4 mesures de terre.
5 Gilles le Beyer	6 mesures de terre et le manoir.
Weite le Blonke	2 mesures de terre et le manoir.
Weite Wud	4 1/2 mesures de terre et le manoir.
Jehan Pierin 10	14 mesures de terre et le manoir.
Willem Davit	12 mesures de terre.
Pieter van den Broke . . .	8 mesures de terre et le manoir.
Willem le War.	
Coppin de Monec 15	2 1/2 mesures de terre et 1 manoir. fol. 17 r°
Lammekin van der Eke . .	1 line et 7 verges de terre.
Jehan le Koc	5 mesures de terre et le manoir.
Hannekin le Keser.	
Coppin de Kod.	
20 Michiel de Moelnare . . .	1/2 mesure de terre.
Hannekin Lake	4 mesures et 1 line de terre.
Coppin van den Abele . . .	14 mesures de terre et le manoir.
Coppin f. Coppins les filz i 25 demora.	
Jehan Poncke	9 mesures de terre et le manoir.
Meus Flore.	
Hannekin Ebbin	6 mesures de terre et 2 lines et le manoir.
30 Michiel Tacke.	
Jehan le Mattre f. domini Jehan Matters.	
Gilles f. Jehans f. Wouters. .	4 mesures de terre.
Michiel f. Walters Reingher .	1 mesure de terre.

fol. 18 v° CHE SUNT CIL QUI MORURENT A LE BATAILLE DE CASSEL DE LE PAROCHE DE LENSELES EN LE CASTELRIE DE FURNES. LE INVENTORE FAITE PAR JEHAN LE COSTRE ET JEHAN LE RAM[a].

Joses du Mont	1 manoir et 14 mesures de terre.	5
Robin Diederic	6 mesures de terre.	
Willem Wilsin	12 mesures de terre.	
Clai Wilsin	4 mesures de terre.	
Pieter li Cam	16 mesures de terre.	
Boidin Pierin	3 mesures de terre.	10
Clai li Bloc	1 mesure de terre.	
fol. 19 r° Wauter Basin	18 mesures de terre.	
Lammin Bleckemarie	1 mesure de terre.	
Gille Malegher	1 manoir et 2 mesures de terre.	
Willem Ouduard	10 lines de terre.	15
Michiel Vartegans	1 manoir et 3 mesures de terre.	
Pieter de le Weide	1 manoir et 1 mesure de terre.	
Jehan Crummine	2 mesures de terre.	
Willem Boid	1 manoir et 4 lines.	
Pieter Commer	2 mesures de terre.	20
Clais Vliechover	1 manoir et 5 mesures de terre.	
Jehan li Mey	1 manoir et mesure de terre diis.	
Picres li Vos	1 manoir et 7 mesures de terre.	
Riquart li Potere	1 manoir et 20 mesures de terre.	
fol. 19 v° Gosin Ceppin	1 manoir et 4 mesures de terre.	25
Coppin li Pon	5 mesures de terre.	
Boudin de Lenseles	30 mesures de fief.	
Riquard li Potere	7 mesures de terre.	
Clai Ghis[el]	1 manoir et 6 mesures de terre.	
Andries Lauwerin	1 manoir et 3 ½ mesures de terre.	30

a. Le inventore — — le Ram, ajouté par une autre main.

	Willem le Ram	1 manoir et 22 mesures de terre.
	Michiel Bone.	2 mesures de terre.
	Willem le Carpentier . . .	1 manoir et 7 mesures de terre.
	Jehan de Dale	1 manoir et 7 mesures de terre.
5	Jehan Wautier	1 manoir et 17 mesures de terre.
	Jehan Wilsin.	1 manoir et 6 mesures de terre.
	Hebbin Lammin	1 manoir et 4 mesures de terre. fol 20 r°
	Jehan Folke	1 1/2 mesures de terre.
	Jehan Lammin f. Hughelins .	3 mesures de terre.
10	Boid[in] Ghisel	1 manoir et 13 mesures de terre.
	Pieter Varlet.	2 mesures de terre.
	Jehan Couter.	2 quartiers de terre.
	Willem Aerwete.	2 1/2 mesures de terre.
	Winnoc Zedeman	1 manoir et 4 1/2 mesures de
15		terre.
	Gilles Joerdekin.	5 quartiers de terre.
	Michiel Diederic	1 manoir et 7 mesures de terre.
	Clai Brant.	4 mesures de fief.
	Jehan Leman.	12 mesures de fief.
20	Jehan Lammin	1 manoir et 10 mesures de terre.
	Willem Barbet	1 manoir et 5 mesures de terre. fol 20 v°
	Willem Balant	2 mesures de terre.
	Jehan Brandaen.	1 manoir et 4 lines de terre.
	Jehan Gherard	14 mesures de terre.
25	Jehan Coppin f. Michiels .	5 mesures de terre.
	Clais Roene	1 manoir et 20 mesures de terre.
	Coppin le Pintre	2 mesures de terre.
	Clais Mergard	2 mesures de terre.
	Jehan Valke.	
30	Jehan le Ram.	
	Joris Riquard.	
	Jehan Mesdach.	
	Lammin le Baers.	
	Hannin Tybaut.	
	Hannin Joerdaen.	

Jehan Eggriant.
fol 21 r° Vencent Emerijc.
Clai Emerijc.
Clai le Vo[s].

Che sunt cil qui morurent a Cassel pour autrui.

Clai le Aerlebeke.
Jehan Karlin.
Michiel Courtereel.
Jehan li Bliec, pour lui meismes . . . . 1 manoir et 6 mesures de terre.
Olay le Ram . . . . 10 mesures de terre.
Clais li Clers.

Che sunt cil qui morurent en le bataille de Cassel de le paroche de Zoutscotes en le castelrie de Furnes. Inventore faite par Bauduin de le Court et Jehan le Roy[a].

fol. 21 v° Andrieu li Roy . . . . . 8 mesures de terre et $^1/_2$ d'une maison.
Clais de le Haye . . . . . 10 mesures de terre et le manoir.
Pieter Blavoet . . . . . 8 mesures de terre et le manoir.
Willem Loys . . . . . . 25 mesures de terre et 1 manoir.
Pieter du Wers.[b]
Michiel pour Jehan Croec.
Jehan f. Hans . . . . . 5 $^1/_2$ mesures de terre.
Pieter Laers . . . . . . 4 mesures de terre et 1 manoir.
Jehan Snoch . . . . . . 16 mesures de terre et 1 manoir.

a. Inventore — — — le Roy, *ajouté par une autre main.*
b. Wers. *est pourvu d'un signe d'abréviation.*

Pieter de Gant	. . . . .	6 mesures de terre et 1 manoir.
Coppin du Bois	. . . . .	4 ¹/₂ mesures de terre et 1 manoir.
Notin Volmare	. . . . .	5 mesures de terre et 1 manoir.
5 Pieter le Bonc	. . . . .	4 mesures de terre et 1 manoir.
Laur[eins] li Broukerc	. .	10 mesures de terre et 1 manoir.
Pieter ᵃ Hiest.	. . . . .	15 mesures de terre et 1 manoir. fol. 22 rᵒ
Jehan de Lo	. . . . . .	6 mesures de terre et 1 manoir.
Willem f. Wautiers.	. . .	11 mesures de terre et 1 manoir.

10 CHE SUNT CIL QUI MORURENT EN LE BATAILLE DE CASSEL DE LE PAROCHE DE LO EN LE CASTELRIE DE FURNES. LE INVENTORE FAITE PAR PH. DE LE ZUEINE ᵇ.

Willem Dullin	. . . . .	7 mesures de terre.
Gheraerd Bourluts	. . . .	19 mesures de terre.
15 Jehan Scelewaert	. . . .	11 mesures de terre.
Jehan Piperers	. . . . .	4 mesures de terre.
Hannin Rolfs.		
Li hoir Jehan Volcars.		fol. 22
Li hoir Mikiel Slafs f. Jehan	.	2 ¹/₂ mesures de terre.
20 Li hoir Michiel Slafs f. Symoens.		
Li hoir Hannekin Boid[in].		
Le veve Jehan Folcards	. .	8 mesures de terre.
Li hoir Gilles Stroebel.	. .	6 mesures de terre.
25 Li hoir Stasin Stroebel	. .	6 mesures de terre.
Li hoir Willem Brus	. . .	4 lines de terre.
Li hoir Christiaen Libard	.	2 mesures de terre.
Symon Stroebel.	. . . .	13 mesures de terre.
Hannekin Ghisebrecht.	. .	1 mesure de terre.

30   *a. Le manuscrit porte* Pier *avec un signe d'abréviation*
    b. Le inventore — — — le Zueine, *ajouté par une autre main.*

	Clai Boin	4 mesures de terre.
	Wautier Slafs	6 mesures de terre.
	Willekin Bruns	8 mesures de terre.
fol. 23 r°	Jehan le Cherf	11 mesures de terre.
	Li hoir Jehan Cackards . .	12 mesures de terre.
	Clai Cautards.	5 mesures de terre.
	Hannekin Pladise.	
	Clai Dunders.	4 mesures de terre.
	Li hoir Jehan Bies	10 mesures de terre.
	Jehan de Dundre	5 mesures de terre.
	Jehan le Muelnare.	
	Jehan Winkelmat	4 mesures de terre.
fol. 23 v°	Pieter li Conte	2 mesures de terre.

CHE SUNT CIL QUI MORURENT EN LE BATAILLE DE CASSEL DE LE PAROCHE DE WULPEN EN LE CASTELRIE DE FURNES. LE INVENTORE FAITE PAR GILLES FILS JEHAN ET LAMBERT REYFIJN[a].

Jehan Volkeraven	1 manoir et 21 mesures de terre.
Coppin Carstien	1 manoir et 17 mesures de terre.
Jehan Bigghe	9 mesures de terre.
Hannekin Aerlebout . . .	7 mesures de terre.
Jehan Priem	2 mesures de terre.
Pieter Carstien	8 mesures de terre et 1 manoir.
Clai Zegard	15 mesures de terre.
Robin li Parmentier . . .	1 manoir et 2 mesures de terre.
Annoot f. Jehan	1 manoir et 4 mesures de terre.
Gilles Bokel	1 manoir et 3 mesures de terre.
Pieter Pieroot	1 manoir et 14 mesures de terre.

a. Le inventore. — — Reyfijn, *ajouté par une autre main.*

Hannin li Rous	1 manoir et 14 mesures de terre	fol. 24 r°
Leurent f. Wautiers . . .	1 manoir et 4 mesures de terre.	
Hannin Carstien.	6 mesures de terre.	
5 Coppin Gheraerd . . .	1 maison et 1 line de terre.	
Ghisbrecht Bastkin	1 line de terre.	
Michiel Ermond	1 manoir et 2 mesures de terre.	
Pieter f. Werts	1 manoir et 4 mesures de terre.	
Hannekin f. Werts	4 mesures de terre.	
10 Clai li Bloc	½ maison et 4 lines de terre.	
Jehan Doemaes	1 manoir et 8 mesures de terre.	
Gheraerd f Coppins . . .	½ maison et 6 mesures de terre.	
Henri f. Boidin	1 manoir et 15 mesures de terre.	
15 Coppin li Pau	1 manoir et 5 lines de terre.	
Pieter li Vloghere.		
Baskin f. Basts	5 lines de terre.	fol. 24 v°
Michiel Meinard	1 grange, 4 mesures et 1 line de terre.	
20 Claikin Zuauward.		

BOIDEKINS-HOUCKE [a].

Willard Gautier	1 manoir et 4 mesures de terre.
Item Lotin Gautier	1 manoir, 3 mesures et 1 line de terre.
25 Hannekin Naes	1 manoir et 2 mesures de terre.
Gilles li Costres.	
Gilles Rosard.	1 mesure de terre.
Clais f. Willem.	
Jehan f. Willem	1 manoir et 6 mesures de terre.
30 Leurens f. Willem Coppin.	1 manoir et 3 mesures de terre.

a. *Ces mots sont écrits au milieu de la ligne dans le manuscrit. Ils désignent évidemment une section de la paroisse de Wulpen*

(28)

	Jordaen li Borgois	1 manoir et 14 mesures de terre.
	Hannekin Smil.	
fol. 25 r°	Claikin Clau	2 maisons et 1 mesure de terre.
	Clais Gharne	1 maison et 2 mesures de terre. 5
	Hannekin Kaloene	1 line de terre.
	Willem Moenins.	1 maison et 1 1/2 mesures de terre.
	Pieter de Coche	1/2 maison et 4 lines de terre.
	Coppin Vaedey.	10
	Hannekin Gherardekin [a] . .	1 line de terre.
	Clais Coppin	1 maison et 1 mesure de terre.
	Hannin Coppin.	
	Hannin Roetbaert.	
	Hannin van den Dorne.	15
	Hannekin le Parmentier.	
	Hannekin Soude Sorge.	
	Wautier Kanard.	
	Willem Franch.	
	Hannin Gherard.	20
	Michiel Hildebrant.	
fol. 25 v°	Mikiel van den Hove.	
	Hannekin Wedekin.	
	Hannekin Coppin	1 maison et 1 mesure de terre.
	Pieterkin le Clerc.	25
	Hannekin Piercot.	
	Pieter Ydelspille.	
	Hannekin le Bloc	⎫
	Wouterkin	⎬ eurent père et mère.
	Lippin Doedin	⎭ 30

a. *Le manuscrit porte Gherari avec un signe d'abréviation. Il s'agit sans doute du fils de Hannin Gherard qui est inscrit plus bas. Le signe d'abréviation indiquant la forme du diminutif aura été mal compris par le scribe qui a recopié le rôle des tués de Boidekinshoek.*

Che sont cil qui morurent en le bataille de Cassel de le paroche de Polinchove en le castelrie de Furnes. Inventore faite par Jehan Masin [a].

Jacop Scuerlins . . . . . . 5 mesures de terre.
Lippin le Roy. . . . . . . 10 mesures de terre.
Willem Cappers. . . . . . 7 mesures de terre. fol. 26 r°
Jehan Malegher . . . . . . 4 mesures de terre.
Pieter Budsins . . . . . . 4 mesures de terre.
Gilles Brandins . . . . . . 16 mesures de terre.
Jehan Stierman . . . . . . 7 mesures de terre.
Willem Renoud . . . . . . 1 1/2 mesure de terre.
Lippin Poel . . . . 8 mesures de terre.
Wautier Werts . . . . . . 8 mesures de terre.
Lippin le Wale . . . . . . 18 mesures de terre.
Jehan Lammin . . . . . . 3 mesures de terre.
Willem le Moelnare . . . . 4 mesures de terre.
Jakes Masin . . . . 10 mesures de terre.
Coppin Hoekin . . . . . . 8 mesures de terre.
Dideric [b] de Polinchove . . 60 mesures de terre. fol. 26 v°
Hannekin Melieward . . . 1/2 mesure de terre.
H. Vinders . . . . 4 mesures de terre.
Moenin de Vinder . . . . 2 mesures de terre.
Cappelare. . . . . 2 mesures de terre.
Michiel Specards. . . . . 4 mesures de terre.
Colin Brants . . . . 5 mesures de terre.
H. Tops . . . . 8 mesures de terre.
Michiel David.
Michiel Grijsweder . . . . 14 mesures de terre.
Colin Ghiel . . . . 6 mesures de terre.

a. Inventore — — Masin, *ajouté par une autre main.*
b. *Le manuscrit porte* Dd

(30)

Tierin Keene	2 mesures de terre.
Jehan le Rouc.	
fol. 27 r° Jehan Boid[in]	2 mesures de terre.
Jehan de Lo.	
Adriaen	20 mesures de terre.
Coppin du Zueu	7 mesures de terre.
Le veve Rijs.	
Michiel Bliec	20 mesures de terre.
Jakemin Boin	18 mesures de terre.
Pieter Brandin.	
Lammin f. Besten.	
Coppin li Lonc.	
Michiel li Barc	½ mesure de terre.
Michiel Maes	½ mesure de terre.
Pieter le Carpere	2 lines de terre.
Aeggriaud	10 mesures de terre.
Pieter Knuobes	6 mesures de terre
fol. 27 v° Moenin le Grave.	
Hanin le Carel.	
Laur[eins] Moli[n].	
Hannin Havaen.	
Lippin f. Willem.	

CHE SUNT CIL QUI MORURENT EN LE BATAILLE DE CASSEL DE LE PAROCHE DE WESTVLETERNES EN LE CASTELRIE DE FURNES. LE INVENTORE FAITE PAR JEHAN LE ROY ET LAMBERT LE BONNERE [a].

Michiel Ghis[brecht]	4 lines... verges [b] de terre.
Clais Hademarc	1 manoir et 5 mesures de terre.
Coppin Maes	1 manoir et 7 mesures de terre.

a. Le inventore — — le Bonnere, *ajouté par une autre main.*
b. *Le nombre de verges est resté en blanc.*

	Hannin Robeloet.	7 mesures de terre, item 1 quartier.
	Willem Coppin et ses fiex. .	6 mesures de terre.	fol. 28 r°
5	Heinri Webel. . , . . .	1 manoir et 30 mesures de terre.
	Jehans li Carpentiers . . .	1 manoir et 4 lines de terre.
	Jehan Robeloet	1 manoir et 8 mesures de terre.
	Moenin Machut	2 mesures de terre
10	Jehan Floer	1 manoir et 12 mesures de terre.
	Clais li Fevers	5 mesures de terre.
	Jehan Arnoud	1 mesure de terre.
	Michiel Piel	2 lines de terre.
	Heinri du Bois	16 mesures de terre.
15	Coppin Bollard	1 maison et 3 mesures de terre.
	Clais de le Veste.	2 mesures de fief, 3 mesures et 2 lines de terre.
	Clais Boid[in].	24 mesures de terre.
20	Jehan li Stocker.	1 manoir et 2 mesures de fief; item 30 [mesures de terre^a]	fol. 28 v°
	Jehan Pescer.	1 manoir et 3 mesures de terre.
	Jehan van den Brande. . .	1 1/2 mesure de terre.
	Gherardin Maes	1 manoir et 13 mesures de terre.
25	Hannin Boye.	1 mesure de terre.
	Canin Carin	3 1/2 mesures de terre
	Jehan Bode	3 mesures de terre.
	Jehan Colin	26 mesures de terre.
	Wouter Beke.	1 manoir et 8 mesures de terre.
30	Jehan Willem.	
	Hannekin Molin.	3 1/2 mesures de terre.
	Colin van den Brande.	

a. Ces mots manquent dans le manuscrit.

fol. 29 r° CHE SUNT CIL QUI MORURENT EN LE BATAILLE DE CASSEL DE LE PAROCHE DE STAVELE EN LE CASTELRIE DE FURNES LE INVENTORE FAITE PAR JEHAN LE ROY ET LAMBERT LE BONNERE [a].

Michiel d'Ysenberghe	1 mesure de terre et 50 verges.
Michiel de Yode.	1 manoir et 3 mesures de terre.
Jehan Peel	1 manoir et 2 mesures de terre.
Jehan f. Belen.	
Lammin li Deken	1 manoir et 5 mesures de fief; item 20 mesures de terre.
Coppin Ghiselbrecht	1 manoir et 2 mesures de terre.
Jehan le Cop	1 manoir et 1 mesure de 50 verges.
fol. 29 v° Jehan Torijn	1 1/2 mesures de terre.
Jehan f. Christiaens.	1 manoir et 25 mesures de fief.
Lippin Snic	1 manoir et 10 mesures de terre.
Jehan de Cappelare.	1 manoir et 2 mesures et 1 quartier de terre.
Jehan Erboid.	1 manoir et 5 lines de terre.
Michiel le Wavel	1 manoir.
Jehans li Clers	1 manoir et 18 mesures de terre; item 5 mesures de fief.
Jehan Stoyard	1 manoir et 7 mesures de terre.
Clai Pourcheaus	1 manoir et 4 mesures de terre.
Pieter le Wavel	1 manoir et 5 mesures de terre.
Coppin Stoyard	1 manoir et 10 mesures de terre.
Jehan Spainiaert	1 manoir et 8 mesures de terre.
Jehan li Cherf	1 quartier de terre.
fol. 30 r° Canin le Divel	1 manoir et 5 mesures de terre.

a. Le inventore — — le Bonnere, *ajouté par une autre main.*

	Boudin f. Jehan	1 manoir et 20 mesures de terre.
	Michiel li Bare	2 lines de terre.
	Michiel Riquard.	1 manoir et 6 mesures de terre.
5	Jehan Boufhovet et ses ...[a]	1 manoir et 4 mesures de terre.
	Michiel de Eke	1 manoir et 4 mesures de terre.
	Jehan li Yode	3 mesures de terre.
	Claikin Voet et Pierin ses pères	4 mesures de terre; item 30 verges de terre.
10	Colin Hughelin	1 manoir et 25 mesures de terre.
	Jehan Floer	1 manoir et 4 mesures de terre.
	Willem Pieterquin[b] . . .	1 manoir et 10 mesures de terre.
15	Clais Heim	1 manoir et 1 mesure de terre.
	Jehan du Pont	1 manoir et 16 mesures de terre.
	Roelin Balunt	1 manoir et 1 mesure de terre. fol. 30 v°
	Kaistien Lambrecht . . .	17 mesures de fief et 1 manoir; item 5 mesures de terre.
20		
	Jakemijn li Fevres	1 forge.
	Heinri li Yode	1 manoir et 7 mesures de terre.
	Lammin Meaus	8 mesures de terre.
	Fenskin Colin	5 lines de terre.
25	Ghis. Colin	1 manoir et 2 mesures de terre.
	Willem li Bailliu	5 mesures de terre.
	Jehan Anselin	1 manoir et 6 mesures de terre.
	Jehan Rikelin	1 manoir et 8 mesures de terre.
	Michiel Moenin	1 manoir et 9 mesures de terre.
30	Jakemes li Folun	2 mesures de fief; item 15 mesures de terre.

a. *Un mot passé. Il faut sans doute lire* » ses pères « *comme un peu plus bas.*

b. *Lecture douteuse.*

fol. 31 r° Jehan li Barbier et ses fiex.
Clais Flor . . . . 1 manoir et 6 mesures de terre.
Hannin Relan.
Hughe de le Walle.

CHE SUNT CIL QUI MORURENT EN LE BATAILLE DE CASSEL DE LE
PAROCHE DE WLCRAVENSKINDERKERKE EN LE CASTELRIE DE
FURNES. LE INVENTORE FAITE PAR CLAIS OGIER ET JEHAN
CLENEY [a].

Wautier Zwanenekin . . . 51 mesures de terre.
Michiel Christian . . . . 20 mesures de terre et 1 manoir.
Jehan Clarin . . . . . . 4 mesures de terre.
Jacop de Lampernesse . . 28 mesures de terre.
Gisghe Melewijd . . . . . 1 manoir et 5 mesures de terre.
Clai de Mouden . . . . . 3 mesures de terre.
fol. 31 v° Terri de Meter . . . . . 2 mesures de terre.
Le Scotelare . . . . . . 2 mesures de terre.
Clai le Mast . . . . . . 3 1/2 mesures de terre.
Jehan Clarin . . . . . . 20 mesures de terre.
Jehan Gallant . . . . . 6 mesures de terre.
Baudein le f. Heinri Hannekin . . . . 3 mesures de terre.
Meus Blamoet . . . . . 2 mesures de terre.
Jehan le frère Latin.
Hannekin Bollekin.
Jacob Blavoet . . . . . 10 mesures.
Bollard.
Jehan Karstiaen . . . . 1 maison et 4 mesures de terre.

a. Le inventore — — — Cleney, *ajouté postérieurement.*

CHE SUNT CIL QUI MORURENT EN LE BATAILLE DE CASSEL DE LE PAROCHE DE SAINT-RIKIER EN LE CASTELRIE DE FURNIS. LE INVENTORE FAITE PAR JEHAN COPPIJN[a].

Symoen de Saint-Rikier . .	1 manoir.
Clai Scieringhe	1 manoir et 2 mesures de terre, item 1 1/2 mesures.
Coppin Vosekin	1/2 mesure de terre. fol. 32 r°
Michiel Waghemakere . . .	1 manoir et 4 mesures de terre.
Hannekin Maes	1 manoir et 1 mesure de terre.
Jehan Herbord	4 mesures de terre.
Jehan Coppin.	1 1/2 mesures de terre.
Coppin le Coussemaker.	
Jehan Bruninghe	1 manoir et 6 mesures de terre.
Pieter Waghemakere . . .	7 mesures de terre et 1 manoir.
Laureins Spint	2 mesures de terre.
Brixe li Clakers Michiel.	
Jehan Riquard Michiel.	
Pieres li Waghemakere.	
Hannekin Pieter.	
Lammin li Crakers.	fol. 32 v°

CHE SUNT CIL QUI MORURENT EN LE BATAILLE DE CASSEL DE LE PAROCHE DE RAEMSCAPPELLE EN LE CASTELRIE DE FURNES. LE INVENTORE FAITE PAR JEHAN SCOTELINC[b].

Jehans Lauwars	1 manoir et 15 mesures de terre.
Clais Bottchoren.	1 maison et 4 mesures de terre.
Clais van den Clichchove. .	1 manoir et 7 mesures de terre.

a. Le inventore — — Coppijn, *ajouté postérieurement.*
b. Le inventore — — Scotelinc, *ajouté postérieurement.*

Claikin Coppin . . . . . . 1 maison et 2 mesures de terre.
Mikiel Colpart.
Jehan de Scoren. . . . . . 1 manoir et 6 mesures de terre.
Jehan Lippin. . . . . . . 1 manoir et 7 mesures de terre.
Coppin Widemond . . . . 1 manoir et 9 mesures de terre. 5
Clais Cassekin . . . . . . 2 lines de terre, item le quarte
          part d'une maison.
Hannekin Coppin . . . . 1 maison, item 2 mesures de
          terre.
Clackins Damins . , . . . 2 lines de terre. 10
Hannin Chain . . . . . . ½ manoir et 2 mesures de terre.
Clais Botreman . . . . . 1 manoir et 6 mesures de terre.
Clackin de Scoren . . . . 4 mesures de terre semet de
          blé et le 8me part d'un demi
          manoir. 15
Heine de Dorne.
Pieter Machart.

Che sunt cil qui morurent en le bataille de Cassel de le paroche de Stuvinskerke en le castelrie de Furnes. Le Inventore faite par Clais Ogier et Jehan Cleney[a]. 20

Lotin Scadegast . . . . . 1 mesure de terre.
Pierin Lotin.
Michiel le Crumme . . . . 4 mesures de terre.
fol. 33 v° Hannin Pieter f. Moenes . . 2 lines de terre.
Pierin Bitor . . . . 4 ½ mesures de terre. 25
Hannin Galkin . . . . . . 8 lines de terre.
Pieter Salke . . . . 1 verge de terre.
Pieter Rusaut . . . . . . 1 mesure de terre.
Hannin Betteman . . . . 5 mesures de terre.
Hannekin li Coe. . . . . . ½ mesure de terre. 30

  a. Le inventore —— —— Cleney, *ajouté postérieurement.*

(37)

	Willard Waloys	8 mesures de terre.
	Hanne Philips	3 mesures de terre.
	Willem Lauers	6 mesures de terre.
	Gilles li Faukoniers	5 mesures de terre.
5	Gilles f. Willem	50 verges de terre.
	Hannekin Dobbel	5 mesures de terre.
	Gilles Busin	4 mesures de terre.
	Lippin f. Gilles	12 mesures de terre.
	Hannin Boidin	3 ½ mesures de terre. fol. 34 r°
10	Michiel li Dammere	2 mesures de terre, item 2 lines.
	Hannekin Steven	2 mesures de terre.
	Herm[an]	1 mesure de terre.
	Clai Alquaet	4 mesures de terre.
15	Gilles Tierin	16 mesures de terre.
	Lammin le Houre	1 mesure de terre.
	Le Cuvelier	1 mesure de terre.
	Hanneki[n] li Bouc.	
	Hannekin Salke.	
20	Clai de Keyem.	
	Henrije f. Jurdain.	
	Gilles de le Vere	2 mesures de terre.

CHE SUNT CIL QUI MORURENT EN LE BATAILLE DE CASSEL DE LE PAROCHE fol. 34 v°. DE SAINTE-WUURUR EN LE CASTELRIE DE FURNES. LE INVENTORE
25 FAITE PAR GILLON F. JEHAN ET LAMBERT REYFIJN[a].

Boidin Gale . . . . . . 1 manoir, 1 grange, 8 mesures de terre et 1 line.

Clai Corde.
Hannekin Riquard.

a. Le inventore — — — Reyfijn, *ajouté postérieurement.*

Pieter Baert	1 manoir et 4 mesures de terre.
Pieterkin de Nev[e].	
Willem de Neve.	1 maison, 1 mesure de terre et 25 verges.
Pieter Michelin	1 grange et 1 estaule et 12 mesures de terre.
Clai Snelline	½ manoir, 10 ½ mesures de terre.
Coppin Snelline.	1 manoir et 6 mesures de terre.
Hammin Stasin	1 manoir et 8 mesures de terre.

En Koxide.

Hannin Stunin	1 manoir.
Hannin Bassevelt.	
Clais Coene et Jehan . . .	1 maison.
Riquard Rainboud	1 manoir.
Jehan Morel	1 maison, 1 ½ mesures de terre.
Coppin Hoseel	1 maison.
Hannin Moen.	1 manoir.
Mathis Daniel	1 maison.
Hannin li Weilre	1 maison.
Saelkin Drogheboem . . .	1 maison.
Hannin Wernaert.	
Coppin Lauwerin	1 manoir.
Andrieu le Vos	½ maison.
Pieter li Neve	1 maison.
Pieter Cobinel	1 maison et 2 lines de terre.
Clai Moenin	½ maison.
Robin Supperline	1 maison et 1 grange.
Wautier Dieseline	1 maison et 1 line de terre.
Hannin de Ossen-Dracht . .	1 maison et 1 grange, item 2 lines de terre.

Pieter li Naghel . . . . . . 1 maison et 25 verges de terre.
Hannekin Caleward . . . . 2 mesures de terre.
Clais Colin . . . . . . 1 maison, 16 mesures.
Clais Horeon.
5 Hannekin Clais Soirper.
Clais Vane . . . . . . 1 maison.
Pieter Mikelin.
Jacop die Hovessche . . . 1 manoir et 18 mesures de fol. 36
                                          terre.
10 Lotin Gulien.
Jehan Solfarin . . . . . . 1 maison et 2 mesures de terre.
Hannin de Moeche.
Michiel Riquard.
Clais Dumaes.

15 CHE SUNT CIL QUI MORURENT EN LE BATAILLE DE CASSEL DE LE
PAROCHE DE RELENGHES EN LE CASTELRIE DE FURNES. LE INVEN-
TORE FAITE PAR JEHAN LE ROY ET LAMBERT BONERE[a].

Lammin f. Bouder . . . . 4 mesures de terre.
Willem li Abes . . . . . 4 mesures de terre.   fol. 36 v°
20 Jorges de Killem.
Pieter Hughe . . . . 2 mesures de terre.
Clais Willard . . . . . . 3 mesures de terre.
Lammin de Esene . . . . 2 mesures de terre.
Jehan Hannoit . . . . . 3 mesures de terre.
25 Jehan li Vos . . . . . . 2 mesures de terre.
Gilles li Contes . . . . . 10 mesures de terre.
Jehan Idde . . . . 4 lines de terre.
Jacob Boidin . . . . . . 8 $\frac{1}{2}$ mesures de terre.
Jehan li Mariseaus . . . . 6 $\frac{1}{2}$ mesures de terre.
30 Jehan Colin . . . . . . 1 mesure de terre.

     a. Le inventore ——— Bonere, *ajouté postérieurement*.

fol. 37 r°	Lammin de Lande	2 mesures de terre.
	Willem de Killem	2 mesures de terre.
	Ghijs Drincbier	12 mesures de terre.
	Christiaen li Vos	2 mesures de terre.
	Willem Blome	1 quartier de terre.
	Gilles li Bloc	3 mesures de terre
	Clais Paeldinc	3 mesures de terre.
	Jehan li Clers	4 ½ mesures de terre.
	Frans de Reys	4 mesures de terre.
	Clais Lammeckon	6 mesures de fief.
	Jehan Stasin	2 mesures de terre.
	Jehan Riquard	46 mesures de terre
fol. 37 v°	Clais li Clers	10 mesures de terre.
	Baudin li Vlint	4 ½ mesures de terre.
	Pieter Masin	39 mesures de terre.
	Jehan Hildebrant et le veve	
	Jehan Burse	16 mesures de terre.

RELENGHES.

	Coppin Haviat	4 mesures de terre.
	Olivier de Lile	6 mesures de terre.
	Lammin Willeman	12 mesures de terre.
	Jehan de le Cambre . . .	6 mesures de terre.
	Jehan Bernard	3 mesures de terre.
fol. 38 r°	Pieter Stul	1 mesure de terre.
	Jehan li Cloet avec se mère.	
	Jehan de Ponsele	32 mesures de terre.
	Jehan Blocme.	
	Hannin Blonkebourse . . .	1 maison.
	Coppin Bollard	1 line de terre.
	Hannin Gosuins	1 manoir et 3 mesures de terre.
	Lammin Gosuin	3 mesures de terre.
	Coppin Joncman	1 ½ mesures de terre.

Jehan Drincbier.
Coppin de Wint . . . . . . 1 maison et 1 quartier de terre.
Masekin Droncbier.
Pieter Belard. . . . . . . 1 manoir et 8 mesures de terre.
5 Jehan Steven. . . . . . . 1 manoir, 1 mesure de fief et   fol. 38 v°
                                          7 mesures de terre.
Willem Heinric . . . . . . le manoir et 16 mesures de
                                            terre.
Coppin van Connovermour [a].
10 Lammin Gherards . . . . 1 manoir.
Hannekin le Grave.

CHE SUNT CIL QUI MORURENT EN LE BATAILLE DE CASSEL DE LE PAROCHE [DE] HARINGHES EN LE CASTELRIE DE FURNES LE INVENTORE FAITE PAR JEHAN LE ROY ET LAMBERT BONERE [b].

15 Jehan Stasin . . . . 4 mesures de terre.
Jehan Condecole. . . . . 8 mesures de terre.   fol. 39 r°
Willem de Moelnare . . . 5 lines de terre.
Michiel Aremboud . . . . 12 mesures de terre.
Jehan Arenboud . . . . . 40 mesures de terre.
20 Michiel li Fevres . . . . . 7 1/2 mesures de terre.
Coppin li Vinc li jovenes . . 7 1/2 mesures de terre.
Willem sire Tomas. . . . . 8 mesures de terre.
Willem le Vinc . . . . . . 20 mesures de terre.
Wautier Bollard. . . . . . 8 mesures de terre.
25 Boudin Bollard . . . . . . 2 1/2 mesures de terre.
Colin Balunt . . . . 16 mesures de terre.   fol. 39 v°
Roelin Gherscoren . . . . 1 mesure de terre.
Hannin Bouderi . . . . . 4 mesures de terre.

   a. *Lecture douteuse.*
   b. Le inventore — — — Bonere, *ajouté postérieurement.*

	Boidin Moesin	10 mesures de terre.
	Jehan li Coc	8 mesures de terre.
	Willem Lapperoen	2 mesures de terre.
	Symon du Bois	4 mesures de terre.
	Jehan Willard	1 mesure de terre.
	Clais Leye	14 mesures de terre.
	Paulin Gosin	8 mesures de terre.
	Gilles li Clerc	10 mesures de terre
fol. 40 r°	Jehan Lammin	4 $1/2$ mesures de terre.
	Coppin Foberd	10 mesures de terre.
	Jehan Masin	4 mesures de terre.
	Clai Lamman	3 mesures de terre.
	Jehan Martin	2 mesures de terre.
	Casin f. Maes	4 lines de terre.
	Jehan f. Belen	7 $1/2$ mesures de terre.
	Pieter Leye	6 mesures de terre.
	Casin	40 mesures de terre.
	Coppin Poreit et Hannin Poreit	$1/2$ mesure de terre.
	Ph. f. Wauter	14 mesures de terre.
fol. 40 v°	Michiel Elleboud	5 mesures de terre.
	Jehan de Dunes.	
	Clai Mond et ses pères	5 mesures de terre.
	Willem de Ghec	1 manoir et 10 mesures de terre.
	Jehan Gallekin	1 manoir en Haringhes et 6 mesures de terre.
	Pieter Instement	1 manoir et 3 mesures de terre.
	Jehan Bolle	7 mesures de terre.

(43)

CHE SUNT CIL QUI MORURENT EN LE BATAILLE DE CASSEL DE LE PAROCHE DE DUUNKERKE EN LE CASTELRIE DE FURNES. LE INVENTORE FAITE PAR GILLON F. JEHAN ET LAMBERT REYFIJN[a].

Pieter le Zomer	1 maison et 1 grange, item 6 mesures de terre.	fol. 41 r°
Clai Boid	1 manoir et 5 mesures de terre.	
Jehan Scierinc	1 maison et 5 mesures de terre.	
Willem li Paeus.		
Clai Withoet	5 lines de terre.	
Pieter Zegard	1 maison et 4 mesures de terre.	
Hannin Boid[in]	1 manoir et 7 mesures de terre.	
Hannin Eggaerd	1 1/2 mesures de terre.	
Pieter Eggaerd	1/2 manoir et 5 mesures de terre.	
Pieter Coppin	1 quartier d'un manoir, 2 mesures et 1/2 quartier de terre.	
Robin Priem	1 line de terre.	
Clai Aquet	4 lines de terre et 1 maison.	
Jacoumard Balluard . . .	1/2 manoir et 5 mesures de terre.	fol. 41 v°
Hannequin Kaluward . . .	2 mesures de terre.	
Clais f. Wo[uter].		
Hannequin Sprincke . . .	1 manoir et 6 mesures de terre.	
Coppin Sprincke	2 mesures de terre et 10^{ime} part de la maison de père et mère.	
Hannekin Eggard, f. Clais .	2 mesures de terre.	

a. Le inventore — — Reyfijn, *ajouté postérieurement.*

Che sunt cil qui morurent en le bataille de le paroche de Zoutenay en le castelrie de Furnes. Le inventore faite par Gillon f. Wouters [a].

Robin Bollard.
Jehan Colin . . . . 1 manoir, 1 ½ mesures de terre.
fol. 42 r° Claikin Wulverije.

Che sunt cil qui morurent en le bataille de Cassel de le paroche de Ghieverdinchove en le castelrie de Furnes. Le inventore faite par Willem le Poison [b].

Jehan Piel. . . . . 7 lines de terre.
Gilles le Wulf . . . . . . 10 mesures de terre.
Jehan Hose . . . . 10 mesures de terre.
Pieres Bouden . . . . . . 5 mesures de terre.
Jehan le Lantmetere . . . 5 mesures de terre.
Michiel Bouden . . . . . 4 mesures de terre.
fol. 42 v° Willem Willard . . . . . . 1 mesure de terre.
Pieres Ghiselin . . . . . . 5 mesures de terre.
Michiel Wilsin . . . . . . 5 mesures de terre.
Jehan le Smit . . . . . . 4 mesures de terre.
Jehan le Koel . . . . . . 5 mesures de terre.
Willem Daniel . . . . . . 8 mesures de terre.
Michiel Christiaen . . . . 2 mesures de terre.
Lambes Seelin . . . . . . 2 mesures de terre.
Nich[olas] Plachier. . . . 7 mesures de terre.

a. Le inventore — — Wouters, *ajouté postérieurement.*
b. Le inventore — — le Poison, *ajouté postérieurement.*

Nich[olas] f. Pieters . . . . 5 lines de terre.
Jehan Ghis[elin]. . . . . . 3 mesures de terre.
Pieres Bake.
Jehan Stasin.
5 Wautier Willard.   fol. 43 r°
Jehan Ghiselin . . . . . 14 mesures de terre.

CHE SUNT CIL QUI MORURENT EN LE BATAILLE DE CASSEL DE LE PAROCHE DE EGGHEWARTSCAPPELLE EN LE CASTELRIE DE FURNES. LE INVENTORE FAITE PAR JEHAN LE KOC ET CLAIS LE SCELEWE[a].

10 Christiaen Stasin . . . . . 10 mesures de terre.
Coppin Cortewils . . . . . 7 mesures de terre.
Jehan Meinard . . . . . . 4 1/2 mesures de terre.
Jehan Bucheel . . . . . . 7 mesures de terre.
Stasin Lauward . . . . . 60 mesures de fief.   fol. 43 v°
15 Willem Hughe . . . . . 3 mesures de terre.
Jehan Lippin. . . . . . . 9 mesures de terre.
Le veve f. Lots . . . . . . 5 mesures de terre.
Jehan Lippin. . . . . . . 3 mesures, item 4 lines.
Ph. Veys . . . . 32 mesures de terre.
20 Joris Coppin . . . . . . 9 1/2 mesures de terre.
Willem Lauward . . . . 50 mesures de terre.
Michiel Eye . . . . 4 lines de terre.
Jehan Nickers . . . . . . 3 mesures de terre.   fol. 44 r°
Coppin Lauward . . . . . 3 mesures de terre.
25 Jehan dou Bos.
Christiaen Stasin.

a. Le inventore — — — le Scelewe, *ajouté postérieurement.*

CHE SUNT CIL QUI MORURENT EN LE BATAILLE DE CASSEL DES PAROCHES DE ZUUTSCOTES ET DE NORTSCOTEN EN LE CASTELRIE DE FURNES. INVENTORE FAITE PAR BAUDUIN DE LE COURT ET JEHAN LE ROY[a].

Tierin Gommare.	1 manoir et 8 mesures de terre.
Colin Say	½ d'un manoir.
Willekin Pierin	2 maisons.
fol. 44 v° Andrieu le Roy	½ d'une maison et 7 mesures de terre.

CHE SUNT CIL QUI MORURENT EN LE BATAILLE DE CASSEL DE LE PAROCHE DE HOGHESTADES EN LE CASTELRIE DE FURNES. LE INVENTORE FAITE PAR WILLEM LE POISON[b].

Jehan li Mor	12 mesures de terre.
Pieter Hannard	7 mesures de terre.
Clais le Coel	13 mesures de terre.
Gilles Willard	5 mesures de terre.
Hebbin f. Jehan Gilles . . .	4 mesures de terre.
Jehan Bazelin	5 mesures de terre.
Coppin Veisin	4 mesures de terre.
Hannin Loudsin.	3 mesures de terre.
Pieter Seachier	5 mesures de terre.
Jakemin li Beker	1 quartier de terre.
Weite de Lo	11 mesures de terre.
Jehan Danel	8 mesures de terre.
Jehan Folun	1 mesure de terre.

a. Inventore — — — le Roy, *ajouté postérieurement.*
b. Le inventore — — — le Poison, *ajouté postérieurement.*

Hannin f. Clai Meaus et ses frères	5 mesures de terre.
Michiel Porescocy	8 mesures de terre.
Willem Canemare	5 lines de terre.
5 Hannekin Mannin	1 mesure de terre.
Clais Arnoud.	5 mesures de terre.
Hannekin Lippin	1 mesure de terre. fol. 45 v°
Coppin Willard	2 lines de terre.
Scoy le Hach.	
10 Pieter Lammin.	
Jake Malegher	5 mesures de terre.

CHE SUNT CIL QUI MORURENT EN LE BATAILLE DE CASSEL DE LE PAROCHE DE ELVERDINGHE EN LE CASTELRIE DE FURNES. INVENTORE FAITE PAR BAUDUIN DE LE COURT ET PAR JEHAN LE ROY[a].

15 Jehan Mese	17 mesures de fief, item 1 mesure de heritage.
Willem Boid[in]	2 ½ mesures de terre.
Pieter Halebast	1 manoir et seit mesures de terre. fol. 46 r°
20 Meus le Wille	2 manoirs et 3 mesures de terre.
Enremond	1 manoir et 15 mesures de terre.
Jehan Rikier	5 mesures de terre et ½ manoir.
25 Clais Bekard	10 mesures de terre.
Gilles li Barbier	1 manoir.

a. Inventore — — le Roy, *ajouté postérieurement.*

Che sunt cil qui morurent en le bataille de Cassel de le vile de Lo en le castelrie de Furnes. Le inventore faite par Ph. de le Zueine,[a].

fol. 46 v°	Joris Beliard	1 maison.
	Lammin le Maunier. . . .	1 maison, 1 mesure de terre.
	Lammin Badekins	2 maisons, 5 mesures de terre.
	Hannin Gilleman	1 maison et 3 mesures de terre.
	Jehan Blavoet	1 manoir et 30 mesures de terre.
	Symon le Cherf	1 manoir et 11 mesures de terre.
	Wautier Plachier	1 maison.
	Coppin Dromers.	1 maison.
	Pauwels Vos	1 maison.
	Jakemin f. Willem	1 maison.
	Lammin Mostard	1 manoir et 7 mesures de terre.
	Woite Tachart	15 mesures de terre.
fol. 47 r°	Michiel Poel	15 mesures de terre et une maison.
	Christiaen Maunier. . . .	4 mesures de terre.

Che sunt cil qui morurent en le bataille de Cassel de le paroche de Anencapplle en le castelrie de Furnes. Le inventore faite par Jehan Scotelinc[b].

Emerije Arnoud	le manoir et 6 mesures de terre.
Heinric le Grave.	25 mesures de terre.
Willekin Daker	4 lines de terre.

a. Le inventore — — — le Zueine, *ajouté postérieurement.*
b. Le inventore — — — Scotelinc, *ajouté postérieurement.*

Jehan Scadegast. . . . . 1 manoir, 55 mesures de terre.
Jehan Sceleward. . . . . 1 manoir et 5 lines de terre. fol. 47 v°
Joes f. Boidins . . . . . 1 manoir et 6 mesures de terre.
5 Jehan Dauward . . . . . 1 husinghe ende 5 ymetes lants.
Clais f. Wauters. . . . . 1 manoir et 6 mesures de terre.
Lanseloot Veyse. . . . . 1 manoir et 37 mesures de
10   terre.
Annekin Veraven.
Wautier li Canter . . . . 1 manoir et 18 mesures de terre.
Jehan Mulard. . . . . . 1 manoir et 16 mesures de
15   terre.
Willekin Tant . . . . . 1 maison et 2 lines de terre.
Moenekin Fuerment.
Clais Ghedekin.   fol. 48 r°
Isenbard Nollin.
20 Andries Seynons. . . . . 2 mesures de terre et 1 manoir.

CHE SUNT CIL QUI MORURENT EN LE BATAILLE DE CASSEL DE LE PAROCHE DE PROVENDES EN LE CASTELRIE DE FURNES. LE INVENTORE FAITE PAR JEHAN LE ROY ET LAMBERT LE BONERE[a].

Clais li Leteire . . . . . 6 ½ mesures de terre.
25 Clai Capoen . . . . . . 2 mesures de terre.
Jehan Luux . . . . . . 2 ½ mesures de terre.
Clais li Anc . . . . . . 7 ½ mesures de fief, item 10 mesures de terre.

a. Le inventore — — le Bonere, *ajouté postérieurement.*

4

fol. 48 v°	Racm Tasche.	10 mesures de terre.
	Jehan Bouderi	4 mesures de terre.
	Hannin Tasche	10 mesures de terre.
	Michiel Drieu.	20 mesures de terre.
	Colin de le Houcke. . . .	2 mesures de terre.
	Wautier li Neve.	6 1/2 mesures de terre, item 1 maison.
	Jehan Blankard	4 mesures de terre.
	Hannin Herteverkin.	
	Jehan li Bindre	2 mesures de terre.
	Jehan Meenin	14 mesures de fief.
fol. 49 r°	Lammin de Brune	1 mesure de terre et 58 verges.
	Gilles Roelin	4 1/2 mesures de terre.
	Jehan Floer	6 mesures de terre.
	Laur[ens] Failge.	6 mesures de terre.
	Lammin de Mickere . . .	12 mesures de terre.
	Jehan Provendier	2 mesures de terre.
	W[outer] de Neve.	
	Jehan le Neckere.	

CHE SUNT CIL QUI MORURENT EN LE BATAILLE DE CASSEL DE LE PAROCHE DE KASEKINSKERKE EN LE CASTELRIE DE FURNES. LE INVENTORE FAITE PAR CLAIS OGIER ET JEHAN CLENEY[a].

fol. 49 v°	Hannin Arnoud.	2 1/2 mesures de terre.
	Jehan f. Verbeesten . . .	15 mesures de terre.
	Christiaen li Bloc	4 mesures [de terre].
	Hannekin Coppin	2 mesures de terre.
	Gilles Colin	1/2 mesure de terre.
	Baudin Lichter	10 mesures de terre.
	Jehan Seeleward.	8 mesures de terre.
	Clai Boude	2 mesures de terre.

a. Le inventore — — — Cleney, *ajouté postérieurement*.

Clai Masin.	6 mesures de terre.
Jehan Masin	4 mesures de terre.
Jehan li Kic	3 mesures de terre.
Jehan Lotin.	fol. 50 r°
5 Denijs li Mol.	
Hugheloot Witkint. . . .	4 mesures de terre.
Baudewijn li Blanc. . . .	40 mesures de terre.
Le Raven	6 mesures de terre.
Colin li Ameri	30 mesures de terre.
10 Joes.	1 mesure de terre.
Jehan f. Michiel	6 mesures de terre.
Colard Malegher.	2 mesures de terre.
Wautier Moenin.	
Ghis. de le Tere.	
15 Ghis. f Saren.	
Wautier Pinckin.	
Clais le Poison.	fol. 50 v°
Jehan le Sceluwe.	

CHE SUNT CIL QUI MORURENT EN LE BATAILLE DE CASSEL DE LE
20 PAROCHE DE BULSCAMP EN LE CASTELRIE DE FURNES. LE INVENTORE FAITE PAR GHISELIJN DAMMAN[a].

Jehan li Breet	3 maisons et 2 mesures de terre.
Pieter Diederic	½ mesure de terre.
25 Coppin Pierin	1 maison et 1 mesure de terre.
Riquard li Contes	1 maison et 4 lines de terre.
Willem Brungher	1 maison et 1 mesure de terre.

a. Le inventore — — Damman, *ajouté postérieurement*.

	Jehan li Bard.	
	Claikin Blonke	1 mesure de terre.
fol. 51 r°	Hannekin li Bard	1 line de terre.
	Hannekin Noidin	1 maison.
	Coppin Lippin.	5
	Ghijs Cortbeen.	
	Coppin Cortbeen	1 mesure de terre.
	Jehan Stasin	2 mesures de terre.
	Hannin Daverckin	2 maisons et $1/2$ mesure de terre. 10
	Jehan Ghis.	4 mesures de terre.
	Hannekin Gillis	4 mesures de terre.
	Yf. Ydseboud.	4 maisons et 4 mesures de terre.
	Jehan Coppin, f. Willekins .	1 line de terre. 15
	Coppin Dankeraven . . .	2 maisons et 2 mesures de terre.
	Willekin Bard	$1/2$ mesure de terre.
	Idseboud f. Clais	5 maisons et 4 mesures de terre. 20
fol. 51 v°	Coppin Gherard.	2 maisons et $1/2$ mesure de terre.
	Pauwelkin f. Clais.	
	De trois frères Danekins . .	5 mesures et 1 maison.
	Ermoud Veis.	25
	Clais Hoed	$1/2$ maison.
	Gilles Boetin.	
	Jehan li Buttere.	1 maison et 4 lines de terre.
	Hannekin f. Moene.	

Che sunt cil qui moru[rent] en le bataille de Cassel de le paroche de Oestvleternes en le castelrie de Furnes. Le inventore faite par Jehan le Roy et Lambert le Bonere[a].

 Willem Gaweloes . . . . . 1 manoir, 2 ½ mesures [de terre.] fol. 52
 Jehan Goeman . . . . . 1 manoir et 5 mesures de terre.
 Coppin Paeldijne . . . . . 5 mesures de fief, item 10 mesures de terre.
10 Symon f. Willem . . . . . 1 manoir et 12 mesures de fief, item 5 mesures de terre.
 Lammin Gale. . . . . . 1 manoir et 5 mesures de terre.
 Jehan Capoen . . . . . 1 manoir et 4 mesures de terre.
 Clais Coppin . . . . . . 1 ½ mesures de terre et 1 manoir.
15
 Jehan Christiaen . . . . . 1 manoir et 10 mesures de terre.
 Jehan Bloeme . . . . . 1 manoir et 4 mesures de terre.
 Jehan Cruke . . . . . . 1 mesure et 50 verges.
20 Clais de Wilde . . . . . 1 manoir et 6 mesures de terre. fol. 52
 Clais Noidin . . . . . . 1 manoir et 7 mesures de terre.
 Jehan Alsint le jovene. . . 3 mesures de terre.
 Jehan le Ram . . . . . 20 verges de terre.
 Pieter le Brune . . . . . 1 manoir et 6 mesures de terre.
25 Casin f. Wauter . . . . . 2 ½ mesures de terre, 1 manoir.
 Gillis li Ghier.
 Lammin Reinoud . . . . . 1 manoir.
 Lammin Moid . . . . . 1 manoir et 5 mesures de terre.

 a. Le inventore — — — le Bonere, *ajouté postérieurement.*

Mathi Colin	1 manoir et 6 mesures de fief, item 12 mesures de terre.
Jehan Alsint le vies . . .	1 manoir et 12 mesures de terre.
Moenin de le Gote	1 manoir et 3 mesures de terre.
Lammin Drieu	1 manoir et 6 mesures de fief, item 14 mesures de terre.
Meaus Canin	6 mesures de terre.
Jorkin Wale	2 mesures de terre.
Lammin le Neve	1 line de terre.
Gilles Wouterman	1 manoir.
Gille le Herot	1 manoir et 3 mesures de terre
Meidin Ghis	1 manoir.
Wouter Coe	1 manoir et 2 ½ mesures de terre.
Pieter de Leue	1 manoir et 3 mesures de terre.
Mikiel Keroën	3 mesures de terre.
Le f. Clais Venoit, pour [son] père.	

CHE SUNT CIL QUI MORURENT EN LE BATAILLE DE CASSEL DE LE PAROCHE DE CROMBEKE EN LE CASTELRIE DE FURNES. LE INVENTORE FAITE PAR JEHAN LE ROY ET LAMBERT LE BONERE [a].

Lammin Canin	3 mesures de terre.
Jehan Brabander, pour [son] père	10 mesures de terre.
Lammin Fonsel	25 mesures de terre.

LE FRANC DE CROMBEKE.

Clai Duvekin	6 mesures.
Clai li Cherf	20 mesures de terre.
Jehan li Tistrans	3 ½ mesures de terre.

a. Le inventore — — — le Bouere, *ajouté postérieurement*

Lammin li Chevalier	8 mesures de terre.	
Jehan li Rike li jovenes . .	11 mesures de terre.	
Lammin Reingher	20 mesures de terre.	fol. 54 r°
Jehan li Chevalier li Cherf .	10 mesures de terre.	
5 Clai li Cintes	12 mesures de terre.	
Jehan Reinare	8 mesures de terre.	
Michiel Stoyard	15 mesures de terre.	
Bauduin Galle	9 1/2 mesures de fief.	
Jehan Meaus	14 mesures de terre.	
10 Willem Steenbliec	50 mesures de terre.	
Jehan li Brabander.	10 mesures de fief, item 9 mesures de terre.	
Willem Meaus	14 mesures de terre.	fol. 54 v°
Willem Bolle	2 mesures de fief, item 6 mesures de terre.	
15		
Jehan Lauwer	45 mesures de terre.	
Jehan Steven	4 mesures de terre.	
Jehan li Rike li vieus . . .	11 1/2 mesures de terre.	
Wauter li Cherf	14 mesures de terre.	
20 Willem li Cherf	12 mesures de terre.	
Clais Christiaen f.	1 manoir et 9 mesures de terre.	
Franse Cleman	1 manoir et 1 quartier de terre.	
Clai Vurhamers	1 manoir et 12 mesures de terre.	
25 Roene Loet	1 manoir et 4 mesures de terre.	fol. 55 r°
Clais Reinare	1 manoir et 10 mesures de terre.	
Jehan Hughe	2 1/2 mesures de terre, item 1/2 manoir.	

CHE SUNT CIL QUI MORURENT EN LE BATAILLE DE CASSEL DE LE PAROCHE DE HOUTHEM EN LE CASTELRIE DE FURNES. LE INVENTORE FAITE PAR CLAIS LE COUSTRE ET JEHAN LE RAM[a].

	Pauwelin f. Pauwel	14 mesures de terre.
	Gilles Servaes.	
	Coppin f. Hughes.	
fol. 55 v°	Ydsebolle Quarteel	10 mesures de terre.
	Hughe f. Maes	1 mesure de terre.
	Hammin Spalinc.	2 mesures de terre.
	Jehan li Zomer	6 mesures de terre.
	Hannekin Steen	6 mesures de terre.
	Hannekin Zuinkin	3 quartiers de terre.
	Pieter Baland.	
	Michiel Boudin	1 1/2 mesure de terre.
	Michiel de le Mote	4 lines de terre.
	Gilles Minne	2 1/2 mesures de terre.
	Hannin f. Pieters Wauter. .	1 1/2 mesures de terre.
	Jehan li Pol	10 mesures de terre.
	Hannin Lotin.	2 mesures de terre.
fol. 56 r°	Maes Ghiselin	4 lines de terre.
	Clais Coppin	10 mesures de terre.
	Michiel Wust.	
	Moenekin Tierin.	1 mesure de terre.
	Hannekin Danin.	4 mesures de terre.
	Ghis. Sconebroed.	
	Lauwer Scaep.	
	Willem Leentac.	
	Hannin Scoyard.	

a. Le inventore — — — le Ram, *ajouté postérieurement.*

Hannin Martel.
Gilles f. Tonis.
Hannin Stichte.
Claikin li Malre.
5 Pieter Willin.
Willem Rekemour . . . . . 1 mesure de terre.
Pieter li Zomer . . . . . . 2 mesures de terre.
Michiel f. Hughes . . . . . 2 mesures de terre.
Hannin Houdman . . . . 8 mesures de terre.
10 Michiel Cadoe   fol. 56 v°
Jehan li Gast.
Christiaen Tierin.
Michiel de le Wale
Jehan f. Boudens
15 Pieter Perlouy . . . . . . 1 maison.
Mikiel Ghoumier . . . . . 1 maison et 4 mesures de terre.

Che sunt cil qui morurent en le bataille de Cassel de [le] paroche de Lapernesse en le castelrie de Furnes Le Inventore faite par Clais de le Scelewe et Boidijn
20 Basekijn".

Boid[in] f. Boids . . . . . 1 manoir et 10 mesures de   fol. 57 r°
                              terre.
Jehan Basekin . . . . . . 1 manoir et 30 mesures de
                              terre.
25 Gilles f. Lieven . . . . . 7 mesures de terre.
Willem le Wale . . . . . . 6 mesures.
Huege Segher^b . . . . . . 6 mesures de terre.
Le veve Weghernoed . . . 2 mesures de terre.
Clais le Wale . . . . 10 mesures de terre.

30 a. Le inventore — — Basekijn, *ajouté postérieurement.*
    b. *Le manuscrit porte* Hue͡segher.

	Colin et Willekin Coude . .	4 mesures de terre.	
	Jehan Gherard	12 mesures de terre.	
	Jehan f. Christien	4 mesures de terre.	
	Meus Clackers	1 mesure de terre.	
fol. 57 v°	Clais Zannekin	38 mesures de terre.	5
	Le veve Zebors	5 mesures de terre, item 5 mesures de terre.	
	Claikin Weincheim. . . .	2 mesures de terre.	
	Walierkin	5 mesures de terre et 1 manoir.	
	Ghis. Suerlin	57 mesures de terre. — Est en vie[a].	10
	Omar li Pottere	7 mesures de terre.	
	Jakemin Suax	52 mesures de terre, item 22 mesures de terre.	
	Pieter Schilders	12 mesures de terre.	15
	Jakemijn Raet	8 1/2 mesures de terre.	
	Wauter Lauward	5 1/2 mesures de terre.	
fol. 58 r°	Lippin Galand	7 mesures de terre.	
	Jehan Mast	6 mesures de terre.	
	Wauter le Hauwer	5 mesures de terre.	20
	Claikin Hauwer	2 mesures de terre.	
	Christien de Ghisteles . .	6 1/2 mesures de terre.	
	Clais Bux	12 mesures de terre.	
	Colin Snax	15 mesures de terre.	
	Willekin Moeckins	5 lines de terre.	25
	Claikin Vannewis	3 mesures de terre.	
	Jehan li Seelewe	26 mesures de terre.	
	Christien Lippin	5 mesures de terre.	
fol. 58 v°	Clais et Gille le Raet . .	110 mesures de terre.	
	Lammin li Provost	6 mesures de terre.	30
	Inghelar Deleke	4 mesures de terre.	
	Hannekin Masin.		

a. Est en vie, *ajouté en marge devant le nom*.

Lauwer li Karel.
Li Pottere.
Jehan Roec.
Meus li Damhouder.
5 Pieter Zannard.
Willekin Levestrel.
Masin Zannekin.
Steenkin.
Santkin.
10 Heinri f. Moens . . . . . 15 mesures de terre.

Che sunt cil qui morurent en le bataille de Cassel de fol. 59 r°
le paroche de Pervise de le Capele sainte Katerine en le
castelrie de Furnes. Le Inventore faite par Symon le
Tolnare".

15 Clais Lammin . . . . . . 6 quartiers de terre
Jehan Stasin.
Gilles le Bast . . . . 12 mesures de terre.
Gilles Blavoet . . . . . . 20 mesures de terre.
Jehan Colin . . . . 16 mesures de terre de fief.
20 Jehan Pieterloot . . . . . ½ mesure de terre.
Jehan le Bast . . . . . . 10 mesures de terre.
Willekin le Hamer . . . . 5 mesures de terre.
Jehan f. Clais . . . . . . 1 ½ mesures de terre.   fol. 59 v°
Roegier.
25 Jehan Adaem.
Colin Canin.
Willem Juerdaen.
Gilles Reinboud.
Jehan Reinboud.

a. Le inventore — — — le Tolnare, *ajouté postérieurement.*

	Rike Verkin	1 line de terre.	
	Rike Tant.	} 18 mesures de terre.	
	Willem Tant		
	Jehan Foye	7 1/2 mesures de terre.	
	Jehan f. Clais.	14 mesures de terre.	5
	Tierkin Blavoet	4 mesures de terre.	
	Rike Blavoet	2 mesures de terre.	
	Gilles de le Clichthove . . .	3 mesures de terre.	
fol. 60 r°	Jehan le Borenlose	8 mesures de terre.	
	Jehan Willecaen	4 mesures de terre.	10
	Jehan de Mindre.		
	Jehan Pierin	8 mesures de terre.	
	Jehan le Rode	1 mesure de terre.	
	Karstiaen le Smit	1 mesure de terre.	
	Boudin Randolf	14 mesures de terre.	15
	Gilles Seeleward.	5 lines de terre.	
	Clais de Cnuts.		
	Wautier Covent	20 mesures de terre.	
	Volpracht le Pottere . . .	10 mesures de terre.	
fol. 60 v°	Jehan le Scrivere	2 mesures de terre.	20
	Clais le Smeder	2 mesures.	
	Spijekine	1/2 mesure de terre.	
	Clacus f. Neten		
	Willem Crane	2 1/2 mesures de terre.	
	Jehan Reinevael	11 mesures de terre.	25
	Gilles Ore	3 1/2 mesures de terre.	
	Mathi Gherard	1 mesure de terre.	
	Clais le Ract	2 mesures de terre.	
	Clais f. Hannekin f. Clais et		
	Hannekin sen frère . . .	14 mesures de terre.	30
	Hannekin Crune.		
	Clai le Niher.		
	Clai Heider.		
	Jehan le Long.		

Riquard Blauvoet	50 mesures de terre et 1 ma-	fol. 61 r°
	noir, item 1 molin.	
Rennelare.	3 mesures de terre.	
Jehan Reel	le tierche part d'une maison.	

CHE SUNT CIL QUI MORURENT EN LE BATAILLE DE CASSEL DE LE PAROCHE DE LE NEUVE-CAPELE EN LE CASTELRIE DE FURNES. LE INVENTORE FAITE PAR JEHAN BOUDELOET LE JOVENE[a].

Hannin Ortewin.	4 mesures de terre de fief.	
Gilloot Tachart	12 mesures de terre, item 2 mesures de fief.	
Willem le Rover	10 mesures de terre et 1 mesure de fief.	
Willekin le Vedelare.		fol. 61 v°
Jehan Cloet	3 mesures de terre, item 1 1/2 mesures de fief.	
Riquard f. Lammin Clais . .	1 1/2 mesures de terre, item 1/2 mesure de fief.	
Clais le Walc.	1/2 mesure de terre.	
Coppin Bies	1 mesure de heritage, item 1 mesure de fief, item 1 mesure de terre de court.	
Hannekin Andries	1 mesure de fief, item 1/2 mesure de terre.	
Ghiselin Buc.	2 lines de terre, item 3 1/2 mesures de terre.	
Riquard Scurkin.	10 mesures de terre.	
Heinrije Careboud	5 mesures de fief, item 2 mesures arie terre.	

a. Le inventore = = = le jovene, *ajouté postérieurement.*

fl 62 r° CHE SUNT CIL QUI MORURENT EN LE BATAILLE DE CASSEL DE LE PAROCHE DE VENICHEM EN LE CASTELRIE DE FURNES. LE INVENTORE FAITE PAR BERTELEMIEU BLADELIN ET HANNEKIJN WILLIJN [a].

 Debboud le Jonchere . . . .   2 manoirs et 21 mesures de terre.
 Jehan Colpard . . . . . .   2 manoirs et 35 mesures de terre.
 Willem Taste Nort . . . .   1 manoir et 50 mesures de terre et 1 molin.
 Willem Stasin . . . . . .   2 manoirs et 12 mesures de terre.
 Jehan Stasin . . . . . .   1 manoir et 5 mesures de terre.
 Stasin li Naghel . . . . .   2 mesures de terre.
 Stasin f. Jehan Staes . . .   1 manoir et 10 mesures de terre.
fl. 62 v° Willem de Kod-Moiard . .   1 manoir et 3 mesures de terre.
 Lammin li Hete . . . . .   1 manoir et 8 mesures de terre.
 Gillame de Westende . . .   8 mesures de fief, item 3 mesures de fief, item 8 mesures de yritage.
 Casin Malegher et Michiel .   1 manoir et 10 mesures de terre.
 Jehan Woitin . . . . . .   10 lines de terre.
 Michiel Sarasijn . . . . .   1 manoir et 3 mesures de terre.
 Willem li West-Kod . . .   1 manoir et 5 mesures de terre.
 Pieter Bazelin . . . . . .   1 manoir et 5 lines de terre.
 Hebbin Bazelin.
 Jehan de le Houmle.
 Claikin Gilles . . . . . .   1 manoir et 5 lines de terre.
 Hannekin li Donkere.

 a. Le inventore — — Willija, *ajouté postérieurement.*

Hannekin Lim maunier.
Willekin de Lensele.
Hebbin Brekeline . . . . . 8 lines de terre.
Jehan li Weise . . . . . . 1 manoir et 4 ½ mesures de
terre.
Jehan Blauvoet.

CHE SUNT CIL QUI MORURENT EN LE BATAILLE DE CASSEL DE LE PAROCHE DE POPERINGHE EN LE CASTELRIE DE FURNES. INVENTORE FAITE PAR BAUDUIN DE LE COURT ET PAR JEHAN LE ROY[a].

Jehan de Rat . . . . 4 ½ mesures de terre.
Thomaes le Hanscoemakere.
Michiel Wispelare.
Meus le Man.
Jehan Landris.
Jehan Mas le waghenare.
Jehan Vernas vulrers.
Hanen van Haringhe.
Gillekin le Crudenare.
Lammin le Ruddere.
Claikin de Haringhe.
Lammin Wingard.
Rone van Loppont.
Michiel Mudde.
Pieter Loven.
Clai Everard et sen frère.
Clai Colve.
Hannekin de le Weghescede.
Jehan de le Houde le foulon.
Jehan le Brouwer.

a. Le Inventore — — — le Roy, *ajouté postérieurement.*

CHE SUNT CIL QUI MORURENT EN LE BATAILLE DE CASSEL DE LE PAROCHE DE SER-WILLEMS-CAPELLE EN LE CASTELRIE DE FURNES. LE INVENTORE FAITE PAR JEHAN SCOTELINC [a].

Laurens Tant.	. . . . .	1 manoir et 10 mesures de terre.
Bouden de Wevere.	. . .	1 manoir et 3 mesures de terre.
Lammin f. Lammins	. .	1 manoir et 11 mesures de terre.
Hannekin Stasin.	. . . .	1 maison et 3 mesures de terre.
Clais Cortbeen	. . . . .	1 manoir et 7 mesures de terre.
Christiaen le Haerper	. . .	1 manoir et 3 mesures de terre.
Clais le Cunts.	. . . . .	1 manoir et 6 mesures de terre.
Claikin Willard.		
Jehan li Clers	. . . . .	1 manoir.
Martin Scoy.		
Stasekin f. Clais.	. . . .	1 maison et 4 mesures de terre.
Lotin de Fobel.		

CHE SUNT CIL QUI MORURENT EN LE BATAILLE DE CASSEL DE LE CAPELE-SAINT-JAKE SUER LE FRANKISE SAINT-PIERE DE LILE EN LE CASTELRIE DE FURNES. IENVENTORE FAITE PAR JEHAN BOUDELOET LE JOVENE [b].

Heine f. Hughes	. . . . .	6 mesures de terre.
Breke Hughe.	. . . . .	7 mesures de terre.
Hannin de Hamer	. . . .	7 mesures de terre.
Christiaen Riquard	. .	6 mesures de terre.
Clais le Vos	. . . . . .	1/2 mesure de terre.
Willem Moen	. . . . .	7 mesures de terre.
Jakemart Seeleward	. . .	15 mesures de terre.
Willem le Barbier	. . . .	1 linc de terre.

a. Le inventore ————— Scotelinc, *ajouté postérieurement.*
b. Le inventore ————— le jovene, *ajouté postérieurement.*

Suer le Frankise Wijts Vischs de le Capele-Saint-Jake. Inventore faite par Jehan Boudeloet le jovene [a].

Lammin Scelewaert . . .	15 mesures de terre.
Clais Scelewaert. . . .	3 mesures de terre.
Jehan li Clers	6 mesures de terre.
Jehan Adolf	3 mesures de terre.

fol. 65 v°

Chest sour li Frankise de Saint-Pire de Lile de le Viese Capele.

Jehan Scurkin	3 mesures de terre.
Heine Hiltuort	1 mesure de terre de brouc.
Pieterkin de Hamer . . .	2 ½ mesures de terre.

Chest en le castelrie de Furnes en le Viese-Capele cheaus qui morurent en le bataelle de Cassel. Inventore faite par Jehan Boudeloet [b].

Clais Baert	2 lines de terre, item 1 mesure de fief.
Clais le Bliec	½ mesure de fief.
Willem le Banekere.	
Hannekin Timmerman.	
Hughe van den Beleke.	
Coppin Cuddekin.	
Ghiselin Crop.	
Willem Reinbracht.	

fol. 66 r°

a. Le inventore — — — le jovene, *ajouté postérieurement.*
b. Cheaus — — — Boudeloet, *ajouté postérieurement de deux mains différentes. L'écriture change à partir de* cheaus *et d'*inventore.

CHE SUNT CIL QUI MORURENT EN LE BATAILLE DE CASSEL DE LE PAROCHE DE STEENKERKE EN LE CASTELRIE DE FURNES. INVENTORE FAITE PAR MIKIEL SCURE ET PAR ROBIN BOUD [a].

Clai f. Weits	1 1/2 mesures de terre.	
Nich[olas] Hovesche . . .	2 mesures de terre.	5
Riquard f. Stevens	1 manoir et 8 mesures de terre.	
Jakemes li Cloet	1/2 manoir et 8 mesures de terre.	
Pieres Cortbeen	1 maison.	10
fol. 66 v° Coppin Danin	6 mesures de terre.	
Jehan Meinard	1 manoir et 6 mesures de terre.	
Jehan f. Heins.		
Christiaen Herkenboud.		
Willem le Gawere	3 mesures de terre.	15
Jehan f. Jake Debboud . .	1 manoir et 4 mesures de terre.	
Jehan Tant	1/2 mesure de terre.	
Michiel f. Jehan Heinnekins .	9 mesures de terre.	
Jehan Bruneel	1/2 manoir et 13 mesures de terre.	20
Lotin Bruneel	7 mesures de terre.	
Jehan f. Jehan Debbouds . .	2 mesures de terre.	
Willem le Boud	4 lines de terre.	
fol. 67 r° Jehan Amijs	2 lines de terre.	
Jehan f. Henri Tants . . .	1 1/2 mesures de terre.	25
Michiel Colpard.		
Jehan f. Clai Hans	2 mesures.	
Michiel Bac	1 manoir et 2 mesures de terre.	
Robin Arwete	1/2 manoir et 4 mesures de terre.	

a Inventore — — Boud, *ajouté postérieurement.*

Willem li Bliec	1 manoir et 5 mesures de terre.
Claikin Steven	1 manoir et 4 lines de terre.
Jehan li Brune	2 mesures de terre.
Coppin le Brune.	
5 Hebbin Lanke.	
Jehan le Vrient	8 mesures de terre.
Ghis. Blavoet	1 manoir et 10 mesures de terre.
Jake li Bart.	fol. 67 v°
10 Symon Pauwelin.	
Jehan Moesin.	

CHE SUNT CEUX QUI HAVOIENT PERE ET MERE.

Michiel f. Clai Debbouds [a].
Michiel f. Jehan Debbouds [a].
15 Jehan f. Jehan Gilles [a].
Gillekin Haverdin [a].
Hannekin le Decker [a].
Hannekin Brunine.
Hannekin Pauwelin.
20 Michiel Colin.

Lammin le Brune	1 line de terre.	fol. 68 r°
Riquard Dullard	3 mesures de terre.	
Jehan Hoefyser	5 mesures de terre.	
Jake Stevenin	1 manoir et 5 mesures de terre.	
25 Joes Lotin	1 mesure de terre.	
Jehan Goutier	1 manoir et 9 mesures de terre.	
Laur[ens] f. Hans	1 manoir et 10 mesures de terre.	
Henri le Proost	1 manoir et 6 mesures de terre.	
Jehan de Wrinch[em] . . .	1 manoir et 2 lines de terre.	

a. Ces noms sont réunis par une accolade.

	Ghis. Lamman	1 manoir et 4 ½ mesures de terre.
	Jehan Scervier.	
	Willem le Pronker.	1 manoir et 20 mesures de terre.
fol. 68 v°	Gille Scuere	2 mesures de terre.
	Colin Scuere	2 mesures de terre.
	Mainchier le Divt et Hellins le Divt.	
	Jehan Reinboud.	
	Jehan de Coning [a].	
	Willem Colpard.	
	Jehan Steven	1 maison et 2 mesures de terre.
	Robin Reinvard	1 maison et 3 mesures de terre.
	Coppin le Bert.	
	Laurens et Christiaen Koxhide.	
	Michiel Meinard	2 manoirs et 15 mesures de terre.
	Gilles Tant, item Jehan Tant et Ghis. Tant	5 mesures.
	Jehan Aerwete	22 mesures de terre.
fol. 9 r°	Jehan Vossard	5 ½ mesures de terre.
	Joes f. Boudins	1 manoir et 10 mesures de terre.
	Pieres f. Weits.	
	Gawelosekin.	

fol. 72 v° [b]

CHE SONT LES BIENS DE JEHAN DE BORRE QUI EST DE LE CASTEL-
LERIE DE CASSEL QUI FU JUSTICHIES DES GENS DOU ROY A BAILLEUL,
DE COI ON N'A RIENZ EUT DE SES BIENS. Primiers XXXI^c de bleyt;
item XVI^c d'avaine; item III^c de vesches; item, 1 truye; item,
7 purcheaus; item, 1 grant pourchel; item il eut desous mon

---

a. *Le manuscrit porte* Conug.
b. *Les folios* 69 v°, 70, 71, 72 r° *sont restés en blanc.*

signeur de Cassel en le paroche de Hasebrouch 25 mesures de
terre; item, il eut desous Cannius de le Biest 16 mesures de
terre; item, desous cheluy mimes en une hommage 1 1/2 de
terre; item, desous le hoir Gadifer de Hasebreuch 9 mesures
de terre; item, desous Rase de Wiske 5 mesures de terre;
item a Hoghevelt il avoit 11 quartiers d'avaine par an; item
12 s. par. de rente hyritaulement par an; item en Borre
desous mon signeur Corduaen de le Borre 1 preit de
7 mesures de terre; item, desous cheluy mime signeur il avoit
21 mesures de terre; item, il avoit desous Bauduin de Heuchin
11 mesures de terre; item, il avoit desous Henri de le Cambre
16 mesures de terre; item, 4 mesures de terre que Gherard
Verlusien tient de luy pour 20 s. par. par an et pour 4 capons ".

Che sunt cil qui furent tuey en le bataille de Cassel de le   fol. 73 r°
castelrie de Cassel en le paroche de Oudinzeles et Quastraet. Le Inventore fayte par Jehan Cloed.

Winnoc li jovene	5 quartiers de terre.
Clay le Man	19 1/2 mesures d'yrithage, item 5 mesures de fief.
Jacskin Gherins	2 1/2 mesures de terre.
Clay Robard	5 1/2 mesures de terre.
Clay de Merchi	2 1/2 mesures de terre.
Hannekin Gheradreubs . .	13 mesures de terre venant de par se feme et 3 quartiers kil ont conquis.
Jaquemijn Brant.	7 mesures de terre et 3 me- sures venant de costey se feme.

a. Cet inventaire des biens de Jehan de Borre a été ajouté postérieurement.

Jehan le Wijnter . . . . . 2 ¹/₂ mesures de terre et 5 me-
　　　　　　　　　　　　　　sures de par se feme.
Jehan le Bloetlatere. . . . 3 ¹/₂ mesures de terre.
Hughes Baes . . . . 9 mesures d'yritaghe et 3 me-
　　　　　　　　　　　　　　sures de fief de le feme.
Jehan Malghier . . . . . . 8 mesures de terre.
Masin le Wivelare . . . . 8 mesures de terre, item 1 me-
　　　　　　　　　　　　　　sure de par se feme.
Willem Serpierins . . . . 16 mesures de terre, item
　　　　　　　　　　　　　　12 mesures de fief.
Michiel Karstinman. . . . 27 mesures de terre et 12 me-
　　　　　　　　　　　　　　sures de par se feme.
Mikiel Joos . . . . 4 mesures de fief.
Heinri Rebs . . . . 6 mesures de fief et 8 mesures
　　　　　　　　　　　　　　de terre de par se feme.

fol. 74 r° Masin du Pont . . . . . . 8 mesures de terre.
Hanekin Caes. . . . . . . 1 quartier de terre.
Jehan le Ram. . . . . . . 7 mesures de terre.
Goutier Gilotz . . . . . . 20 mesures de terre obligiet
　　　　　　　　　　　　　　de 20 s. par an.
Jehan du Pudebruec . . . 11 mesures de fief.
Jehan Staf. . . . . 2 mesures de terre.

CHE SONT CIL QUI FURENT TUEY EN LE BATAILLE DE CASSEL DE LE
CASTELRIE DE CASSEL EN LE PAROCHE DE SAINTE-MARIE-CAPELE.
LE INVENTORE FAYTE PAR JEHAN CLOET.

fol. 74 v° Jehan de Watwe. . . . . . 3 quartiers de terre et 3 me-
　　　　　　　　　　　　　　sures de par se feme.

EN RISELE. LE INVENTORE FAYTE PAR JEHAN CLOET

Willem Vaustkin. . . . . 7 ¹/₂ mesures de terre.

CHE SONT CIL QUI FURENT TUEY EN LE BATAILLE DE CASSEL DE
LE CASTELRIE DE CASSEL EN LE PAROCHE DE SUUTPENES ET DE
NOORTPENES ET DE CAPLES. LE INVENTORE FAITE PAR BAUDUIN
MAUWERE.

5 Denys Baron . . . . 16 mesures de terre et 8 me-
sures de par se feme.
Wautier Yenen . . . . . . 4 mesures de terre, 10 mesures
de par se feme.
Hughe Tops . . . . ½ mesure de terre.
10 Jehan Coevoet . . . . . 5 ½ mesures de terre et 5 me-
sures de par se feme.
Hannekin Bams . . . . . 1 mesure de terre.
Jehan de Hazebrouc . . . 3 ½ mesures de terre   fol. 75 r°
Symon Zelverbunc . . . . 9 mesures de terre de par se
15   feme.
Jehan de le Rue . . . . . 5 mesures de terre de par se
feme.
Willem Kempe . . . . . . 1 mesure de terre.
Jehan Ghiselin . . . . . . ½ mesure de terre.
20 Lammin Couke . . . . . ½ mesure de terre.
Jehan le Bezeghe . . . . ½ mesure de terre.
Winnoc Bereclau . . . . 1 ½ mesures de terre.
Jehan Scallau . . . . . . 5 quartiers de terre.
Coppin Stevens . . . . . ½ mesure de terre.
25 Hannekin Riquard . . . . ½ mesure de terre.
Boidin de le Pene.
Vinc Top . . . . 9 mesures de terre.
Lauwer Dieseline . . . . 3 quartiers de terre.   fol. 75 v°
Lammin Helsinde.

Che sont cil qui furent tuey en le bataille de Cassel de le castelrie de Cassel en le paroche de Renteke. Le Inventore fayte par Jehan Cloet.

  Jakemon li Paiere . . . . 49 mesures de terre.
  Lauwer Anne . . . . . 1 mesure de terre.
  Winnoc del Ysere . . . . 5 mesures de terre.
  Jehan Winkel . . . . . 3 mesures de terre.
  Pieter Pierins . . . . . 2 mesures de terre.
  Jehan del Ysere . . . . . 3 １/₂ mesures de terre.
fol. 76 r° Wauter Veinoet . . . . . 1 mesure de terre.
  Clay de le Croys . . . . . 20 mesures de fief.

Che sont cil qui furent tuey en le bataille de Cassel de le paroche de Serminseles et de Hardincfort. Le Inventore faite par Jehan Cloet.

  Jehan de Womberg . . . . 18 mesures de terre et 9 mesures de par se feme.
  Joh[an] Vlocke . . . . . 15 mesures de terre.
  Mahieu Blice . . . . . . 5 $\frac{1}{2}$ mesures venant de par se feme.
  Willem le Provost . . . . 2 mesures de terre.
  Gherard le Bul . . . . . 3 $\frac{1}{2}$ mesures de terre et 4 mesures de par se feme.
  Thieri le Bere . . . . . 3 $\frac{1}{2}$ mesures de terre.
fol. 76 v° Kerstiaen Danin . . . . . 8 mesures de terre.
  Hannekin del Espier . . . 4 $\frac{1}{2}$ mesures de terre.
  Coppin Dabbet . . . . . 5 mesures de terre.
  Jehan Trese f. Jakemon . . 3 quartiers de terre.
  Andries Thorin . . . . . $\frac{1}{2}$ mesure de terre.

Che sont cil qui furent tuey en le bataille de Cassel de le paroche de Hazebrouc en le castelrie de Cassel. Le inventore faite par Mikiel Bart.

Gherard Loem	5 mesures de terre.
Henri Messie.	5 mesures de terre.
Mikiel Loem	2 1/2 mesures de terre.
Lambin Messie	1/2 mesure et 13 verges de terre.

Che sont cil qui furent tuey en le bataille de Cassel, de le paroche de Steinfort en le castelrie de Cassel. Le inventore faite par Willem de Couthove et Jehan le Scrivere [a].

Jaquemijn le Crayvanchere . .	14 1/2 mesures de terre et 3 mesures de par se feme.
Symon Inghel	20 mesures de fief et 7 1/2 mesures de hovelant.
Lippin de Grafscepe . . .	4 mesures de terre.
Jehan Martin Baes	1 mesure de terre.
Gillis Baes.	13 mesures de terre et 9 mesures de par se feme.
Gherard Baes.	10 mesures et 5 quartiers de terre et 6 mesures de par se feme.
Jehan le Casselwech . . .	13 mesures de fief.
Clay Gherebard	16 mesures de terre et 5 mesures de par se feme.
Willem Staesmaes	5 mesures de terre.
Hannekin le Rudder . . .	5 1/2 mesures de terre.
Lippin de Harmehoce . . .	1/2 mesure de terre.

a. Le manuscrit porte Scrinere.

Stasin Reingoot	8 mesures de terre et 14 mesures de par se feme.
Jehan le Cupere.	5 mesures de terre.
Stasin Baes	9 mesures de terre.
Jehan Mahieus	8 mesures de terre et 7 mesures de par se feme.
Wauter Case.	1 mesure de terre et 6 mesures de par se feme.
fol. 78 r° Jehan de le Heyde	15 mesures de terre et 5 mesures de par se feme.
Jehan le Man.	2 mesures de terre.
Willem Doubel	5 1/2 mesures de terre.
Jehan de Vleghere	4 mesures de terre et 5 1/2 mesures de par se feme.
Masin Willard	31 verges de terre.
Ghijs Martin	1 mesure de terre.
Jehan Noydins	1 1/2 mesures de terre.
Willem Thoys	1 mesure de terre.
Ligier li Barbier.	1 mesure de terre.
Willem de le Stene. . . .	7 mesures de terre

fol. 78 v° CHE SUNT CIL QUI FURENT TUEY EN LE BATAILLE DE CASSEL DE LE PAROCHE DE GOUDEFORTCAMP EN LE CASTELRIE DE CASSEL. LE INVENTORE FAITE PAR WILLEM DE COUTHOVE ET PAR JEHAN LE SCRIVERE.

Clay Ghoes	2 mesures de terre.
Willem de Grafscepe . . .	13 mesures de terre.
Casin Dorlant	5 mesures de terre et 7 1/2 mesures de par se feme.
Gherard de Ketclare . . .	2 1/2 mesures de terre.
H. Elbode.	5 mesures de terre et 3 mesures de par se feme.

Jehan le Brussce	1 ½ quartier de terre de par se feme.	
Jehan Ghois	10 mesures de terre et 17 mesures de par se feme.	
Jehan de le Linde	8 mesures de terre venant de par se feme.	fol. 79 r°
Mikiel de Castre	5 mesures de terre et 6 mesures de par se feme.	
Jehan Couke	2 mesures de terre et 12 mesures de par se feme.	
Pieres de Meulhoeke	5 quartiers de terre et 7 quartiers de par se feme.	
Pierres Martins	6 ½ mesures de terre.	
Jossin Gabbe	7 mesures de terre.	
Coppin le Witte	15 mesures de terre et 8 mesures de par se feme.	
Pierin Clay de Meulhocke	1 mesure de terre.	
Pierin Ghijs f. Jaquemon	10 mesures de terre et 4 mesures de par se feme.	

CHE SONT CIL QUI FURENT TUEY EN LE BATAILLE DE CASSEL DE LE PAROCHE DE WININZELE EN LE CASTELRIE DE CASSEL. LE INVENTORE FAITE PAR WILLEM DE COUTHOVE ET PAR JEHAN LE SCRIVERE. — fol. 79 v°

Hannin Lauwer Odelf	3 mesures et 3 quartiers de terre.
Jehan le Here	2 mesures de terre.
Naes Herdemaghe	14 mesures de terre et 12 mesures de par se feme.
Willem le Raed	5 mesures de terre et 6 mesures de par se feme.
Jehan Lotin	5 mesures de terre et 4 mesures de par se feme.

fol. 80 r° Jehan Masin	5 mesures de terre et 8 mesures de par se feme.	
Jehan Lauward	1/2 mesure de terre.	
Hannin Tackelin	1/2 mesure de terre.	
Jehan le Neve	1 1/2 mesures de terre et 5 mesures de par se feme.	5
Jehan Pier Hazebard . . .	7 mesures de terre.	
Boidin Pers	13 mesures de terre et 7 mesures de par se feme.	
Clay Joris	40 mesures de terre.	10
Lammin Lauwer Odelf . . .	1 mesure de terre.	
Jehan le Cupere.	2 mesures de terre et 2 mesures de par se feme.	
Jehan f. Sarren	2 mesures de terre.	
fol. 80 v° Pieter le Wale	1 1/2 mesures de terre et 4 mesures de par se feme.	15
Jehan Pennine	5 mesures de terre et 9 mesures de par se feme.	
Pieter Lauwer	6 mesures de terre.	
Willem Lauwer	5 mesures de terre.	20
Jehan le Jonchere	10 mesures de terre et 5 mesures de par se feme.	
Jehan le Blende	5 mesures de terre.	

CHE SONT CIL QUI FURENT TUEY EN LE BATAILLE DE CASSEL DE LE PAROCHE DE BOESCEPE EN LE CASTELRIE DE CASSEL. LE INVENTORE FAITE PAR WILLEM DE COUTHOVE ET PAR JEHAN LE SCRIVERE.

fol. 81 r° Lambin Rose	2 mesures de terre conquis et 10 mesures de par se feme.	25
Jehan de Preis	2 mesures de terre et 6 mesures de par se feme.	30
Lambin Woitin	12 mesures de terre et 8 mesures de par se feme.	

Che sont cil qui furent tuey en le bataille de Cassel de le fol. 81 v°
paroche de Ruyscure en le castelrie de Cassel. Le Inventore faite par Bauduin Scoet.

 Henri Stevenot . . . . . . 7 1/2 mesures de terre.
5 Willemz Spoliere . . . . . 11 mesures de terre.
 Willemz le Pin . . . . . . 2 mesures de terre.
 Jehan le Pud . . . . 5 mesures de terre.

Che sont cil qui furent tuey en le bataille de Cassel. de fol 82 r°
le paroche de Ebblinghem en le castelrie de Cassel. Le
10 Inventore faite par Bauduin le Scoet.

 Jehan Badernac . . . . . . 16 mesures de terre venant de
          par se feme.
 Jehan le May . . . . 16 1/2 mesures de terre

Che sont cil qui furent tuey en le bataille de Cassel de
15 le paroche de Staples en le castelrie de Cassel. Le Inventore faite par Lammin de le Crois.

 Steven Clais . . . . 5 mesures de terre et 4 mesu-
          res de par se feme
 Symon le Portere . . . . . 5 quartiers de terre.

20 Che sont cil qui furent tuey en le bataille de Cassel de
le paroche de Soier Capele en le castelrie de Cassel.
Le Inventore faite par Wautier le Foullon.

 Jehan le Deckere . . . . . 10 mesures de terre et 1 ma-
          noir.
 Jehan Loer . . . . 3 mesures de terre.

fol. 82 v° CHE SONT CIL QUI FURENT TUEY EN LE BATAILLE DE CASSEL DE LE PAROCHE DE BULLINZELES EN LE CASTELRIE DE CASSEL. LE INVENTORE FAITE PAR WAUTIER LE FOULLON.

Jehan Malghier . . . . . 26 mesures de terre venant de par se feme.

CHE SONT CIL QUI FURENT TUEY EN LE BATAILLE DE CASSEL DE LE PAROCHE DE RUBROEC[a] EN LE CASTELRIE DE CASSEL, LE INVENTORE FAITE PAR WAUTIER LE FOULLON.

Pierin Mauwer . . . . . 5 mesures de terre et li manoir.
Willem Boidz . . . . . 1 1/2 mesures de terre et li manoir.
Olivier le Leu . . . . . 1 1/2 quartiers de terre.

fol. 83 r° EN VOLCRINCOVE INVENTORE FAITE PAR WAUTIER LE FOULLON.

Andrieu Mikiels . . . . . 12 mesures de terre et 7 mesures et le manoir de par se feme.

CHE SONT CIL QUI FURENT TUEY EN LE BATAILLE DE CASSEL DE LE PAROCHE DE ADINGHEM EN LE CASTELRIE DE CASSEL. LE INVENTORE FAITE PAR WILLEM DE COUTHOVE.

Gilles Erkenboud . . . . . 15 mesures de terre et 6 1/2 mesures de par se feme.
Jehan Erkenboud . . . . . 15 mesures de terre et 8 mesures de par se feme.

a *Le manuscrit porte* Rubruec

Thiri des Preis	13 mesures de terre.	fol. 83 v°
Losin Florens	4 mesures de terre de par se feme.	
Mikiel le Cousere	11 mesures de terre et 3 1/2 de par se feme.	
Lauwerin Thois	22 mesures de fief dont son frère doit avoir son assignement.	
Jehan Wouters	6 mesures de terre.	

CHE SONT CIL QUI FURENT TUEY EN LE BATAILLE DE CASSEL DE LE PAROCHE DE TILG EN LE CASTELRIE DE CASSEL. LE INVENTORE FAITE PAR BAUDUIN LE SCOET.

Mans le Boem	9 mesures de terre.	fol. 84 r°
Jehan Boudins	9 mesures de terre et 3 quartiers, tout venant de par se feme.	

CHE SONT CIL QUI FURENT TUEY EN LE BATAILLE DE CASSEL DE LE CASTELRIE DE BAILLEUL. LE INVENTORE FAITE PAR AUBERT LE WALE.

Jehan et Mikiel Mie. . . .	2 mesures et 8 verges de terre.	
Pieter le Templares. . . .	3 1/2 mesures de terre et 15 verges.	fol. 84 v°
Clais le Vinc	3 mesures et 1 quartier de terre.	
Neudin le Mestre	8 mesures de terre.	

NOTA. Che sont les biens de Jaquemin le Raet qui fu tué en le bataille de Cassel, en le paroche de Drauvenhoutere,

(80)

lesques biens monsigneur Andrieu de Seint-Venant a pris.
Premierement une vaque; item 29 berbis; item 2 lijs; item
2 vaseaux de ès; item, 1 pourchel; item IXe que bleit que warisons; item, li dis Jaquemin avoit envirron 6 mesures de terre [a]

fol. 85 r°   CHÉ SONT CIL DE LE VILE DE NEUFPOORT ET DE LE HEYDE QUI
MORURENT EN LE BATAILLE DE CASSEL LE INVENTORE FAITE PAR
JEHAN LE GOES [b].

Baudewijn le Hert	1 manoir.
Jehan Coleman	1 manoir.
Jehan le Ram.	manoir et terre en la castelrie de Furnes.
Jehan Ghiselijn	1 manoir et 24 mesures de terre hors de la vile.
Jehan Seulaert	1 maison.
Colin Muelnare	1 maison.
Hannin Ruebin f. Moids . .	1 maison.
Mikiel de Hert.	
Mikiel Maes.	
Colin Winnoc.	
Jehan Seulaert	1 estuve et terre hors de la vile.
Jehan Brunine, tannuer . .	terre et manoir hors de la vile.
Andrieu Ingheroen.	
Jehan Galmaert.	
Hannaer Taure.	
Claikijn de Dunkerke.	
fol. 85 v° Clais le Brasseur.	maison.

a. Cet inventaire a été ajouté postérieurement.
b. Le inventore — — le Goes, ajouté postérieurement.

Christien le Vulre . . . . . . maison.
Jehan Weyts.
Hannin de Ledringhem.
Hannin li Clers.
5 Gillis le Pottere.
Christien Aloud . . . . . . maison.
Hannin Carreman.
Hannin Remoud.
Coppijn Roene. . . . . . . maison.
10 Clais Sijs . . . . maison.
Pieterkin Scild.
Hannin Boene.
Hannijn Teenre.
Hannin Coninc.
15 Hannekijn Masijn. . . . . . le maison devant.
Willekijn Fobeert.
Jehan Bliec. . . . . maison.
Hannekijn Maes.
Hannekijn Serboyds.
20 Hannekijn Lippijn.   fol. 86 r°
Jehan Coopman.
Jehan de Koc.
Robert de Ghelewen. . . . le maison et 2 cambres[a] et
          7 lines de terre. Item 1 me-
25   sure de terre que Jehan Bas-
          taerd tient.
Brammoud Zaghere.
Jehan Zigher . . . . manoir.
Jehan Bruninc. . . . . . . manoir.
30 Claikijn de Witte. . . . . terre en le castelrie de Furnes.
Gillis Drauwere . . . . . maison.
Jehan de Winter.

 a. Le manuscrit porte sambre, graphie qui trahit indubitablement la nationalité flamande du scribe.

Hannekijn Relin.
Pieter Drawere.
Pauwelin Vocquedey.
Pieterkijn Tolnare.
Diederic Blondeel. 5
Hannekijn Moenins f. Besems.
fol. 86 v° Christien Mol.
Jehan le Want. . . . . . maison.
Arnoud Hugheman . . . . maison.
Coppijn Boudewijn . . . . maison. 10
Coppijn Naes . . . . . . maison.
Jakemaerd Godscalc . . . 18 mesures de terre.
Willin Lotemour.
Jehan Colin . . . . . . 24 mesures de terre en
                            Raemscapelle et 8 mesures 15
                            en Odenkerke.
Mikiel Teghelare . . . . . 13 mesures et manoir dehors
                            la vile et dedens.
Hannekijn Lotin . . . . . le manoir.
Jehan le Prester . . . . . maison. 20
Jacob de Score . . . . . terre dehors la vile.
Clais f. Jehan . . . . . . 24 mesures de terre.
fol. 87 r° Le fil Martin Stagges.
Hannekijn Edelinc.
Wackerboud. 25
Willamine le Tyserant.
Hannin de Bruggeborch.
Jake Scelewaerd.
Hughe Houet.
Phillip Malin . . . . . . maison. 30
Clais Gapaen . . . . . . maison.
Gilles Boudeloot . . . . . le motiet de le maison.
Clais Doem.
Volcraven Valke . . . . . 11 mesures de terre.
Jehan de Overe . . . . . manoir.

	Vulf Caleiz	1 maison.
	Christien le Ram	manoir.
	Hannin Stasijn.	
	Michiel Hanscoemakere . .	manoir.
5	Vocke Bartoen	1 maison. fol. 87 v°
	Evevaerd Svaerdvaghere.	
	Coppijn Gieleman.	
	Lammijn Scruvere.	
	Wautier le Crooc.	
10	Jaquemaerd li Courtoys . .	manoir.
	Jaquemaerd Colekijn . . .	maison.
	Mikiel de le Zee.	
	Clais de Hont	manoir.
	Pieter Metter.	maison.
15	Hannekijn le Courtoys. . .	maison.
	Pieter Stevenijn.	manoir.
	Clais Maes.	terre et manoir.
	Willekijn f. Clais Colpaerds.	
	Symon de le Vutlate . . .	le maison là il manoit et le
20		maison là Hannekijn Colijn
		le carreton ens manoit et
		10 mesures de terre.
	Willekijn f. Moenekijn.	
	Jehan Scivoes	manoir.
25	Thomaes le Kien	terre et manoir.
	Hannin le Maech.	
	Willay le Brune.	
	Hannekijn Valkenare. fol. 88 r°	
	Wautier de Louvain.	
30	Wautier Hategoed	le maison là il manoit et le
		maison là Jehan de Marc ens
		demuere et le maison là
		Jehan Chammerlenc ens
		demuere et le maison là

	Jakemaerd Pille ens demuere et le manoir de Michiel de le Zee jukes le maison Pauwelin Vockedeys; item entre 23 ou 24 mesures de terre et 1 molin.	
Jehan Camerlenc	le motiet de le maison là il manoit et le courtil qui gist en costé Seyvoes et 2 cambres là li Rapenterre ens demuere et 6 liuvrées de terre et 24 mesures de terre.	
Jehan Moenekijn	terre dehors la vile.	
Claikijn Hughe.		
Coppijn Savetier.		
Hannekijn f. Fransoys Kox.		
Pieter de Hont.		
Clais de le Berst.		
Bavekijn.		
Clais de Goes.		
Jehan le Wevelare	1 manoir et 2 mesures de terre.	
Hannekijn Cousemakere.		
fol. 88 v° Riquaerd Colekijn	1 maison.	
Geraerd de Brouway		
Gilles ses sourroges.		
Wautier Baerd.		
Diederic f. Diederic . . .	le terre et le maison en le castelrie de Bruges.	
Jakemaerd le Post.		
Pieter de Rame	1 maison.	
Hannekijn Seeriere.		
Hannekijn le Rike.		
Pieterkijn f. Jehan.		
Salemoen Colin.		

Jehan Blauvoet . . . . . . manoir et 7 mesures de terre hors de la vile.
Robijn Groenecaes.
Gillis Corenbitere.
5 Colin Nevekijn.
Jehan Avec le Vace. . . . le maison.
Hannin Gieleman.
Lauwer Koe . . . . . 3 mesures de terre et le manoir.
Hannekijn de le Walle.   fol. 89 r°
10 Coppijn Bracht.
Hannekijn Balg.
Daniel de Boesinghem.
Hannekijn de Saint-Homer.
Colin Godscale . . . . . . 6 mesures de terre en Parevise,
15   3 mesures hors Ghedaringhet,
en Ramscapelle 15 mesures de terre, 2 hors Ghedaringhet.
Chou est terre sencie del abbé de Saint-Nicolay : 10 mesures
20   là li 3 mesures sunt preis,
5 mesures de bleit xiii°,
2 mesures d'aveine v°.
Terre sencie del abbé de Saint-Bertin : 8 mesures de terre
25   de thou en ail[a], 11 lines de maise aveine, 4 1/2 de forage et 2 manoirs xiii°.
Coppijn f Weits. . . . . . le maison et terre dehors la vile.
30 Clais Egghebracht.
Jehan le Chandelier.
Jehan Egherbac . . . . . . le manoir.

a. Le manuscrit porte ici trois mots qu'il semble falloir lire : chou ou thou en ail.

	Willamme le Marchant . .	1 manoir.
	Jakemijn Clement	1 mesure de bleit et le manoir.
fol. 89 v°	Colin li Gartere	le manoir.
	Hannekijn van Westuut.	
	Clais Brec.	5
	Clais li Roec	le manoir et 25 mesures de terre.
	Mikiel W[o]mard.	
	Hannin Havelose.	
	Hannin Vijfhaleghe.	10
	Clais Meegoed	manoir.
	Hannin Bast.	
	Moenin Cupre.	
	Hannekijn Gaethem.	
	Colin f. Meus.	15
	Mathijs le Tunduer.	
	Colin le Tondeur.	
	Jan Colin Daniel.	
	Coppijn Suaerdvaghe.	
	Colin Stevenijn	manoir. 20
	Pieres de Leke	in Leke 7 mesures de terre et 1 mesure in Roens-Nieweland.
fol. 90 r°	Colin li Repere	maison.
	Hannekijn de Boidekijns-Houke.	25
	Clais de le Walle.	
	Hannekijn f. Gilles	maison.
	Hannekijn Lievekind.	
	Colin Pottin	
	Jakemijn Wachtere	maison. 30
	Hannekijn Louwerijn	
	Jan Riquard	7 mesures de terre et 1 manoir.
	Jehan Vlec	8 mesures de terre.

(87)

CHE SUNT CEAUS DE LE NIEWEHEIDE QUI MORUREN[T] EN LE BATAILLE DE CASSEL. LE INVENTORE FAITE PAR JEHAN LE GOES [a].

Hannekijn f. Pieter. . . . 1 maison.   fol. 90 v°
Coppin Aechten. . . . . le manoir.
5 Jehan Gherebrand . . . . 1 mesure de bleit et le manoir, terre dehors et 3 maisons.
Hannin Perdoen.
Coppin Cat.
Hannin Hertoghe.
10 Clais le Jaghere . . . . . maison.
Pieter Scoemakere.
Jehan Noyd . . . . . . le manoir.
Coppijn Perdoen . . . . le manoir.
Robijn Ydelspille.
15 Mikiel Vockedei.
Michiel Meinard. . . . . 1 grange et 4 mesures et 1 line de terre.
Baudewijn Galle. . . . . 8 mesures de terre et 1 manoir.

20 CHE SUNT CEAUS QUI MORURENT DE LE VILLE DE BERGHES EN LE   fol. 91 r°
BATAILLE DE CASSEL. LE INVENTORE FAITE PAR JEHAN LE LONC [b].

BERGHES.

Scotterkijn . . . . . . 1 maysonsele.
Jehan Morderel . . . . . 1 maison.
25 Wautier de Salton.

   a. Le inventore = = = le Goes, *ajouté postérieurement*.
   b. Le inventore = = = le Lonc, *ajouté postérieurement*.

	Jehan Slotelmakere. . . .	1 maison seur le terre Jehan de Lonc qui doit autant au dit Jehan comme elle vaut.
	Coppijn le Piper.	le mottié de le maison là il demorroit et 3 mesures de terre.
	Baudewijn Hammaert.	
	Michel Houtin	1 maison.
	Jehan Vagghe	1 maison et 3 mesures de terre.
	Jehan li Roys.	1 maisoncele.
	Jehan Bakelin	1 maisoncele.
	Mikiel Lovin	1 maisonsele.
	Jehan Plante.	1 maison.
	Leurens li Hane.	
	Jehan de Calais	1 maison.
fol. 91 v°	Jehan Butseel	1 mesure de terre gysant en Werneem ^a.
	Mikiel le Grise.	
	Jehan li Weynier	1 maisonsele.
	Pierres de Pickam.	
	Andrieu Coeldey.	
	Jehan de Furnes.	

CHE SUNT CEAUS QUI MORURENT EN LE BATAILLE DE CASSEL DE LE CASTELERIE DE BERGHES, DE LE PAROTSE DE GHIVELDE. INVENTORE FAITE PAR JEHAN KIEF ET TIERRI LE BRABANDERE [b].

EN GHIVELDE.

	Pieter Donker	3 ½ mesures de terre.
fol. 92 r°	Jakemard Woickijn. . . .	4 mesures de terre.
	Heinri Heinem [c]. . . .	4 mesures de terre.

a. *Le manuscrit porte* W'neē.
b. De le parotse — — Brabandere *ajouté postérieurement.*
c. *Le manuscrit porte* Heineṁ.

Gilles Bigghe.	5 mesures de terre.
Boudene Cobboud	3 ¹/₂ mesures de terre.
Baudewijn Everaerd . . .	1 ¹/₂ mesures de terre.
Willamme Oubrecht . . .	¹/₂ mesure de terre.
5 Pieter de le Planke. . . .	1 mesure de terre.
Jehan Colin	5 quartiers de terre.
Obrecht li Boetere . . .	10 mesures de terre.
Robijn Waghenbeen . . .	¹/₂ mesure de terre.
Jehan Michiel.	
10 Ghijs Waedscoe.	5 mesures de terre.
Guillaume de le Waghen-bruggbe	17 mesures de terre dont li trese sunt de Were.
Jehan li Chevalier	2 mesures de terre.
15 Masijn Boyd	6 mesures de terre.
Jehan de le Winkere . . .	2 mesures de terre.
Jehan Donkerlin	¹/₂ mesure de terre.
Jehan le Raed	1 mesure de terre.
Gilles de le Bussche. . . .	le quart d'un molin, item, fol. 92 v°
20	5 mesures de terre.
Michiel Cobboud.	4 mesures de terre.
Michielle Winkere	5 mesures de terre.
Jehan Baldekijn.	4 mesures de terre.
Michiel Castelein	4 mesures de terre.
25 Guillaume Baldekijn . . .	¹/₂ mesure de terre.
Moenijn Seulin.	
Lauwer Moys,	
Coppijn Slubber	1 mesure de terre.
Gilles Louwer	2 mesures de terre.
30 Jehan Herman, Coppin Herman, Ghijs Herman, . .	2 mesures de terre.
Colin Willart.	
Ghillebert de le Planke.	

Sentkijn Pankouke.	2 mesures de terre.
Matti li Visch.	3 quartiers de terre.
Michiel Moen.	3 mesures de terre.
Pieter Bigghe.	3 mesures de terre.
Jan Capond.	1 mesure de terre.
Michiel de Ract.	4 mesures de terre.
fol. 93 r° Jan Moen de Leke.	2 $^1/_2$ mesures de terre.
Ghijs Capond.	6 mesures de terre.
Boidijn Mael.	6 mesures de terre.
Coppijn le Visch.	
Pieter Riquaerd.	$^1/_2$ mesure de terre.
Coppijn Mael.	2 mesures de terre.
Jehan f. Laureins.	
Wautier Wilzijn.	
Jehan Bigghe.	3 mesures de terre.
Jehan Moen.	1 mesure de terre.
Lippin Jakemijn.	
Jehan Lam.	7 $^1/_2$ mesures de terre.
Gilles le-Beeste.	
Hannin Heine.	
Heine li Wulf.	1 mesure de terre.
Jooskijn Pankouke.	
Clement Waedscoe.	$^1/_2$ mesure de terre.
Michiel f. Wulfs.	4 $^1/_2$ mesures de terre.
H. Doc.	
Jehan Gabard.	1 line de terre.
fol. 93 v° Coppijn Varisont.	5 mesures de terre.
Jehan Lammijn.	1 mesure de terre.
Pieter Maelger.	1 mesure de terre.
Pieter Aremoud.	3 mesures de terre.
Matti Staes.	1 mesure de terre.
Coppijn Moen.	2 mesures de terre.
Colijn Bradelijn.	1 mesure de terre.

Coppijn Capont	3 quartiers de terre.
Pieter Ghijs	½ mesure de terre.
Hannijn Waghebeen.	
Christien Snickebant . . .	1 mesure de terre.
5 Pierres Dofwerpere . . .	2 mesures de terre.
Ph. le Maunier	3 mesures de terre.
Michiel Weytin	3 mesures de terre..
Pieter Tien	½ mesure de terre.
Hannijn Baldekijn.	
10 Andrieu de le Linde	
Gillles le Tolnare	2 mesures de terre.

CHE SUNT CEAUS QUI MORURENT EN LE BATALLE DE CASSEL DE LE fol. 94 r°
PAROCHE DE UXHEM QUI EST EN LE CASTELRIE DE BERGHES. LE
INVENTORE FAITE PAR JEHAN KIEF ET TIERRY LE BRABANDERE[a].

15   EN UXHEM.

Ghijs Gher.	
Louwer Maes.	1 ½ mesures de terre.
Jan Fel.	4 ½ mesures de terre.
Willamme Stilte.	1 quartier de terre.
20 Louwer Fel.	
Clay Veroc.	
Christien Knobbel.	
Marc Spiniole.	
Michiel Balkaert.	5 mesures de terre.
25 Jehan dou Boos	35 mesures de terre.
Michiel Drinewijn.	

a. Le inventore — — le Brabandere, *ajouté postérieurement.*

Pieter Drinewijn.
Christien le Ram.
Michiel le Blonke.
fol. 94 v° H. Seule.
H. Hasard.
Willamme van And.
Pier. et Winnoc Halline.
Coppijn Bard.
Thour le Mattere.

CHE SUNT CEAUS QUI MORURENT EN LE BATALLE DE CASSEL EN LE PAROCHE DE KILHEM QUI EST EN LE CASTELRIE DE BERGHES. LE INVENTORE FAITE PAR JEHAN DE KILHEM[a].

Jehan le Bloc	le motiet d'une molin.
Coppijn Quatermalle.	
H. Dagheraet	1 mesure de terre.
Guillaume le Varsche . . .	5 mesures de terre et 1 line.
Gilles Kiel	6 mesures de terre.
Louwers Houet	1 mesure de terre.
Jehan de Clarce Joris . . .	28 mesures de terre.
H. Zolovet	5 mesures de terre.
H. Houet	8 mesures de terre.
Michiel le Starke	5 mesures de terre.
fol. 95 r° Baudewijn Tant	3 mesures de terre.
H. Roene	18 mesures de terre.
H. Lucribart	5 quartiers de terre.
Hannin Trocke	2 mesures de terre.
Woite Crije	3 mesures de terre et sa part de le maison.

a. Le inventore — — Kilhem, *ajouté postérieurement.*

Gilles Lotin	3 mesures de terre.
Woite Lueribart	1 mesure de terre et demi.
H. Honarde.	
Guillaume le Mone	
5 Coppijn Salemoen	10 mesures de terre.
Hannin Quintijn	4 mesures de terre.
Michiel le Vinc	20 mesures de terre.
Gilles Pieter	24 mesures de terre et 2 ma- fol. 95 v° noirs.
10 Pieter li Abbes	2 lines de terre.
H. le Mone	5 mesures de terre.
H. le Coyts.	
Jehan Loys.	
Coppijn Boene	2 mesures de terre.
15 Jehan Boddijn	5 mesures de terre.
H. Lyons	14 mesures de fief.
Pieterkijn Luribaert . . .	2 mesures de terre.
Pieter Steper.	

CHE SUNT CEAUS QUI MORURENT EN LE BATALLE DE CASSEL EN LE fol. 96 r°
20 PAROTSE DE HOUTKERKE QUI EST EN LE CHASTELRIE DE BERGHES,
LE INVENTORE FAITE PAR JEHAN LE JOVENE[a].

Boidijn Boidards	27 mesures de fief.
Hannijn Paendermakere . .	2 mesures de terre.
Meus Voet	1 maison et 3 mesures de terre.
25 Jehan Voet	1 maison et 1 grange et 6 mesures de terre.
Clai Ageneus	1 mesure de terre.

a. Le inventore — — — le Jovene, *ajouté postérieurement.*

	Pieter Voets	1 maisoncele et 2 mesures de terre.
	Clai Donker	1 maison et 1 grange et 6 mesures de terre.
fol. 96 v°	Coppijn de le Watere	1 maison et 1 grange et 10 mesures de terre.
	Jehan de Lensele	1 maisoncele et 2 mesures de terre.
	H. Niewckerx	1 maisoncele.
	Claikijn Talevoet	1 mesure de terre.
	Michiel Pits	1 maisoncele, 1 petite grange, 4 mesures de terre.
	Clais Ghiselijn.	
	Willem Goeme	1 maison et 3 mesures de terre.
	Michiel Beelaerd.	1 maison, 1 grange, 1 estal, 4 mesures de terre et 8 mesures de fief.
	Jehan Molenbeyke	1 maison et 7 mesures de terre.
fol. 97 r°	Ghijs Bliec	3 mesures de terre et 4 mesures de fief et une maison.
	Jehan Briggheman	1 maisoncele et 3 mesures de terre et 1 mesure de fief.
	Coppijn Baes.	1 maison et 2 mesures de terre et demi et 3 mesures de fief.
	Willem le Wevere	1 maison et 3 mesures de terre.
	Clay Weinijn.	1 maison et 2 mesures de terre.
	Michiel Boidijns.	1 maison et 4 mesures de terre.
	Gillekijn Vranke.	
	Jehan Denijs.	1 maison, 1 grange et 6 mesures de terre.
	Pieter f. Sarren.	1 grange et 1 mesure de terre.
	Lippijn f. Sarren.	

Cʜᴇ sont les Inventores de terres fourfaites de cheus qui fol. 98 r°
furent tué en le bataille de Cassel de le paroche de
Hondescote en le castellerie de Berghes, lequelle inventore n'a esté faite ne bien ne loyaument et pour chou ne
l'avons nous mie fait escrire en che livre [a].

    Jehan Rose le Drapier . . . 5 quartiers de terre.
    Mikiel Upolghe . . . . . 4 mesures de terre.
    Jehan Lood . . . . . . 2 mesures de terre.
    David Lood . . . . . . 3 mesures de terre.
10 Pieter Walric. . . . . . ½ mesure de terre.
    Mikiel Willoet . . . . . 1 mesure de terre.
    Ernould Hasebard . . . . 1 mesure de terre.
    Jehan Heregoed . . . . . 45 verghes de terre.
    Jehan f. Willem, f. Jehan . ½ mesure de terre.
15 Willem Pierin . . . . . ½ mesure de terre.
    Willem Lambin . . . . . 2 mesures de terre.
    Jehan le Maunier . . . . 16 verghes de terre.
    Jaque f. Verachten . . . . 3 mesures de terre.
    Jehan de le Haye le jovene . 1 line de terre.
20 Willem f. Verachten . . . ½ mesure de terre.
    Clais Hongher . . . . . ½ mesure de terre.
    Willem Hongher . . . . ½ mesure de terre.
    Mikiel Hongher . . . . . ½ mesure de terre.
    Jehan Tac. . . . . . . 3 mesures de terre.
25 Jehan Reinghier . . . . 2 mesures de terre.
    Pieres Zomer. . . . . . 2 mesures de terre.
    Clais Baerdeloes . . . . . 3 mesures de terre.
    Jehan Piel . . . . 1 mesure de terre.
    Pieroet Pierins . . . . . 4 lines de terre.
30 Jehan le fevre Coevoet . . ½ mesure de terre.
    Clais Hidseboud . . . . . 1 quartier de terre.
    Jehan Cnevel . . . . . . 1 mesure de terre.

    a. Cet inventaire est écrit sur une membrane attachée en haut du folio 97 v°; elle forme le folio 98.

Henri Vranke	1 mesure de terre.
Craestuaen le Maetz. . . .	1 mesure de terre.
Jehan Snakelin	1 mesure de terre.
Ernoul li Rous	1 mesure de terre.
Boidin Tac	3 mesures de terre.
Clais de le Voije.	3 mesures de terre.
Mikiel de le Haye	½ mesure de terre.
Jaquemin Rose	10 mesures de terre.
Paulin Zedekin	½ mesure de terre.
Mikiel de le Voije	1 mesure de terre
Jehan de le Voije	1 ½ mesures de terre.
Jehan Ballant	1 mesure de terre.
Jehan Minc[a]	1 line de terre.
Gillis Bardelois	1 ½ mesures de terre.
Clai Lammin	5 mesures de terre.
Jehan le Maunier le foullon .	1 quartier de terre.
Boudekin f. Stasins	½ mesure de terre.
Mikiel Boids	4 mesures de terre.
Jehan Beurdeul	1 mesure de terre.
Steven Baerd	½ mesure de terre.
Willem le Gaest	1 mesure de terre.
Willekin de le Dale	½ mesure de terre.
Jehan Stamerard	2 mesures de terre.
Weynin f. Mikiels	1 mesure de terre.
Jehan Malghier	1 quartier de terre.
Mikiel Tristran	½ mesure de terre.
Pieter Met de Suarde . . .	½ mesure de terre.
Willem de Merens	½ mesure de terre.
Jehan Hodekin	1 quartier de terre.
Wouter Reinghier	1 quartier de terre.
Gillis Bonecop	2 mesures de terre.
Jehan le Maetz f. Hannin . .	½ mesure de terre.
Bauduin del Anneint . . .	½ mesure de terre.
Mikiel Kerne	½ mesure de terre.

a. Le manuscrit porte Mīnc.

CHE SUNT CHEAUS QUI MORURENT EN LE BATALLE DE CASSEL EN   fol. 97 v°
LE PAROCE DE HONSCOTE QUI EST EN LE CASTELRIE DE BERGHES.
LE INVENTORE FAITE PAR JEHAN LE VINC ET JEHAN BANCINOOD [a].

    Michiel Boid[in].
5 Clay le Hongher . . . . . 2 mesures de blé, d'avène et de
                                            veches.
    Jehan Ghiele.   Jehan Lotin li parmentier.
    Guillaumes le Hongher.   Jehan Minne li clerz.
    Willems de le Haghedoren.   Michiel le Grave.
10 Michiel le Hongher.   Jehan le Sinc.
    Clay Edsboud.   Coppijn le Neve.
    Steven Bard.   Frans le Neve.
    Willems van Vernaechten.   Hannin f. Michiel Maets.   fol. 99 v°
    Jehan Gherkijn.   Jehan Jaghedievel.
15 Pierres Caproen.   Paulijn Zeidekijn.
    Gilles Boucoep.   Wautier Reingheer.
    Jakemes van Vernaechten. Gilles Bardeloos.
    Karstian le Wispelare.   Jehan Suakelijn.
fol. 99 r° Baldewijn de Lannoy.   Clai Bardeloos.
20 Pierres Pierin.   Jehan Stameraerd.
    Clai Heifour.   Willem de Marens.
    Willems Lammin.   Michiel Kerne.
    Clai Lammin.   Pierres met den Suaerde.
    Michiel de le Voie.   Jehan Malegher li clers.
25 Clai de le Voie.   Pirres Zoumer.
    Jehan de le Voie.   Michiel Upoghe.
    Jehan Tac.   Jehan Diestelinc.
    Baudewijn Tac.   Karstian Vliechouer.
    Michiel li Maunier.   Willem de Dale.
30 Jehan li Maunier.   Michiel Willooc.   fol. 100 r°

    a. Le inventore — — Bancinood, *ajouté postérieurement*.

Jehan Edelin.
Wautier Noydekijn.
Jehan Rayngher.
Lotijn Tant.
Arnoud li Rous.
Willames Vertrisen.
Jehan le Prestre.
Jehan le Kertmeester.
Willem Pierin.
Robijn Coppijn.
Maister Jakemes Sanders.
Meus f. Gilles Staes.
H Heregod.
Pierres Boie.
Arnoud f. Jakemijn Bliec.
Jehan li Fever dit Coevoet.

fol. 100 v° David Loet.
Jakemijn et Martijn le Loetre.
Jehan f Willem Hannin Soens.
Pierre Reiloef.
Jehan le Mol.
Wautier Bodijn.
Willem le Gast.
Hannijn et Pierres Noydekijn.
Hannekijn Soele.
Jehan Noydekijn f. Willames
Hannekijn Hasebard.
Henri Vranke.
Jehan li Knevel.
Michiel de le Haic.
Ghijs Verdeghet.
Jehan Piel.
Karstiaen li Maets.
Hannekijn Gherlijn.

fol. 101 r° Hannijn le Rutre.

Pierres Willem dit Laes.
Karstiaen le Brune.
Willem le Zinc.
Jehan Amelis.
Robijn de Poele.
Wenin f. Michiel.
Arnoud Hasebard.
Jehan Breidel.
Jehan Bave.
Lammijn Bac.
Pierre Rose.
Henri de le Wale.
Jehan Rose drapier.
Jehan Louwer li drapier.
Willem Cotereel.
Clai Piel.
Jakemijn Rose.
Wautier Boidijn.
Pierres Walrie.
Jehan Loet.
Alard Vilain.
Karstian Tant.
Jehan le Wevere.
Michiel Robijn.
Jehan Walekijn.
Jehan le Walre.
Coppijn Coppelscoe.
Jehan f. Lanen.
Jehan li Portier.
Henri f. Lanen.
Jehan de Oie.
Clai li Portier.
Jehan f. Boidijn Karsten.
Winnoc Heregod.
Pierres Poper.

Che sunt ceaus qui morurent en le batalle de Cassel de le fol. 102 r°
parotse de Spikere en le castelrie de Berghes. Le Inventore
faite par Symon Desprees[a].

  Jehan Hacke . . . . 1 maison et 8 mesures de terre.
5 Michiel Ruttier . . . . . 1 maison et 1 estal et 12 mesu-
          res de terre.
  Jakemijn Louwaerd. . . . 3 maisons et 15 mesures de
          terre.
  Jehan Weynijn . . : . . 1 maison et 2 granges et
10   1 estal et 16 mesures de
          fief.
  Jehan Scoetsaert. . . . . 1 maison et 2 granges, 1 estal
          et 24 mesures de terre.
  Louwer le Raet . . . . . 1 maison, 1 grange, 2 estales
15   et 4 mesures de terre.
  Boud[in] le Steen . . . . 1 maison, 1 grange, 2 estals, fol. 102 v°
          16 mesures de terre.
  Clai le Visch . . . . . . 1 maison et 7 ½ mesures de
          terre.
20 Clai Lein . . . . 6 mesures de terre.
  Roelkijn Scaetsaert. . . . sa part d'une maison, 1 grange,
          15 mesures de terre.
  Stevenin Scaetsaerd . . . sa part d'une maison et 10 me-
          sures de terre.
25 Jehan Amours . . . . . . 1 maison et 1 grange et 7 me-
          sures de terre.
  Hannijn de le Houke . . . sa part d'une maison et 15 me-
          sures de terre.
  Clais le Maister . . . . . la motiet d'une maison, 6 ¼ me-
30   sures de terre.

  a Le inventore — — — Desprees, *ajouté postérieurement.*

	Michiel le Maister	1 maison, 1 grange, 5 ½ mesures de terre.
fol. 103 r°	Willem Tristraen	1 maison, 1 grange, 2 estals et 12 mesures de terre.
	Christien Amours	1 maison, 1 grange, 5 quartiers de terre.
	Willem le Rouc.	1 maison et 12 mesures de terre.
	Stasijn Rotier	1 manoir et 4 mesures de fief et 6 mesures de terre sensie.
	Michiel le Chevalier . . .	1 maison, 1 grange, 2 estals, 29 mesures de terre.
	Masijn Hornard	4 mesures de terre.
	Johan f. Hug[ues]	½ mesure de terre.
	Symon Haveloes.	1 maison, 1 grange, 1 estal, 5 ½ mesures de terre.
	H. le Goes.	1 maison, 1 estal, 4 mesures de terre.
	H. de le Houke.	
fol. 103 v°	Jehan Martijn	1 maison, 1 grange et 14 mesures de terre.
	Jehan le Pau	1 maison, 1 estal, 4 mesures de terre.
	Wautier le Raet.	1 maison, 2 estals, 5 mesures de terre.
	Willem Coestecrt.	1 maison, 1 grange, 1 estal, 4 mesures de terre.
	Michiel Karsteloot	1 maison.
	Clay Scurpe	1 maison, 1 ½ mesures de terre.

CHE SUNT CEAUS QUI MORURENT EN LE BATALLE DE CASSEL DE fol.104 r°
LE PAROTSE DE BROUKERKE EN LE CASTELRIE DE BERGHES. LE
INVENTORE FAITE PAR SYMON DESPRES[a].

Hannijn Lam et Lammijn Lam.	leur part d'une grange et 1 ½ mesure de terre.
Pieter le Fever.	
Boid[in] le Crane	1 ½ quartier de terre.
Hannijn Feel.	le motiet d'une maison.
Pieter Duve	1 maison, 1 grange, 2 mesures de terre.
Jehan de Hackere	1 maison, 1 grange, 14 mesures de terre.
Michiel le Witte.	1 maison, 2 estals et 11 mesures de terre.
Wijd Velmekijn	le motiet d'une grange et 6 mesures de terre.
Pieter Ley.	1 maison et 2 ½ mesures de terre. fol.104 v°
Lippijn le Zommer	1 maison, 1 grange, 1 estal, 8 mesures de terre.
Jehan Stunin	1 maison et 1 grange et 2 estalz, et 6 mesures de terre.
Hannin le Juede.	le motiet d'une grange, 3 mesures de terre.
Pieter le Hese	1 maison et 1 ½ mesures de terre.
Gher. le Juede	1 maison et le motiet d'une mesure de terre.
Pieter Loexhovet	1 maison et 2 estalz et 6 mesures de terre.

a. Le inventore — — — Despres, *ajouté postérieurement.*

	Willem Pierijn	2 maisons et 4 mesures de terre.
	Wijd Wermoes	1 maison et 4 mesures de terre.
fol. 105 r°	Lisard le Crane	1 maison, 1 grange et 4 mesures de terre.
	Wenijn Pappijn	1 maison, 1 grange et 5 mesures de terre.
	Jehan Karlin	1 maison, 1 grange, 1 estal, 12 mesures de terre.
	Hannijn le Kempe	1 maison et 3 1/2 mesures de terre.
	Clais Deus	1 maison et 2 granges, 1 estal, et 24 mesures de terre.
	H. Scelgebert	2 maisons et 5 mesures de terre.
	Clay Karlijn	1 maison, 1 estal, 7 mesures de terre.
	Christiaen le Zwelgher . . .	1 maison et 5 quartiers de terre.
fol. 105 v°	Lammijn Sconeweider . . .	1 maison et 1 estal et 5 mesures de terre.
	Arnoud Papegay.	
	Coppijn le Koc	1 maisoncele et 1 petit estal et 2 mesures de terre.
	Hannijn de Hoeren	1 mesure 3 quartiers de terre.
	Lippijn Mulge.	
	Boidijn Wenemare.	
	Roelijn li Haester	1 grange et 1 1/2 mesures de terre.
	Scelgebert.	
	Boidijn le Crane	1 quartier de terre.
	Lippijn Zomer.	

CHE SUNT CEAUS QUI MORURENT EN LE BATALLE DE CASSEL DE LE fol. 106 r°
PAROTSE DE BAMBEKE QUI EST EN LE CASTELRIE DE BERGHES. LE
INVENTORE FAITE PAR PH. DE WERHEM [a].

 H. Aerkenboud . . . . . 1 maisoncele.
5 Mikiel Colijn . . . . . . 9 mesures de terre.
 Jehan le Pipre . . . . . 2 maisons et 2 estalz et 9 me-
          sures de terre.
 Clai Lemmin . . . . . . 1 maison et 1 grange et 10
          mesures de fief et 6 mesures
10   de terre.
 Robijn Stasijn . . . . . 1 maison et 1 grange et 1 me- fol. 106 v°
          sure de terre.
 Jehan Heinric . . . . . 1 maison et 1 grange et 8 me-
          sures de terre.
15 Michiel f. Gilles . . . . . 1 maison et 1 grange et 1 porte
          et 8 mesures de terre.
 Jehan le Keyser . . . . 1 maison et 1 grange et 6 me-
          sures de terre.
 Gilles Pieter . . . . . . 1 maison, 1 grange et 1 estal
20   et 13 mesures de terre.
 Pieter [f.] Jehan Pieters.
 Robijn f. Gilles . . . . . 1 maison et 1 grange et 12 me-
          sures de terre.
 Jehan et Rolant de le Elste . 45 mesures de terre.
25 Gilles le Ammen . . . . 1 maison et 1 grange et 4 me- fol. 107 r°
          sures de terre.
 Laurent li Bouchier . . . 1 maison et 1 grange et 12 me-
          sures de terre.
 Jehan Gilles . . . . . . 1 maison, une grange et 1 estal
30   et 4 mesures de terre.

 a. Le inventore — — — Werhem, *ajouté postérieurement.*

	Gilles Louwer.	1 maison et 1 grange et 1 porte et 12 mesures de terre.
	Jehan le Koc.	1 maison, 1 grange et 25 mesures de terre.
	Ghijs le Hont.	1 maison, 1 grange et 1 estal et 13 mesures de terre.
	Weite Robbijn	1 maison, 1 grange et 3 mesures de terre.
	Jehan Colijn	1 maison, 1 grange, 2 ½ mesures de terre.
	Jax et Pierres Bavelare . .	1 maison et 2 estalz et 8 ½ mesures de terre.
fol. 107 v°	Andries Bavelare	1 grange et 6 mesures de terre.
	Hannijn Bavelare	1 maison, 1 grange et 4 mesures de terre.
	Gilles Clement	1 mesure de terre.
	Willem le Clerc	1 maison et 1 grange.
	Clay Martijn	1 maison, 1 grange et 7 ½ mesures de terre.
	Climent f. Lisen.	1 maison, 1 grange et 2 mesures de terre.
	Clay le Keyser	1 maison, 1 grange et 3 quartrons de terre.
	H. Gram	1 maison, 1 estal et 3 mesures de terre, 1 quartron meins.
	Coppijn le Vullre	1 maison, 1 grange et 6 mesures de terre.
	Jehan de le Hoymile . . .	1 maison, 1 grange et 20 mesures de terre.
fol. 108 r°	Christiaen de le Hoymuelne .	12 mesures de terre.
	Michiel le Kotemerie . . .	1 maison, 1 grange et 9 mesures de terre.
	Jakemijn Brecht.	1 maison, 1 grange et 2 mesures de terre.

Jehan de Bambeke	1 maison, 2 granges, 2 estalz, 1 porte, 1 molijn et grant plenté de terre.
Michiel Hovelinc.	
5 Jehan Redderkijn	1 maison, 1 grange et 5 mesures de terre.
Hughe Peister	1 maison, 1 grange et 6 mesures de terre.
Wautier de Bambeke . . .	le motiet d'un molijn et 25 mesures de terre.
10 Willem Braem	1 maison, 1 grange et 3 mesures de terre. — fol. 108 v°
Karstiaen le Jonghe . . .	1 maison, 1 grange.
Gherard de le Hove . . .	1 maison, 1 grange et 8 mesures de terre.
15 H. Hughe Redderkijn zuene .	5 quartiers de terre.
Michiel Lippijn	1 maison, 1 grange et 4 mesures de terre.
Pieter le Portre	1 maison, 1 grange et 4 mesurez de terre.
20 Weite f. Willems	1 maison et 1 mesure de terre.
Michiel Cracht	5 mesures de terre. fol. 109 r°
Colijn Hanscoe	3 mesures de terre, 1 quartron mains.
25 Jehan Lux.	1 maison, 1 grange, 1 porte et 8 mesures de terre.
Karstiaen Stasijn	1 maison, 1 grange et 3 mesures de terre.
Pieter Motie	1 maison, 1 grange et 6 mesures de terre.
30 Hughe Langhece	1 maison, 1 grange et 6 mesures de terre.
Michiel Karstiaen.	
H. de Claerc.	

Willem Cracht van Goede .	1 maison et 1 mesure de terre qui doit 1 r[asière] de bleit.
Michiel Karstiaen	1 maison, 1 estal et 3 mesures de terre.
fol. 109 v° Clay le Visscere	1 ½ mesures de terre.
H. Buc	1 mesure de terre.
Michiel de le Ysere	1 maison, 1 grange, 3 mesures de terre.

CHE SUNT CEAUS QUI MORIRENT EN LE BATALLE DE CASSEL EN LE PAROCHE DE WERHEM QUI EST EN LE KASTELRIS DE BERGHES. LE INVENTORE FAITE PAR ADAM PAELDINC[a].

Clais le Prec	2 maisons, 2 grangez, 1 estal.
Wautier et Michiel Scoef . .	1 maison, 1 grange, 1 estal, 1 gardijn et 6 mesures de terre.
fol. 110 r° Jehan f. Sarren	1 maison, 1 grange et 2 estalz.
Jakemard le Bets	1 maison, 1 grange, 1 estal et 1 gardijn.
Gilles Walois	1 maison, 1 grange, 2 estalz et 1 gardijn.
Willekijn Waloys.	
Claikijn de le Lene	1 maison, 1 grange, 1 estal, 1 gardijn.
Jehan le Horkere	1 maison, 1 grange, 1 gardijn.
Jehan Scoef le clerc . . .	1 maison, 2 grangez et 2 estalz et 1 gardijn.
Willekin Lotijn.	
H. Lotijn	1 maisoncele, 1 petite grange.

a Le inventore — — — Paeldinc, *ajouté postérieurement.*

	Mikiel f. Ser Boidijns	1 maison, 2 granges et 5 petiz estalz et 1 gardijn.
	Willekin de Grane.	fol. 110 v°
5	Ghisekin Paeldinc	1 maison, le motiet d'une grange.
	Michiel Balengaerd	1 maison, 1 grange.
	Jehan Scoef	2 maisonz, 1 grange, 2 estalz.
	Coppijn Paedse	2 maisons, 1 grange
	Gilles Masijn Boids	le motiet d'une maison.
10	Michiel Braem	
	H. Masijn Boyds	1 maisoncele, 1 grangete.
	H. f. Laurecten	le motiet d'une maison, 2 granges.
	H. Coene	1 maison, 1 grange.
15	Coppijn Lem	1 maison, 2 granges, 2 estalz. fol. 111 r°
	Wautier Lem	1 maison.
	Willem le Bere	le motiet de le maison et le motiet d'un gardijn.
	H. le Varst.	
20	Pieter Durendael	1 maison, 1 grange, 1 estal, 1 petite porte et 6 mesures de terre.
	Coppijn Condie	le motiet d'une mesure de terre.
25	H. le Rous	le wijtisme part de 2 maisons et d'une grange et de 2 estalz.
	H. Wossemond.	
	Mikiel Minne	1 maison, 1 grange et 3 mesures de terre.
30	H. Lancfoit	avec sa mère et 2 sueurs, 1 maison, 1 grange et 5 mesurez de terre.
	Woite Wal	1 maison, 1 grange et 2 mesures de terre. fol. 111 v°

Willem Gherard. . . . . . le quart de 2 maisonz et
 1 grangete, 1 estal.
Willem le Brouwere.
Wautier Paeldinc.
Ghijs Paeldinc . . . . . . 1 maise grange.
H. Joris.
Winnoc Joris.
Clai le Bere.
Michiel Ghiselin. . . . . . 5 quartrons de terre.
Wouter le Clerc. . . . . . le wijtisme part d'une maison et
 d'un petit estal et d'un gar-
 dijn, 2 mesures de terre.
Jehan le Buds.
H. Troye.
Stasijn Koker. . . . . . 5 quartiers de terre.
fol. 112 r° Coppijn Noid. . . . . . 1 maison, 1 maise grange, 5 me-
 sures de terre et 1 ½ mesures
 de terre qui doit et 1 gar-
 dijn.
Clais Specwiel . . . . . 1 maison, 1 grange et 7 mesures de terre et 1 gardijn.
Jak[emijn] Poulin . . . . 1 bon lieu, 1 maison, 1 grange,
 1 autre grange, 1 estal,
 2 maisons à Volkensarne,
 1 gardijn.
Diederic Scoef . . . . . 1 maison, 1 petite grange,
 1 estal.
Ar. Specwiel . . . . . . 1 bon lieu, 1 maison, 1 porte,
 2 granges, 2 estalz et 1 gar-
 dijn et 20 mesures de terre.
Woite le Houdere . . . . 1 maison, 1 grange, 1 estal et
 6 mesures de terre.
Woite Waloys . . . . . 1 viese maison, 1 estal et
 4 ½ mesures de terre.

Pier. f. Ser Jans.	1 maison, 1 grange, 1 estal, fol. 112 v° 1 porte et 15 mesures de terre.
Louwer le Clerc.	1 bon lieu, 1 maison, 1 grange, 1 estal et 7 mesures de terre.
Michiel Coppijn	1 maison, 1 grange, 1 estal et 4 mesures de terre.
Michiel Paeldinc.	le wijtisme part d'une maison, et d'une grange et de 4 mesures de terre.
Winnoc Paeldinc	le wijtisme part d'une maison et d'une grange et de 4 mesures de terre.
Michiel Egghelijn	½ mesure de terre.
Pieter Heinrix f. Jan Heinrix.	
H. Lodewijc.	
Pier. le Vinc.	1 manoir.
Michiel Heile.	1 maison, 1 grange, 1 estal et 7 mesures de terre.
Winnoc de le Straet . . .	1 maison, 1 grange, 1 estal fol. 113 r° et 4 mesures de terre.
Jehan Tanevel	1 maison, 1 grange et 2 estalz et 4 mesures de terre.
Jehan Ronkier	1 maison, 1 grange, 1 gardijn et 10 mesures de terre.
Jehan Manz	1 bon lieu, 1 maison, 1 grange et 3 mesures de terre.
Mathi Bollaerd	1 bon lieu, 1 maison et 1 grange, 1 estal et une autre maisoncele et 5 mesures de terre.
H. Ghijs	1 maison, 1 grangete et 3 quartiers de terre.
Winnoc Noyd	1 bon manoir et 1 gardijn et 9 mesures de terre.

Wautier Moen	mavaiz manoir.
Jehan [f.] Clai Maes.	2 maisons et 2 mesures de terre.
fol. 113 v° Venant Coc	1 maison, 1 grange et 1 petit estal.
Jehan Keniaerd le vies	1 viese maison, 1 collumbier et 1 grange.
Vincent Teile.	
Willem de le Hove.	1 bon manoir.

CHE SUNT CEAUS QUI MORURENT EN LE BATALLE DE CASSEL DE LE PAROTSE DE QUADYPRE QUI EST EN LE CHASTELRIE DE BERGHEZ. LE INVENTORE FAITE PAR PIERRE LE HAVE [a].

Marscel de Quadypre	maisonz et granges et 58 mesurez de terre.
fol. 114 r° Jehan le Wale le viez	maison, grange et gardijn et 6 mesurez de terre.
H. Gay.	maison, grange.
H. Yserijn.	maison, grange, estalz, et 18 mesurez de terre.
Winnoc Yserijn.	manoir et 7 mesurez de terre.
H. Le Rous	maison, grange, estalz et gardiins et 9 mesurez de terre.
Pieter Wamaerd.	maison, grange, estalz, porte, gardijn et 18 mesurez de terre.
Jehan de le Beike.	6 mesurez de terre.
H. Carstel.	8 ½ mesures de terre.
Willekin Louwerd	½ mesure de terre.
fol. 114 v° Lauwers Hurtecam.	

a. Le inventore — — le Have, ajouté postérieurement

Willem le Lauel	1 maison, 1 grangete et 5 mesures de terre.
Hannin le Duc	12 mesures de terre.
Lauwer f. Lauwers. . . .	4 ½ mesures de terre.
5 Stasijn Eije	maison, gardijn et 2 mesures de terre.
H. Allein	15 mesures de terre.
H. le Muelnare	maison, grange, estal, gardijn et 16 mesures de terre.
10 Coppijn Rape.	1 maison, 1 estal et ½ mesure de terre.
Gher. Scoot.	
Michiel Lijfhont.	1 maison, 1 grange, 1 estal et 6 mesures de terre.
15 Hannijn de le Cruce . . .	1 maison, 1 grange et 6 mesures de terre. *fol. 115 r°*
Gher. le Keyser	1 maison, 1 estal et 2 ½ mesurez de terre.
Lauwer Paet	1 maison, 1 grange.
20 H. le Bey	1 maison, 1 grange, 3 estalz et 18 mesures de terre.
Gher. Scot	3 mesures de terre.
Clai Bernoud	1 line de terre et 25 verges.
Jehan Lexus	1 maison, 1 grange, 1 estal et 10 mesures de terre.
25	
Stasijn le Trawere	1 mesure de terre.
Robbijn Roelijn	1 maison, 1 grange, 1 estal et 5 mesures de terre.
Lauwer Buc	1 maison, 1 grange et 5 ½ mesures de terre.
30	
Michiel le Chammerlenc . .	1 maison, 1 grange et 6 mesurez de terre. *fol. 115 v°*
Michiel Martel	1 maison, 3 grangez, 4 estalz et le quartir et demi d'un molijn et 39 mesurez de terre.

Jehan le Marisael	1 maison, 1 grange, 3 estalz et 2 ½ mesures de terre.
H. Bernoud	1 maison, 1 grange, 1 estal et 15 mesurez de terre.
Clai Pemard	1 maison, 1 grange, 1 estal et 3 mesures de terre.
Joris le Wilde	½ mesure de terre.
Gher. et Hanin le Doer . .	1 maison, 3 grangez, 4 estalz, et 22 mesurez de terre.
Winnoc le Keyser	1 maison, 1 estal et 1 mesure de terre.
Willem le Grote.	1 maison, 1 grange et 4 mesurez de terre.

fol. 116 r° CHE SUNT CEAUS QUI MORURENT EN LE BATAILLE DE CASSEL DE LE PAROTSE DE WORMOUD QUI EST EN LE CASTELRIE DE BERGHES. LE INVENTORE FAITE PAR CLAY LE DOYERE ET SYMON LE KEYSER [a].

Boidijn le Vos	1 maison, 1 grange et 20 mesurez de terre.
Jehan Corde	1 maison, 1 grange, 1 estal et 5 mesurez de terre.
Coppijn van Roele	1 maison, 1 grange et 25 mesurez de terre.
Miclijn Clai f. Godelieven . .	1 maison et 2 mesures de terre.
fol. 116 v° Paulin Smarlin	1 maison, 1 grange et 12 mesurez de terre.
Jehan f. Masijn Bers . . .	1 maison, 1 grange et 2 mesurez de terre.
Jehan le Vulre	1 maison et 5 mesurez de terre.
Pieter Couwe	1 maison, 1 grange et 20 mesures de terre.

a. Le inventore — — — le Keyser, *ajouté postérieurement.*

Mahieu Lip	1 maison, 1 grange et 3 mesurez de terre.
H. le Deckere	1 maison et 2 mesurez de terre.
H. Sape f. Crex	1 maison, 1 grange et 4 mesurez de terre.
Winnoc de le Brake . . .	1 ½ mesures de terre.
Lotin van Bavinchove. . .	1 maison, 1 grange, 1 estal et 8 mesurez de terre.
Clai Willeman	1 maison, 1 grange et 7 mesurez de terre.
Boidijn le Caruere	1 maison, 1 grange et 6 mesurez de terre.
Michiel Gher. f. Robbes . .	1 maison, 1 grange et 16 mesures de terre.
Heinric le Moer	2 maisons mananz et 1 en Wormout et 1 autre en Herzele, 3 grangez en Wormoud, 1 autre en Herzele et 2 estalz et 50 mesurez de terre et 1 porte.
Clai Gher. f. Robbez . . .	1 maison, 1 grange, 1 estal et 7 mesurez de terre.

Che sunt ceaus qui morurent en le bataille de Cassel en le provostir de Wormoud qui est en le castelrie de Berghes. Le Inventore faite par Clais le Doyere et Symon le Keyser[a].

Mielin le Wedeware . . .	1 maison et 4 ½ mesures de terre.
H. f. Winnox	1 mesure de terre.
Lippijn le Elf.	1 maison, 1 estal.
Willekin le Blasere.	

a. Le inventore = = = le Keyser, *ajouté postérieurement.*

CHE SUNT CEAUS QUI MORURENT EN LE BATALLE DE CASSEL DE LE PAROTSE DE BIEREN QUI EST EN LE CASTELRIE DE BERGHES. LE INVENTORE FAITE PAR BAUDEWIJN FAILLART [a].

	Willem Sleiner	1 lieu avec 1 maison et 1 grange et 1 estal et arbres croissant avec 1 gardijn; item 1 lieu avec 1 grange et 1 estal et 20 mesures de terre.
fol. 118 r°	Willem le Boeve.	5 mesures de terre.
	Willem le Bavel.	1 lieu avec 1 maison et 1 grange et 1 estal et 1 gardijn avec boiz croisant et 13 mesures de terre.
	Lippijn le Smit	1 lieu avec 1 maison et avec 1 grange et 1 estal et de boiz croisant avec 1 gardijn et 7 mesurez de terre.
	Boidijn le Hoghe.	1 lieu avec 1 maison et 1 grange et de bois croisant avec 1 gardijn et 3 mesures de terre.
	Jehan Rusgard	1 lieu avec 1 maison et un estal et 2 granges, 1 gardijn avec bois croisant, 8 mesures de fief et 2 mesures de terre.
	H. le Bavel.	1 maison.
	le Koch.	
	H. Obrecht.	1 grange, 2 mesures de fief et 5 quartiers de terre.
fol. 118 v°	Jakemijn Robaerd	1 mesure de terre.
	H. Karstiaen	1 manoir avec 4 maisonceaus, 7 mesures de terre.

a. Le inventore — — Faillart, ajouté postérieurement.

Michiel Damelijn	1 lieu avec 1 maison et 1 grange avec 1 estal et 25 mesurez de terre.
Tobias Delendech	1 lieu avec 1 maison, grange et estal avec 1 viese maison; item 1 lieu avec 1 maison, grange venant de par sa feme et 9 1/2 mesurez de terre; item 20 mesurez de terre venant de par li.
Augustijn de le Wale . . .	1 lieu avec 1 maison, 1 grange, 1 estal, 1 porte et 18 mesurez de terre; item 1 lieu qui est seur le provosté de Saint-Thomer et 1 maison et 1 estal et 7 mesurez de terre, 1 grange et le quartier d'un molijn.
Clais et Pieter de le Zwaine .	5 quartiers de terre.
Willem Bollard	1 lieu avec 1 maison, 1 grange et 4 mesurez de terre; item 5 quartiers de terre.
Pieter Bernard	4 mesurez de terre. [fol. 119 r°]
Michiel le Maech	1 lieu avec 1 maison et 1 grangete.
Hughe Tant	1 lieu avec 1 maison et 1 estal et 1 four et 2 mesurez de terre.
Boidijn le Clerc	4 1/2 mesures de terre.
Christiaen Mewe	1 lieu avec 1 maison, 1 estal avec 1 grangete; item 7 mesurez de terre.
H. Bernard	2 mesurez de terre.
Robbijn Martijn	1 lieu avec 1 maison, 1 grange, 4 1/2 mesurez de terre.

Moenijn Martijn.	1 lieu avec 1 maison, 2 estalz et 4 mesurez de terre.
Michiel le Mey	1 lieu avec 1 maison, 2 estalz et 4 mesures de terre.
fol. 119 v° Michiel Markolf.	1 lieu avec 1 maison et 1 grange et 1 estal.
Mikiel Kiekijn	1 lieu avec 1 maison et 1 estal et 2 maisonceaux et 4 mesurez de terre.
Michiel le Hane.	
Clai Hardbeen.	
Michiel de le Straet.	
Lippijn le Bavel.	
H. le Hane.	
Willem Sanders.	

fol. 120 r° CHE SUNT CEAUS QUI MORURENT EN LE BATALLE DE CASSEL DE LE PAROTSE DE LE HOYMYLNE QUI EST EN LE CASTELRIE DE BERGHES. LE INVENTORE FAITE PAR SYMON LE KEYSER [a].

Pieter Plotin.	1 maison, 1 grange et 3 mesurez de terre.
Jehan le Fiere	le manoir là il manoit et 32 mesurez de terre.
Gillekijn Moenijn	1 maison avec 5 quartiers de terre.
Jehan Debboud	1 maison et 2 1/2 mesurez de terre.
Clay le Fiere.	6 mesures de terre.
Winnoc le Fiere.	le manoir là il manoit avec 5 quartiers de terre.
Mikiel le Bugghere	1 maison, 1 grange ave[c] 2 1/2 mesurez de terre.

a. Le Inventore — — — le Keyser, *ajouté postérieurement.*

Hannijn Tanevel[a].
Winnoc Ract. . . . . 1 maison, 1 estal avec 5 quar- fol. 120 v°
           tiers de terre.
Coppijn Walc. . . . . . . le manoir là il manoit et 2 1/2
           mesures de terre.
Michiel Horaerd. . . . . . 1 maison, 1 grange avec 2 me-
           surez de terre sencie.
H. le Bul . . . . 1 maison et 1 estal.
H. Rape . . . . 1 maison suer la terre Jehan
           Berteloot.

CHE SUNT CEAUZ QUI MORURENT EN LE BATALLE DE CASSEL DE LE   fol. 121 r°
PAROTSE DE COUDEKERKE QUI EST EN LE CASTELRIE DE BERGHEZ.
LE INVENTORE FAITE PAR BAUDEWIJN LE BRABANDERE[b].

Ghijs le Beike. . . . . . . manoir et 20 mesurez de terre.
Hannijn Gherkijn . . . . . 1 maison et 2 mesurez de
           terre.
Jehan Reynaerd. . . . . . le manoir et 14 mesures de
           terre.
Lamijn de Linke. . . . . . le manoir et 40 mesurez de
           terre.
Michiel Pulz . . . . le manoir et 1 mesure de terre.
Willem Scinte.
Michiel de Elverdinghe . . sa part d'un manoir et 3 me-
           surez de terre.
Casijn Post . . . . 3 mesures de terre.   fol. 121 v°
Gillis Stert.

a. La membrane de parchemin présente, pour ce personnage, un trou qui paraît avoir été recouvert par une rondelle de parchemin écrite; cette rondelle s'est décollée et ne se retrouve pas dans le manuscrit.

b. Le inventore — — — le Brabandere, ajouté postérieurement.

H. Carstien.
Willem Steikeil.
Michiel Lauwer . . . . 2 mesures de terre.
Heine Calf. . . . . le manoir et 8 mesurez de terre.
Michiel Slauer . . . . . . 1 maison et 2 mesurez de terre. 5
Slauer . . . . 2 mesures de terre.
Hannekijn Weynin. . . . 1 manoir et 4 mesurez de terre.
Clai Battin. . . . . le manoir et 4 mesurez de terre.
Michiel Perone . . . . . . 1 mesure de terre.

fol. 122 r° Jehan de Ghers . . . . . . le manoir et 8 mesurez de terre. 10
Pieter Vardeboud . . . . le manoir et 10 mesures de
                                                          terre.
Lammijn Coppijn . . . . le manoir.
Ghijs Sanders . . . . . . le manoir et 3 mesurez de terre.
Winnoc le Mol . . . . . . le manoir et 3 mesurez de terre. 15
Willem Haremard . . . . le manoir et 7 mesures de terre.
Coppijn le Gast.
Pierijn Wenin . . . . . . 1 manoir et 15 mesures de
                                                          terre.
Winnoc Laureins . . . . le manoir et 9 mesurez de terre. 20
Michiel Porard . . . . . . le manoir et 3 mesurez de terre.

fol. 122 v° Willem Poraerd. . . . . . le motiet d'une maison et 1 1/2
                                                          mesures de terre.
Jehan Feiniet. . . . . . . le manoir et 8 mesurez de terre.
Item Mikiel le Bri. 25
Mikiel Walekijn. . . . . . 1 manoir et 1/2 mesure de terre.
Claikijn Colijn . . . . . . 5 quartrons de terre.
Willekijn de le Lene.
Claikijn de le Lene . . . le manoir et 15 mesurez de fief.
H. Nettel. 30
Coppijn Poraerd. . . . . 9 mesurez de fief.
Pieter Porard.

Che sunt ceaus qui morurent en le batalle de Cassel de le parotse de Tetinghem qui est en le castelrie de Berghez. Le inventore faite par Willem Martelien et Boud. Gherkijn [a].   fol. 123 r°

Hughe Yes	1 manoir et 15 mesures de terre.	
Clai Rommer.	1 maison et 1 1/2 mesures de terre.	
Jehan le Naghel.	1 manoir et 20 mesures de terre.	
Coppijn Lotijn	le quart d'un manoir et 2 mesures de terre.	fol. 123 v°
Coppijn de le Bussche. . .	part à 1 manoir et 10 mesurez de fief.	
Coppijn Bode.	1 maison et 2 mesurez de terre.	
H. de le Moere	part à 1 manoir et 5 mesurez de terre.	
Clai le Brune.	1 maison et 5 mesurez de terre.	
Symon Gherkijn.	1 manoir et 20 mesurez de terre.	
Willekijn Evraerd	part à 1 manoir et 10 mesurez de terre.	
Pieter Scale	part à 1 manoir et 3 mesurez de terre.	
Jehan Meus	part à 1 manoir et 10 mesurez de terre.	
Willekijn Naueghere . . .	part à 1 manoir et 4 mesures de terre.	
Woite Mouwe	1 manoir et 4 mesurez de terre.	fol. 124 r°
Moenijn Willaerd	1 manoir en 1 1/2 mesurez de terre.	
Coppijn Hagheloot	1 manoir et 3 mesures de terre.	

a. Le inventore — — Gherkijn, *ajouté postérieurement.*

(120)

	Hannijn le Houwere	1 manoir et 5 mesures de terre.
	Clay Matheus.	1 manoir et 2 mesurez de terre.
	Jehan Matheus	1 manoir et 2 mesurez de terre.
	Pieter Riedscoof.	1 maison et 2 mesures de terre.
	Jehan le Joede	1 manoir et 5 mesures de terre. 5
	Pieter le Bets	1 manoir et 10 mesures de terre.
	Willem Wenijn	1 manoir et 2 mesurez de terre.
fol. 124 v°	Pieter Leui	1 manoir.
	Willem Bee	1 manoir et 4 mesures de terre. 10
	Hannijn Vardeboud. . . .	part à 1 maison et 2 mesurez de terre.
	H. Le Coude	part à 1 manoir et 1/2 mesure de terre.
	Symon le Costere	1 manoir et 25 mesurez de 15 terre.
	Clai Coieten*.	1 manoir et 2 mesurez de terre.
	Hannekijn Davijn	1 maison.
	Mihiel Sporeware	2 maisonceaus.
	Moenijn Toye	1 maisoncele et 15 vergez de 20 terre.
	H. Loddier	part à 1 manoir et 3 mesurez de terre.
fol. 125 r°	Mickiel le Nicker	1 manoir et 5 mesurez de terre et sa part à 1 molin. 25
	H. Soetaerd	part à 1 maison.
	H. Hatewate	1 maison, 1 mesure de terre.
	Michiel Matheus.	part à 1 manoir et 2 mesurez de terre.
	H. Stoop	2 maisonceaus, 1/2 mesure de 30 terre.
	H. f. Willem Spapen.	

a. Les premières lettres de ce nom sont surmontées d'un trait horizontal d'abréviation.

Diederic Gherkijn . . . . 1 manoir et 10 mesures de terre.
Winnoc le Quade-Doot . . 2 maisonz, 2 mesures de terre.
Pieter le Deckere . . . . 1 maisoncele.
Hannekijn Keivelijn.
H. Zeghemoud.
Willekijn le Berc . . . . le motiet d'une maison et 1 me- fol. 125 v°
sure de terre.

CHE SUNT CEAUS QUI MORURENT EN LE BATALLE DE CASSEL DE LE PROVOSTIÉ DE SAINT-THOMER EN TETINGHEEM QUI EST EN LE CASTELRIE DE BERGHEZ.

Moenijn de le Walle . . . part à 1 maison et 5 mesurez de terre.
Jehan Houdbaren . . . . 1 manoir et 10 mesures de terre.
Willem Bruneel . . . . . 1 maison et 4 mesures de terre.
Lauwer Colijn . . . . . 1 manoir et 10 mesures de terre.
Pieter le Conine . . . . part à 1 maison et 5 mesures de terre.
Hannijn de le Poele . . . 1 manoir et 4 mesures de terre. fol. 126 r°
Michiel le Pinkere . . . 1 manoir et 15 mesures de terre.

CHE SUNT CEAUS QUI MORURENT EN LE BATALLE DE CASSEL DE LE PAROTSE DE LEFFRINTHOUKE QUI EST EN LE CASTELRIE DE BERGHES. LE INVENTORE FAITE PAR WILLEM MARTELIEN ET BOUD. GHERKIJN [a].

Pieter Couke . . . . . 1 manoir et 25 mesures de terre.

a. Le inventore — — —Gherkijn, ajouté postérieurement.

	Symon Clai	2 maisonceaus et 1 ½ mesures de terre.
	Coppijn Leffertants. . . .	1 manoir et 4 mesurez de terre.
fol. 126 v°	H. Colijn	1 manoir et 12 mesures de terre.
	H. Blauvoet	1 maison.
	Willem Stier.	part à 1 manoir et 2 mesures de terre.
	H. Salemoen	½ mesure de terre.
	Stasijn Boytat	1 manoir et 6 mesures de terre.
	Meus Ondwarf	part à 1 manoir et ½ mesure de terre.
	Gherard de le Hille. . . .	1 manoir et 25 mesurez de terre.
	H. Hoed	2 maisons et 3 mesures de terre.
	Michiel le Maelre	1 maison et 1 ½ mesures de terre.
fol. 127 r°	Hannekijn Janet dit Grote	½ mesure de terre.
	Martijn Scoutete.	
	H. Lore.	
	Hannijn Hacke.	
	Hannijn le Vloghere.	
	Hughe le Vloghere.	
	Pauwels Spinioel.	
	Claikijn le Blare.	
	Hannekijn Brokaerd.	
fol. 127 v°	Jehan f. Martijn.	

CHE SUNT CEAUS QUI MORURENT EN LE BATALLE DE CASSEL DE LE PAROTSE DE PITGAM QUI EST EN LE CASTELRIE DE BERGHES. LE INVENTORE FAITE PAR WILLEM PANDER [a].

	Jehan Gout	1 maison, 2 grangez, 2 estaules, 1 porte et 2 1/2 mesures de terre.
	Jehan Scinkel	1 maison et 3 mesures de terre.
	Jehan Placier	1 maison, 1 estaule et 5 mesures de terre.
10	Wautiers Cauwe	1 maison et 4 mesures de terre.
	Jehan Cauwe	2 mesures de terre.
	Jehan Mollijn	1 maison, 1 grange, 1 estaule et 10 mesures de terre. fol. 128 r°
15	Willems Viscric	1 maison, 1 estaule et 2 mesures de terre.
	Pierres Foits	1 maison, 1 estaule et 5 mesures de terre.
	Pierres de le Weghescede . .	1 maison, 2 estaules, 1 grange et 8 mesures de terre.
20		
	Jehan Bicane	1 maison, 1 estaule.
	Willems Cuaats	
	Folke li Duys.	
	Willemet Maie.	
25	Hannekijn Parisijs.	
	Maisijns le Quastraec . . .	1 maison, 1 grange, 1 estaule et 4 mesures de terre.
	Willems Smekaerd . . .	1 maison, 1 grange, 1 maison, 3 mesures de terre.

a. Le inventore — — — Pander, *ajouté postérieurement*.

(124)

fol. 428 v°	Jakemijns uten Hocke . . .	1 maison, 1 estaule et 4 mesures de terre.
	Pierres Karsteloot	2 estaules, 2 mesures de terre.
	Winnoc de Quaestraet. . .	2 mesures de terre.
	Willems le Blicc.	1 mesure de terre. 5
	Masins Smekart	1 maison, 1 estaule et 2 mesures de terre.
	Moenin li Clerc	14 mesures de terre, 1 maison, 1 estaule.
	Wainekins li Cnaat.	10
	Willems de Bulscamp . . .	½ grange, 1 estaule et 5 mesures de terre.
	Boidins Fainiet	1 maison, 2 estaules, 7 mesures de terre.
fol. 429 r°	Willems li Langhe	1 maison, 2 estaules, 4 mesures de terre. 15
	Ghijs Stalbuuc.	
	Willems Stalbuuc	2 estaules, 4 mesures de terre.
	Waynekin Bone.	
	Jakemins Bone.	20
	Jakemins Zavel	½ maison, ½ grange et 9 mesures de terre.
	Jehans Houet	4 mesures de terre.
	Andrieu de Vaac	2 mesures de terre.
	Jaeesin Seer Arnouds de Weghescede	4 mesures de terre; item 5 quartiers de terre. 25
	Jehans de Brabant	1 manoir et 25 mesures de fief.
	Pierres li Vacc.	30
	Moenekins Soesseminne.	
	Pierres Scit-Tout.	
fol. 429 v°	Jehan van Berkijn	1 maison, 1 estal, 4 mesures de terre.

Che sont ceaus qui morurent en le batalle de Cassel de le fol. 130 r° parotse de Ledringhien qui est en le castelrie de Berghes. Le Inventore faite par Jehan le Jovene [a].

    Wautiers li Weert . . . . . 10 mesures de terre.
5 Jehan der Kindre . . . . 6 mesures de terre.
    Michieus der Kindre . . . 1 ½ mesures de terre.
    Wyt de Vernorsene . . . 16 mesures de terre.
    Michieus Rase . . . . . . 6 mesures de terre.

Che sunt ceaus qui morurent en le batalle de Cassel de le fol. 130 v°
10 parotse de le Sincinne-Capielle qui est en le castelrie de Berghes. Le Inventore faite par Heinri Leencnecht [b].

    Jehan Baudewijn . . . . . 1 manoir et 4 mesures de terre.
    Raes Troest . . . . 6 mesures de terre.
15 Martins Beyaert.
    Willems del Houke . . . . 1 manoir et 9 mesures de terre.
    Jehan Sculaert . . . . . . 6 mesures de terre.
    Willems f. Wautier . . . . 1 manoir et 2 ½ mesures de
20   terre.
    Pierres uten Houke . . . . 1 manoir et 3 ½ mesures de terre.
    Pierres li Ruddre . . . . . 1 manoir et 10 mesures de terre.
25 Lippijn Dries . . . . 2 mesures de terre.   fol. 131 r°
    Willems Moenijns . . . . ½ manoir, 2 mesures de terre.

---

  a. Le inventore — — — le Jovene, *ajouté postérieurement*.
  b. Le inventore — — — Leencnecht, *ajouté postérieurement*.

	Jehan Dieselinc	1 manoir et 20 mesures de terre.
	Willems li Ram	1 manoir et ½ mesure de terre.
	Coppijns li Grise.	1 manoir et 3 mesures de terre.
	Winnoc Coppijns	1 maison, 3 ½ mesures de terre.
	Willems Lueke^a	1 manoir et 10 mesures de terre.
	H. Vierlinc	1 manoir et 3 quartiers de terre.
	Jehan Kiel.	1 grange, 1 estaule et 18 mesures de terre.
fol. 131 v°	Coppijns Daraes.	1 manoir et 5 ½ mesures de terre.
	Willems Martins de la Waterganghe	2 estaules, une partie d'une grange et 6 mesures de terre.
	Jehan Stinte	1 manoir et 6 ½ mesures de terre.
	Hannekijns Gosijns.	le quart part d'une maison et 45 verges de terre.
	Hannekijns Heus	le tierch en 1 maison.
	Michiel Laweleet	3 quartrons de terre.
	Ghijs Barloet.	1 manoir et 10 mesures de terre.
	Bodijns de le Dyke.	1 manoir et 1 mesure de terre.
	H. Maes	1 manoir, 2 mesures de terre.
	Wait Sculart.	1 maison et 3 mesures de terre.
fol. 132 r°	Wautiers li Scottere . . .	2 maisonceles et 2 mesures de terre.

a. Ou peut être Kieke.

Ghiselijns li Scottere	2 maisonz, 1 mesure de terre.
Jehan li W[u]lf	1 manoir et 8 mesures de terre.
Clais Stacioet.	le tierch en 1 maison et en 1 grange et 2 ½ mesures de terre.
Jehan li Kiel f. Boidijn . .	1 estaule et 3 mesurez de terre.
Jehan Barloet	1 manoir et 10 mesures de terre.
Jehan Pauwel	1 maison et 10 mesures de terre.
Heine le Cusere	1 maison et 2 mesures de terre.
H. li Clerc.	1 maison et 2 mesures de terre.
Boidijn Galle.	
Lippijns Everdey	½ d'une maison et 2 mesures de terre.
H. Vlaminc.	
H. li Grise.	
Clais Puls.	
Michiel Gosijns.	
Mikieus li Barbiers	1 manoir et 3 mesures de terre.
Jehan de le Meer	1 maison et 5 mesures de terre.
H. Michelijn.	
Jehan Moenins.	
Ghijs li Clerc.	
Jehan Stacioet.	
Jehan Troest.	
Lippijns li Moluere.	
H. Storem.	
Clais li Scot.	

fol. 132 v°

fol. 133 r° CHE SUNT CEAUS QUI MORURENT EN LE BATALLE DE CASSEL DE LE PAROTSE DE BISSINZELES QUI EST EN LE CASTELRIE DE BERGHES. LE INVENTORE FAITE PAR MICHIEL CARSTEL.[a]

Jehan Reynier	1 manoir et 10 mesures de terre.
Clai li Amman	2 mesures de terre.
Michiel Haneboud.	
H. Colve.	
Jehan Leman.	1 manoir.
H. le Koc.	1 maison et 2 mesures de terre.
fol. 133 v° Willems le Koc	1 maison et 3 mesures de terre.
Michiel Blankard	2 mesures de terre.
H. de le Beyke	1 maison, 1 grange et 5 mesures de terre.

CHE SUNT CEAUS QUI MORURENT EN LE BATALLE DE CASSEL DE LE PAROTSE DE ZENTERGRANT-MONSTIER, QUI EST EN LE CASTELRIE DE BERGHES. LE INVENTORE FAITE PAR HEINRI LEENCNEECHT.[b]

Jehan Brixis	1 manage et 16 mesures de terre.
Coppijn f. Hughes	1 manage et 3 ½ mesures de terre.
fol. 134 r° Jehan uten Hocke	1 maison et 5 mesures de terre.

a. Le inventore — — — Carstel, *ajouté postérieurement.*
b. Le inventore — — — Leencnecht, *ajouté postérieurement.*

	Coppijn f. Wouters	1 manage et 4 mesures de terre.
	Pieter Cat	1 manage, ½ mesure de terre.
	Lauwer Lam	5 quartiers de terre.
5	Jehan Cousijn	5 ½ mesures de terre.
	Willems le Man	les 5 witisme part d'un molin, 1 manage et 11 mesures de terre.
	Lammijn le Man	1 manage et 12 mesures de terre.
10	Hannekijn de le Hocke . .	6 mesures de terre.
	Clay Bele	1 manage et 2 ½ mesures de terre.
	Baudewijn Scurkijn . . .	1 manage, 1 ½ mesures de terre.
15		
	Pierres le Fraye	1 manage et 4 mesures de terre. fol. 134 v°
	Lippijn Karstien	1 maison et 1 ½ mesures de terre.
20	Jehan le Lul	1 manoir, 7 mesures de terre.
	Baud. Mitterglavie	3 ½ mesures de terre.
	Jehan Lestille	1 manoir et 14 mesures de terre.
	Jehan Mollin	1 manoir et 3 mesures de terre.
25	Jehan Arkenboud	1 quartier d'un molin et 15 mesures de terre.
	Moenijn Heutijn	1 manoir, 6 mesures de terre.
	Jehan Wilszoene	1 manoir et 6 mesures de terre.
	Michiel Plante	2 mesures de terre. fol. 135 r°
30	Coppijn Memarc	1 manoir et 4 mesures de terre.
	Meus Obrecht	1 manoir, 6 mesures de terre.
	Jehan le Bulre	1 manoir et 30 mesures de terre.

9

	Jak. Willard	10 mesures de terre gisant à Rexponde et 2 ½ mesures de terre gisant à Preidenburch et 1 manoir.
	Jehan le Killeemmere . . .	1 manoir et 5 ½ mesures de terre.
	Willems Meinard	le tierche part d'un manoir et 6 mesures de terre.
	Willems Appelman.	
	Lammin Vrouwin	3 quartiers de terre.
fol. 135 v°	Lipp. Hentin	1 manoir et 7 mesures de terre.
	Willems Ghiselijn	1 ½ mesures de terre.
	Jehan Carlin	1 manoir et 13 mesures de terre.
	Henri f. Wils	7 mesures de terre.
	Martiin Lievekint	1 grange et 4 mesures de terre.
	Huwe de le Lene.	
	Willem David.	
	Stasijn le-Lul	1 maison, 4 mesures de terre.
	Stasijn Martijn	1 manoir, 4 mesures de terre.
	Willems li Sages	1 manoir et 4 mesures de terre.
	Michiel Stael	1 maison, 4 ½ mesures de terre.
fol. 136 r°	Jehan Reyloef	1 maison, 3 mesures de terre.
	Coppijn Wascoe	1 maison, 12 mesures de terre.
	Jehan Goet	1 manoir, 13 mesures de terre.
	Michiel li Man	1 manage, le wijtisme part d'un molin, 28 mesures de terre.
	Masijn Lancvoet	10 mesurez de fiex.
	Coppijn Joris	1 maison, 3 mesures de terre et 100 verges de terre.
	Hannekijn le Koc	1 manoir et 6 mesures de terre.
	Stasijn Plante	8 mesures de terre.

	Willem Wijstard	1 manoir et 3 quartiers de terre.
	Wauter le Scarpe	1 maison et le sijsisme part d'une molin et 3 mesures de terre. fol. 136 v°
5	Willems le Scarpe	1 manoir, 4 1/2 mesures de terre.
	Lotin le Loze.	
	Louwer f. Wouters	1 manoir, 3 mesures de terre.
10	Jehan Bove.	
	Jakemijn Scurkijn.	
	Stassijn Commer	1 manoir et 4 1/2 mesures de terre.
	Bauduin de Salcoen	le quarte part d'une maison et 1 mesure de terre.
15		
	Hannekijn Gosijn.	
	Louwer de Hes.	
	Willem de Loen	1 1/2 mesures de terre.
	Lammijn Leman le viez.	
20	H. f. Jehan Bele.	
	Laurcins Doye.	fol. 137 r°

Che sunt cil qui morurent en la bataille de Cassel de le parotse de Erenboutscapple et Le Capele qui est en le castelrie de Berghes. Le inventore faite par Jehan Armijs [a].

25	Willems Damman	1 maison, 1 estal, 10 mesures de terre.
	Michiel f. Mersen	5 maisons, 2 mesures de terre.
	Clais Coesteert	2 maisons, 8 mesures de terre.
	Louwer Tristraen	3 maisons.

a. Le inventore = = = Armijs, *ajouté postérieurement*.

	Wybert Hovesscaerd . . .	5 maisons, 1 grange et 25 mesures de terre.	
	Jehan le Hont f. Thom. Honts	1 grange, 3 mesures de terre.	
fol. 137 v°	Lippijn de Loyuine. .; . .	2 maisons, 5 mesures de terre.	
	Michiel le Portere	2 maisons, 5 mesures de terre.	5
	Stasijn Tristraen.	2 maisons, 5 mesures de terre.	
	Willem f. Paulin	1 maison, 4 mesures de terre.	
	Jehan f. Nich. Honts . . .	2 maisons, 5 mesures de terre.	
	Il Daen	2 maisoncelez, 1 1/2 mesures de terre.	10
	Stasijn Tristraen	5 maisons, 6 mesures de terre.	
	Michiel Winnegoet	2 maisons, 5 mesures de terre.	
	Michiel Pierin	5 maisons, 11 mesures de terre.	
	Roelant Ancraen.	2 maisonz, 20 mesures de terre.	
fol. 138 r°	Winnoc de le Meet	2 maisons et 12 mesures de terre.	15
	Clai de le Houke.	5 mesures de terre.	
	Louwer de Loberghe . . .	3 maisons et 18 mesures de terre.	
	Meus Pard.	1/2 mesure de terre.	20
	Jehan Pard ch[evalier]. . .	2 maisons, 2 1/2 mesures de terre.	
	Pierres de le Meet	2 maisons, 12 mesures de terre.	
	Diederic et Gher. f. Johannis.	1 mesure de terre.	
	Willem Zoerhoy.	5 mesures de terre.	25
	Wautier le Vos	3 maisons et 11 mesures de terre.	
fol. 138 v°	Clais Oudekijn	3 maisons et 10 mesures de terre.	
	Jehan Oudekijn	3 maisonceles, 6 mesures de terre.	30
	Moenin Lam	3 maisonceles, 1 1/2 mesures de terre.	

	Willem le Hovessce	2 maisons, 2 ½ mesures de terre.
	Wijd lé Vos	3 maisons, 23 mesures de terre.
	Jehan Damelin	5 maisons, 4 mesures de terre et 9 mesures de fief.
5		
	Clai Blankaerd	2 maisonceles, 1 ½ mesures de terre.
	Willem Wormoutere . . .	2 maisonceles, ½ mesure de terre.
10	Gilles Hughelijn	1 maison et 8 mesures de terre.
	Willem Willard ch[evalier] .	2 mesures de terre. fol. 139 r°
	Lippijn le Vos	3 ½ mesures de terre.
	Winnoc Karlin	1 mesure de terre.
15	Gilles le Hellebotere.	
	Jehan Blaffard	3 maisons, 15 mesures de terre.
	Boidijn Ermijs	2 maisonceles, 4 mesures de terre.
	Jehan Tasijn	1 maison, 3 mesures de terre.
20	Michiel le Focl	3 mesures de terre 1 quartier mains.
	H. le Scarpe	1 vier. m[esure] de terre [a].
	Michiel Utermeet	4 maisons, 14 mesures de terre.
	Symon Utermeet	24 mesures de terre. fol. 139 v°
25	Jehan Stlacal [b]	1 maison, 3 quartiers de terre.

a. Il faut probablement comprendre : ¼ (1 vierendeel) mesure de terre.

b. Ou Sclacal.

CHE SUNT CEAUS QUI MORURENT EN LE BATALLE DE CASSEL DE LE PAROTSE DE STENES QUI EST EN LE CASTELRIE DE BERGHES. LE INVENTORE FAITE PAR CLAY LE ROUCH [a].

	Masijn li Long.	
	Jehan Danins f. Mabe Danins.	5
	Michiel li Grave.	
	Michiel Courdijn.	1 maison, 1 grange, 10 mesures de terre.
fol. 140 r°	Willem Jehans	1 maison, 1 grange, 1 estaule et 2 1/2 mesures de terre. 10
	Vincent Daens	1 maison, 1 estaule, 1/2 mesure de terre.
	Lauwer de Hoeke	1 maison, 1 estal, 8 mesures de terre.
	Jehan Kerstel	1 estaule et 6 mesures de terre. 15
	Jak. Zidboud.	
	Ghiselijn de Berghes	1 maison, 1 grange, 1 estaule, 10 mesures de terre.
	Jehan de Berghes	10 mesures de terre.
	Winnoc le Vaat	1 maison, 1 grange et 4 mesures de terre. 20
	Jehan le Smit	1 maison, 1 grange, 2 estaules et 4 mesures de terre.
	Renaut Hugheloots	1 maison, 1 grange, 1 estaule et 20 mesures de terre. 25
fol. 140 v°	Willems Martelie	1 maison, 1 grange, 10 mesures de terre.
	Sanders Wipereel	1 maison, 2 mesures de terre.

a. Le inventore — — — le Rouch, *ajouté postérieurement*.

Jehan Bulcane . . . . . . 1 maison, 1 grange, 2 estaules,
                          10 mesures de terre.
Jehan de Stenes. . . . . . 1 1/2 mesures de terre.
Boidijn Lamman. . . . . . 1 maison, 1 estaule, 10 me-
5   sures de terre.
Jehan Courdijn . . . . . . 1 maison, 1 grange, 2 mesures
                          de terre.
Jehan f. Jehan de Dyke . . 1 maison, 1 grange, 5 mesures   fol. 144 r°
                          de terre.
10 Willem Oestin . . . . . . 1 maison, 1 mesure de terre.
Gilles Lancbeen . . . . . . 1 maison, 2 estaules, 1 1/2 me-
                          sures de terre.
Jehan de Long . . . . . . 1 maison, 1 estaule, 1 1/2 me-
                          sures de terre.
15 Jehan f. Michiel de Dyke.
Jehan de Brem.
Jehan le Drivere. . . . . . 1 estaule, 1/2 mesure de terre.
Michiel Damelin. . . . . . 1 maison, 1 grange, 1 estaule
                          et 1 collumbier et 20 mesures
20   de terre.
Jehan Karstiaen . . . . . . 1 maison, 1 grange, 1 estaule
                          et 7 mesures de terre.
Jakem. Robart . . . . . . 1 mesure de terre.
Jak. Saueret . . . . 1 maison, 1 grange, 5 mesures
25   de terre.
Willem de Lene. . . . . . 3 estaules, 1 1/2 mesures de terre.
Willem Mont. . . . . . . 1 maison, 1 grange, 1 estaule,
                          14 mesures de terre.
Willem f. Willem Mont.
30 Jehan de Helle . . . . . . 1 maison, 1 estaule, 8 mesures
                          de terre.
Jehan Robaert . . . . . . 1 maison, 1 grange, 1 estaule,   fol. 144 v°
                          1 1/2 mesures de terre.
Boidijn van der Beyke . . 1 maison, 1 estaule, 4 mesures
                          de terre.

Michiel Martel	1 maison, 1 porte, 1 estal.
Jehan Obrecht	1 maison, 2 mesures de terre.
Jehan Scadart	1 maison, 2 mesures de terre.

fol. 142 r° CHE SUNT CEAUS QUI MORURENT EN LE BATALLE DE CASSEL DE LE PAROTSE DE HERSELE QUI EST EN LE CASTELRIE DE BERGHES. LÉ INVENTORE FAITE PAR SYMON LE KEYSER ET CLAIS LE DOYERRE [a].

H. Noyds	1 maison, 1 grange, 1 estaule, 1 grange, 10 mesures de terre.
Jakemijn le Vos	1 grange.
Gilles Roebe	1 manage, 1 grange, 1 estal, 1 porte, 50 mesures de terre.
Jehan Roel	2 1/2 mesures de terre.
Boidijn Stappijn	1 maison, 1 grange, 4 mesures de terre et 20 mesures de fief.
H. le Couster	1 mesure de terre.
Gilles Weynard	1 grange, 5 mesures de terre.
Pieter Willin	1 maison, 1 grange, 1 estaule, 10 mesures de terre.
fol. 142 v° Jehan le Vos f. Wouters Vos.	2 maisons en Hersele, 1 grange, 2 estaules, 15 mesures de terre et 3 mesures bijscols terre.
Jakemijn Marien	16 mesures de terre
Pierres Samel	1 maison, 1 grange, 8 mesures de terre.
Gilkijn Stalijn.	

a. Le inventore — — — le Doyerre, *ajouté postérieurement.*

Willem Amis.	1 maison, 1 grange, 3 mesures de terre.
Wouter Tackelijn	le chincisme part d'une grange, 1 ½ mesures de terre.
5 Li enfant Jehan le Vos . .	7 mesures de terre chou que on tient de l'evesque de Terewane, 12 mesures de terre.
Willem de Lampernesse . .	le motiet d'une grange.
Honnekijn Ghibbijn f. Jehan Ghibbins	1 maison, 2 mesures de terre.
Willem de Lampernesse . .	1 maison.
Boidijn Baraet	1 maison, 1 grange, 1 estaule. fol. 143 r°

CHE SUNT CEAUS QUI MORURENT EN LE BATALLE DE CASSEL DE LE PAROTSE DE CHOEX QUI EST EN LE CASTELRIE DE BERGHES. LE INVENTORE FAITE PAR GHIJS OSSINE [a].

Jehan Climent ?	1 manoir, 1 gardijn et 13 mesures de terre.
Willem de le Beyke . . .	1 manoir, 2 maisons, 1 estaule, 1 gardijn, 9 mesures de terre.
20 Michiel Mond.	1 manoir, 1 gardijn, 8 mesures de terre.
Hug. le Rode.	1 manoir, 2 maisons, 2 estaules, 4 mesures de terre.
Boid. Langhore	1 maison, 2 ½ mesures de terre.
25 Clay Crawcel.	1 grange, 1 estal, 7 mesures fol. 143 v° de terre.
Masijn le Walsche	1 maison, 1 grange, 2 mesures de terre.

a. Le inventore —— —— Ossine, *ajouté postérieurement.*

	Wijd le Hase.	2 maisons, 1 estaule, 1 gardijn, 5 mesures de terre.
	H. Stoop	2 maisons, 1 gardijn, 4 mesures de terre.
	H. Wijds	1 manoir, 1 maison, 2 estaules, 1 gardijn, 10 mesures de terre.
	H. Boudens	9 mesures de terre.
	Jehan le Langhe.	2 mesures de terre.
	H. Bouds	1 manoir, 1 grange, 2 maisonceles, 2 1/2 mesures de terre.
	Gilles le Coninc	5 mesures de terre.
	Colin Cram	le motiet d'un manoir, 1 grange, 4 mesures de terre.
fol. 144 r°	Willem le Rat	1 maison, 1/2 mesure de terre.
	H. Bec	1 maison, 1 gardijn, 2 mesures de terre.
	Jehan Ferroen.	
	Hug. Thox f. Canen.	
	Pierkijn le Muelnare.	
	Clement le Langhe.	
	H. le Coning.	
	Wauter de Saltoen.	

CHE SUNT CEAUS QUI MORURENT EN LE BATAILLE DE CASSEL DE LE PAROTSE DE CROCHTEN QUI EST EN LE CASTELRIE DE BERGHES. LE INVENTORE FAITE PAR GHIJS OSSINE[a].

	Michiel le Meister	1 maison, 1 grange, 1 estaule et 18 mesures de terre.
fol. 144 v°	Pierres Houet.	6 mesures de terre.

a. Le inventore — — Ossine, *ajouté postérieurement.*

Michiel Sperlijn . . . . . 2 mesures de terre.
Willem le Langhe . . . . 5 mesures de terre.
Michiel de le Herzele . . . 1 manoir, 2 maisons, 1 estal, 8 mesures de terre.
5 Lotijn Point.
Michiel Crauwel . . . . . 1 manoir, 4 1/2 mesurez de terre.
Boid. Harinc.
Jehan Haringhe. fol. 145 r°

10 Che sunt ceaus qui morurent en le bataille de Cassel de le parotse de Rexponde qui est en le chastelrie de Berghes. Le inventore faite par Anceel Loir [a].

Claikijn Sneper . . . . . 3 maisons et 12 mesures de terre.
15 Jehan de le Poele . . . . 9 mesures de terre; item 3 mesures scoudlands.
Claikijn Rike . . . . . . 2 maisons, 6 mesures de terre; item 1 1/2 mesures scoudlands.
20 Clay Bouse . . . . . . 3 maisons, 4 mesures de terre.
Jehan le Duver . . . . . 2 maisons, 2 mesures de terre; item 2 mesures scoutlands.
Jehan Bestijn . . . . . . 2 maisons, 4 1/2 mesures de terre; item 4 mesures scoutlands.
25
Lippijn de Haringhe . . . 2 maisons et 3 mesures de terre.
Christiaen Wittop . . . . 1 maison et 1 1/2 mesures de terre.

a. Le inventore — — Loir, *ajouté postérieurement.*

fol. 145 v° Wouter le Donre . . . . . 2 maisons, 1 porte, 8 mesu-
　　　　　　　　　　　　　　　　　res de terre.
　　　　　Clai le Bloc . . . . 3 maisons, 8 mesures de terre.
　　　　　H. de Busscore . . . . . 3 maisons, 4 mesures de terre;
　　　　　　　　　　　　　　　　　item 2 mesures scoudlands. 5
　　　　　Wijt H. f. Wijts. . . . . 5 maisons et le motiet de le
　　　　　　　　　　　　　　　　　porte là li Ludere demorra
　　　　　　　　　　　　　　　　　et d'un molin et grant plenté
　　　　　　　　　　　　　　　　　de terre.
　　　　　H. le Coc . . . . 6 maisons, 14 mesures de 10
　　　　　　　　　　　　　　　　　terre.
　　　　　H. Karstiaen . . . . . . 2 maisons, 2 ½ mesures de
　　　　　　　　　　　　　　　　　terre.
　　　　　Pierres le Smit . . . . . 3 ½ mesures de terre; item
　　　　　　　　　　　　　　　　　1 mesure de terre. 15
　　　　　Michiel Wiel . . . . . . 3 maisons, 4 mesures de terre
　　　　　　　　　　　　　　　　　scoudland.
　　　　　H. Wiel . . . . 3 maisons, 5 mesures de terre
　　　　　　　　　　　　　　　　　scoudland.
fol. 146 r° Pierres Ardume . . . . . 2 maisons, 3 mesures de terre; 20
　　　　　　　　　　　　　　　　　item 1 mesure scoudland.
　　　　　Gilles de le Straet . . . . 1 maison, 1 mesure de terre;
　　　　　　　　　　　　　　　　　item 3 mesures scoudland.
　　　　　H. Pollighere. . . . . . 3 maisons, 1 ½ mesures de
　　　　　　　　　　　　　　　　　terre scoudland. 25
　　　　　H. Durpijn . . . . . . 3 maisonz, 5 mesures de terre;
　　　　　　　　　　　　　　　　　item 2 mesures scoudland.
　　　　　Michiel le Koc . . . . . 2 maisonz, 2 mesures de terre;
　　　　　　　　　　　　　　　　　item 1 mesure scoudland.
　　　　　Willekijn de Wllin. . . . 2 mesures de terre. 30
　　　　　Jehan Lamzoene. . . . . 4 maisonz, 15 mesures de terre.
　　　　　Willem Alegoet in den West-
　　　　　　Houc. . . . . 1 ½ mesures de terre; item
　　　　　　　　　　　　　　　　　3 mesures scoudland.

	Boud. Loel.	2 maisons, 7 mesures de terre.
	Willem Alegoet in den Oest-	
	Houc	5 maisons, 7 mesures de terre; item 4 mesures de scoudland.
5		
	H. le Nobbel	5 maisons, 6 mesures de terre, fol. 146 v° item 3 mesures scoudland.
	H. Boudijn	4 maisonz, 8 mesures de hirritage; item, 4 mesures de terre scoudland.
10		
	Hannekin le Houwere.	
	Hannin le Cantere	4 maisonz, 6 mesures de terre; item 8 mesures scoudland.
	Pierres Heinric	5 mesurez de terre scoudland.
15	H. Durpijn	3 maisonz, 4 mesures de terre.
	Gher. Harinc	5 maisons, 7 mesures de terre.
	H. Durpijn	5 maisonz, 5 mesures de terre; item 2 mesures scoudland.
	Clai le Ram	3 maisonz, 10 mesures de terre.
20	H. Langhetee.	2 maisons, 5 mesures de terre.
	Michiel Arkenboud. . . .	1 maison, 3 mesures de terre; fol. 147 r° item 1 mesure scoudland.
	Willem le Valewe	2 maisons, 4 mesures de terre.
	Michiel de Houdere . . .	1 maison, 2 lines de terre.
25	H. Pit	2 maisons, 5 mesures de terre; item 7 mesures scoudland.
	Willem Pit	3 maisons, 15 mesures de terre.
	Coppijn le Soutere. . . .	1 maison, 5 ½ mesures de terre.
	Karstiaen Willard.	
30	Moenijn de le Straet . . .	3 maisons, 6 mesures de hirritage; item 1 mesure scoudland.
	Michiel Lippin	1 maison.
	Winnoc Harinc	3 maisons, 4 mesures de terre; item 2 mesures scoudland.

fol. 147 v°	Pierres Sone	2 maisons, 4 mesures de terre; item ½ mesure scoudland.
	Pierres Alegoet	3 maisons, 2 mesures de terre; item 1 mesure 3 quartiers scoudland. 5
	Willem le Fiere	4 maisonz, 10 mesures de terre.
	Wouter Husman	3 maisons et 14 mesures de terre; item 5 mesures scoudland.
	Boudijn Oulof	3 maisons, 4 mesures de terre; 10 item 1 mesure scoudland.
	Wouter Pristeen	4 mesures de terre.
	Pierres Deus	1 maison, 2 ½ mesures de terre scoudland.
	Michiel le Pou	5 mesures de terre scoudland. 15
	Pierres Willaert	3 maisons, 10 mesures de terre.

fol. 148 r° CHE SUNT CIL QUI MORURENT EN LE BATALLE DE CASSEL DE LE PAROTSE DE SAINT-NICLAIS-CAPPLE QUI EST EN LE CASTELRIE DE BERGHES, LE INVENTORE FAITE PAR ANCEEL LOIR [a].

	H. de le Dale	3 maisons et 2 ½ mesures de 20 terre; item ½ mesure scoudland.
	Gillekijn Langhete	2 maisons, 2 ½ mesures de terre.
	Martijn de le Haghe . . .	4 maisons, 4 mesures de terre; 25 item 4 mesures scoudland.
	H. Lardeloos	2 maisons, ½ mesure de terre.
	Pierres Misdach	4 maisons, 2 ½ mesures de terre.
fol. 148 v°	H. le Nayere	1 maison, 1 mesure de terre. 30

a, Le inventore — — Loir, *ajouté postérieurement.*

H. Hughelijn	2 maisons, 7 mesures de hir-ritage; item 2 mesures de scoudland.
Michiel Noydijn	3 maisons, 3 ½ mesures de terre; item 3 quartiers de scoudlant.
Lasijn Herlasijns.	2 maisons, 2 ½ mesures de terre; item 3 lines scoudlands.
Clais le Pipere	5 maisons, 7 ½ mesures de terre; item 3 mesures scoudland.
Willem le Pipere	4 maisons, 9 mesures de terre; item 4 mesures scoudland.
Pierres f. H. Pierres . . .	2 maisons, 6 mesures de terre; item 2 mesures scoudland.
Amant Galle	5 maisons, 25 mesures de terre.
Amant Caas	2 maisons, 1 line de terre.
Clay Lardeloos	5 maisons, 2 ½ mesures de terre; item 1 mesure scoudlands.
Lippijn de Clai	4 maisons, 12 mesures de terre; item 3 mesures scoudland.

CHE SUNT CEAUS QUI MORURENT EN LE BATALLE DE CASSEL DE fol. 149 r°
LE PAROTSE DE ARNOUDS-CAPPLE QUI EST EN LE CASTELRIE DE
BERGHES. LE INVENTORE FAITE PAR ANCEEL LOIR [a].

Michiel Donker	3 maisons, 2 mesures de terre; item 6 mesures scoudland.
Masijn Coesijn	3 maisonz, 2 mesures scoudland.

[a]. Le inventore — — — Loir, *ajouté postérieurement*.

Boidijn Briseboud	4 1/2 mesures de terre; item 5 1/2 mesures scoudland.
H. Vansteen	1 maison, 2 mesures de terre.
Anceel van Capple	17 mesures de terre; item 1 mesure scoudlands.
Michiel le Rijm	3 maisonz.
Michiel le Tots	2 maisonz, 9 mesures de terre.
Wouter Ghizebrecht . . .	4 maisonz, 12 mesures de terre; item 16 mesures scoudland.
Willemme Britsebout . . .	2 maisonz, 2 1/2 mesures scoudland.
Matty le Bere.	1/2 maison, 1 quartier de terre.
H. le Lere.	1/2 maison, 1/2 mesure de terre.
H. Sneper	3 maisonz, 9 mesures de terre; item 1 quartir 1 line scoudlands.
H. Harinc	1 maison et 3 mesures de terre.
H. Hebbijn.	1 mesure de hirritage; item 3 mesures scoudland.
Willem le Bere	3 maisons, 5 1/2 mesures de terre.
Wautier Tanevel.	9 maisons, 25 mesures de hirritage; item 9 mesures scoudlands.
H. Bruninc	1 maison, 2 mesures de terre.
Willem Robbijn	3 maisons, 1 mesure de terre.
H. Doem	1 maison, 3 mesures de terre.
Michiel le Muelnare. . . .	4 maisonz.
Clay le Smit	10 1/2 mesures de terre.

fol. 149 v°

Che sont cheaus qui morurent en la bataille de Cassel de le fol. 150 r°
ville le Roy à Zoutcote qui est à la castelrie de Berghes.

	Jehan Ballinc.	1 manoir, 24 mesures de terre.	
	Boidin Thomas	1 manoir, 3 mesures de terre.	
5	Pieter Tiewe.	6 mesures de fief.	
	Bighe.	13 mesures de terre.	
	Jehan le Coustre.	1 manoir, 1/2 d'un molin.	
	Jehan Corlois.		
	Jehan Carlin.	1 manoir, 2 1/2 mesures de terre.	
10			
	Jehanet le Cordier.	1 maison.	fol. 150 v°
	Boidijn le Brune.	1 manoir.	
	Weitekin Willesin.	1 manoir, 1 1/2 mesures de terre.	
15	Thomas le Lonc.	1 manoir.	
	Le mère Ghis le Grise.	1 estre.	

Che sont cheaus qui morurent en la bataille de Cassel en le paroche de Watewe, demorant desous mesire de Rely, qui est en le castelrie de Furnes.

20	Pouwelin le Camerlinc.	1 manoir, 7 mesures de terre.
fol. 151 r°	Lammin Dierman.	Jehan Riestoire.
	Wauterkin Perboom.	Jehan de Steenbeke.
	Boidin Perebom.	Hannin Capeel.
	Andrieu Dierman.	Boidin van Oye.
25	Hannin Dordin.	Hannin de Vulre.
	Clais Rosen.	Jehan de Conine.
	Jehan Bille.	Hannin de Witte.
	Hannin Waelse.	Hannin de Wide.

10

Hannin de le Stene.
Hannin de Glese.
Hannin Mahieu f. Jehan.
Hannin van der Helle.
Colin de Grave.
Lammin Drie-Been.

fol. 151 v° Coppin Helen-Sone.
Jehan Morissis.
Jehan Pouwelin.
Clais de Pacu.
Pierin f. Clais.
Willem Scelewaerd.
Clais Blondel.
Clais Maisin.
Lammin Roelf.
Coppin Scelewaerd.
Mahieu Diederic.
Willem Scelewaerd.
Colin de Grave.
Hannin Masin Eremboud.
Hannin Denijs.
Jehan Penning.
Clai Pellin.
Pouwelin Arnoud.
Jehan Diederic.
Jehan Meeus.
Clais Volprecht.
Clais Stalin doude.
Boidin f. Clais.
Jehan Linaerd.
Hannin Timmerman.
Jehan Eremboud.
Jehan le Pacu.
Clais van den Brouke.
Jehan Hoghe perdeman.
Michiel Bodekin.
Pouwelin Stalin.
Coppin Piroit.
Hannekin van der Brueghe.
Hannin Piroit.
Andrieu Rijn.
Hannin Dume.
Willem Wiltey.
Claikin Stalin.

fol. 152 r° Hannin van den Watre.
Clai Eremboud.
Clais van den Watre.
Hannin de Puud.
Clais de Scietere.
Hannin Scelewaerd.
Hannin de Scietere.
Lannin Scelewaerd.
Michiel de Backere.
Hannin Driebeen.

Che sont cil qui moururent en la bataille de Cassel desous le provosté de Waterne en la castelrie de Berghes.

Jehan Arnoud.
Jehan f. Baden.
Jehan Fitchau.

Che sont cil qui moururent en la bataille de Cassel desous fol. 153 r°
l'abesse de Merckeem en le castelrie de Berghes.

    Hannin Thomas.   Pieter Wije.
    Clais de Corte.   Willem Struvin.
5 Hannin de Clerc.   Willem de Pape.
    Christiaen Louwer.   Jehan Bousc.

Che sont cil qui moururent en la bataille de Cassel desous
madame de Roeds-Brucghe en la castelrie de Berghes.

    Pieter Bil.   Wouter Stasin.
10 Hannin Brand.   Hannin Crocke.
fol. 153 v° Mahieu de Raet.   Hannin f. Mahieu Raets.
    Pieter Herkongher.   Hannin f. Varsen.
    Lammin f. Clemmen.   Wijd Blidecop.
    Hannin van der Molen.   Lammin Brie.
15 Hannin de Wilde.   Willem van den Hove.
    Hannin Herkengher.   Clais f. Karsten doude.
    Wouter Maes.   Pieter Olivier.

Desous l'abbé de Hamen.

fol. 154 r° Hannin Catijn.   Mahieu f. Clemmen.
20 Pieres Fijn.   Lammin Doedin.
    Rogier Eremboud.   Pieter Carstiaen.
    Lippin Joris.

Che sont cil qui moururent en la bataille de Cassel en paroche de Watewe desous le chastelain de Dikemue.

Lippin Stier.   Jehan de Vos.

Che sont cil qui moururent en la bataille de Cassel desous mesire Phel. de le Douve.

Jehan Prouvendier.

fol. 154 v°   Desous mons. de Rely.

Paulijn Camerline.

Chi après seront escript les nons et les seurnons [fol. 155 r°]
de cheus qui eschapérent de la bataelle de Casseel l'an MCCCXXVIII ou moys d'auost, si avant que Vaneguy les a puet savoir encores.

———

5   Che sont cil qui escapérent de la bataille de Cassel
      de la ville de Nueffort.

Gilles le Mien.
Pierres Priem.
Hannin de le Court.
10 Clais Corbeel.
Clais de Hasebrouc.
Hannin Stertman.
Michiel Rike.
Hannin le Vinc.
15 Ghis. Doom ala dusques à Steenfort.
Loy Coelkin.
Hannin Loys.
[fol. 155 v°] Christiaen le Gartere.
20 Coppin Colin.
Il. Cant fu venus pour pourvanche.
Martin Stalin.
Clais de Lisseweghe, un varlet pour lui.
Jehan Cokelin.
Brixis Doom.
Hannin Vocke tondeur.
Jaquemes de le Wiele.
Martin le Dief.
Jehan Aes corembiter.
Riquard Naes.
Michiel Sierinc.
Hannekin Scierin, son fil.
Hannin Hughe fevre.
Clai le Copere et Claikin son fil.
Hannin Bard.
Hannekin Smeid.
Hannin Lotin, son fil pour lui.

(150)

fol. 156 r° Hannin Spademakere.
Pieter Colin Provoost.
Henri Boudeloot.
Jehan Aloud.
Walckin.
Lammin Moersepain, pour son père.
Claikin Moenin.
Martin Steenkin.
Louwer Castelre.
Clais Winnoc.
Clais Hugh, son fil morut pour lui.
Gillis Steghereep, pour lui H. Eye.
Jehan Quintin.
Michiel Vardeboud.
Robert Vardeboud.
Clai le Fauconnier.
Gillis Rootroc.
Jehan de Mersch.
Clay de Tielt.
Hannin de Hulst.
fol. 156 v° Hannin Tienbrood.
Jehan Boud.
Clais Lay.
Baud. le Roemakere.
Colin Copman.
Gillis le Forbiseur.
H. le Forbiseur.
Pieres Raepetere.

Le fil Jurdaens de le Mer.
Rike Bone.
Jehan le Cammere le jovene.
Goeskin le Mesmakere.
Mathi f. Maten. 5
Hemekin Buersemakere.
Christien Coepman.
Thumaes du Moer.
H. Scrivein.
Gillis Clement. 10
Dierkin Clupere *a*.
Jehan de le Mer.
Mathi Moersepain.
Jehan de Parijs. fol. 157 r
H. Perocke. 15
Willekin Colpert f. Mathi.
Clais Dulmay.
Jehan le Coepman.
Baud Doem.
Hannin Danel. 20
Claikin le Vos.
Christiaen du Wiel
Jehan Danecl taneur.
Jehan Daneel sen fil.
Hannekin Inghelrauer. 25
Coppin Inghelrauer.
Willekin le Barbier.
Jehan le Doyere.
Hannin le Coker.
Hannin le Repere. 30
Willard Heinrije.

a. Ou Slupere.

Willem Danel le viel, parmentier,
fol. 157 v° Pierres f. Clais dit Prentenare.
Wil. Roene.
5 Olivier Stierkin.
Hannin Zadelare.
Christiaen Doom.
Juquemes Colin.
Jehan Vocke fevre, le jovene.
10 Frans le Coc, son fil mort pour lui.
Pierres Scelewaerd.
Jehan le Coc barbier.
Hannin de Furnes.
15 Gillis de le Berst, son fil mort pour lui.
Jehan del Esprict.
Henri Nederlant, son fil mort pour lui.
20 Hannin Nederland.
Hannin de le March.
Paules du Wiel.
Coppin de Wulpes.
Ghiselin Flore.
25 Pieter Flore.
fol. 158 r° Clais Flore.
Hannin Zuerinc le viel.
Clais Soede.
Jehan Seidebare.
30 Hannin Lotin.
Juquemes Fatemy.
Hannin Rosin.
Hannin Bever.

Ernoul Purquaet, sen fil pour lui.
Gillis de Ficules.
Hein Stasin.
Claikin le Vroede.
Pierres le Veis, sen fil pour lui.
Jehan le Cammere.
Hemekin f. Gillis.
Jehan Soede.
Clais de le Mer.
Andrieu Bataille.
Hannin le Valkenare.
Coppin Hughe. fol. 158 v°
Jehan de Ansame, un varlet pour lui.
Pierres Scoemakere.
Wouterkin Boidin.
Wauter de le Ouvre.
Pierres de le Ouvre.
Michiel Brunine.
Christiaen Darvere, son fil pour lui.
Daniel Colin
Hannekin Hasard.
Jehan Steven, son fil pour lui.
Christiaen Brunine cuper.
Jehan Folkier.
Jehan Hannine.
Lievin le Cupemakere.
Jehan Maes fevre.
Michiel Stoppeconte.
Jehan le Crichoudre.
Pierre Cot.

fol. 159 r°	Hannin Lennin fu venus pour porvanche.	Clays de Arras.
		Hannin de Arras.
	Christiaen le Denghet.	Lammin Sconebard.
	Pouwels Perboom.	Le fil Jehan le Visch.
	Wouter Vartegans.	Clais Gronel. 5
	Jehan Scankard.	Willekin Zegheman.
	Wauter del Acker.	Christien Buthoren.
	Clais le Visch.	Hannin Onnd.
	Jehan le Tolnere, son fil mort pour lui.	H. Caelge.
		Hannin Ermoud. fol. 160 r°
	Lourens Bueterman.	Clais de Harde.
	Moenin Gilleman.	Clai le Dunherdere.
	Moenekin Besem, sen fil mort pour lui.	Hannin Bone.
		Jaquemes Cauwe.
	Hannin Merlebet.	Hannin Cauwe, son fil. 15
	Coppin Stasin.	Hannin Michelin.
	Lammin de Mandemakere.	Boidekin le Wevelare.
	Lammin Stasin, pour son père.	Maistre Jehan Selversmet.
	Stasin Moenin Hauwe.	Hannekin de le Mer f. Jaqueme.
	Hannekin le Wale.	Christien Oghirut. 20
	Heinri Ghiselbrecht.	Wautier de Leffinghe.
	Jehan Boudeloot.	Gillekin le Vroede.
fol. 159 v°	Stasin Couweers taintuer.	Naes de le Court.
	Stasin le Vaerwere.	Gillis Cloet.
	Henri f. Jehan.	Paules Mantelbant. 25
	Jehan de Nieuwen-Lande Basters.	Weite Lothout. fol. 160 v°
		Claikin Huge.
	Pierres Ingheroen.	Hannekin Scale.
	Clays Ingheroen.	Clais Hugheman.
	Coppin Pikebone.	Clais de Pervise. 30
	Hannin Ghiselin.	Willekin Riquard.
	Christien Coelman.	Jehan Scale de Ramscapelle.
	Hannin Ysenbard.	Casekin Alond.

    Jehan Lenseles qui cacha tent
      le vile hors.
    Le fil Martins Stagghe.
    Pieter Ghiselin Colman.
5. Le fil Clays f. Zeiden.
    Le fil Mester Clais Voskin.
    Boidz Vulhaleghe.
    Brixis le Rous.
    Pieterkin Reingher.
10 Hannekin Reingher.
    Jehan f. Gillis.
    Christaen le Witte.
    Hannin Schilt tistrans
    Hannin Moenekin.
15 Rike Brecht.

fol. 161 r° Hannin Hughe brasseur.
    Hannin f. Pieters brasseur.
    Clays Kard
    H. f. Pieters le Lonch.
20 Clays Kiekin.
    Coppin Clays.
    H. Kiltin tistrans.
    Leurens f. Clays.
    H. le Witte scipmakere.
25 Florkin le Houtbrekere
    Hannin le Ram.
    Lammin Huve.
    Clays Ermoud.
    Jehan le Jovene
30 H Vischcopere du marchiet.
    H. le Kien.
    Jehan Scinkel.
    Henekin Stivelare.

Pierres Naedse.
Hannin Stil parmentier.   fol. 161 v°
Hannin Sconeboud parmen-
   tier.
Jehan Merkeman.
Clays de le Burgh.
Coppin de Diepes.
Pierres Riquard, un valet pour
   luy.
Claykin Tergoed.
Christien Momecat et Jehan
   ses frères.
Clay le Mol.
H. le Roy.
Jehan Withoet.
Jehan Scierinch.
Hannin le Hoghe.
Hannin Vlederic.
Hannekin Vlederic, sen fil.
Willekin le Zomer.
Gillis Tarterin.
Hannin Nouwije.
Masekin de le Bolle; item fol. 162 r°
   Lorens ses frères.
Hannin de le Bolle.
Amand le Ram.
Christien Hughe parmentier.
H. le Sadelare le jovene.
H. f. Wouter, pou sen père.
Clays f. Wouter.
Coppin Texi.
Hannin Coppin scuteman.
Hannekin Bone.

Claykin Tierin.
Colin Goudelaye.
Hannin Wijd.
Christien de Vorcheem.
Hannin le Vroede.
Le fil Willards Canins.
Hannekin Colman le jovene.

Jehan Payen.
Clays f. Michiel.   fol. 162 v°
Claikin Benderdije.
Jaqueme le Moor.
Diederije Coene.   5
Ernoul le Bac.

CHE SUNT CIL QUI ESCHAPÈRENT DE LE BATAILLE DE CASSEL DE LE PAROCHE DE RENINGHELST EN LE CASTELRIE DE FURNES.

Frans le Clerc.
Willem van Slipen.
Hannin Lammoet f. Lenten.
Lammin Doerin.
Hannin van de Walle.
Gillis de Bel.
fol. 163 r° Hannin van der Coutre.
H. f. Lams.
H. van den Elste.
Lammekin de Maets.
Willem Hemerije.
Pieter f. Jehan Pieters.
Michiel Gherardijn.
Heinric Stilt.

H. Doerin.   10
H. de Slipen.
Franse de Vinc.
Pieter Baerd.
Jehan Goes.
Lammiin Sturkijn.   15
Coppin de Witte.
Coppin van de Elste.
Rike Jehan Kaen.
Gillis Baerd.
H. de Busschere.   20
Lammin van Staule.   fol. 163 v°
Lammin van den Scaerpen-
     berghe damman.

CHE SUNT CIL QUI ESCHAPÈRENT DE LE BATAILLE DE CASSEL DE LE PAROCHE DE VLAMERTINGHE EN LE CASTELRIE DE FURNES.   25

Philip van Kemmele.
Jehan de le Ille.
Clais van den Berghe.

Massijs van den Berghe.
Lammin Oghe.
Jehan Folcard.

Heinric van den Hede.
Pieter van den Hede f. Pae-
    schins.
Jehan van den Kerchove f.
5   Boudens.
Jehan van den Kerchove f.
    sere Danins.
Pieterkin de Waes.
fol. 164 r° Jehan Pouer.
10 Michiel Goediewand.
Pieter Willard.
Lammin Consenbard.
Coppin de Waes.
Lammin f. Sapen.
15 Willem de Woerin.
Ghis. Masin.
Pieter de Woerin.
Pieter Ogier.
Michiel de le Berghe.

Jan van den Berghe.
Hugge Puud.
Danin Worin.
Lammin Stalin.
Lauwer Edeward.
Willem Stalin.
Willem Puud.
Lammin de Neve.
Pieter f. Marsen.
Lammin de Brede.   fol. 164 v°
Jehan Bliec.
Jehan Gheroc.
Pieter Stalin.
H. f. Maben.
Heinric Stalin.
Lammin van den Coutre.
Jehan de Bard.
Hannin van Royen.

20 CHE SUNT CIL QUI ESCHAPÈRENT DE LE BATAILLE DE CASSEL
    DE LE PAROCHE DE LOCRE EN LE CASTELRIE DE FURNES, DESOUS
    MONSINGNOR DE LOCRE.

Meestre Arnoud de Locre.
Jehan Gabbe doude.
25 Lambrecht de Buergrave.
Willem de Buergrave.
fol. 165 r° Pieter de Vos.
Jehan Peckel.
Frans Peckel.

Willem le Vinc.
Moenin Roelf.
Hannin Reingher.
Pieter Reingher.
Hannin Bebbe.
Pieter Eersbeen [a]
Masin Arnoud.

a. Ou Cersbeen.

Hannin Peckel.
Willem Peckel.
Hannin Gabbe le jovene.
Pieter Roelf.
Jehan Meine.
Clays van der Merschs.
Brixis de Vos.
H. Lodin Wet.
H. van den Ghosteine.
Claikin van Staule.

fol. 165 v° Boidin Tinire.
Alcames Russin.
Masin de Houckere.
Roel f. Zijtheten.
Pieter Naeriebuer.
Clays de Vos f. Pieters.
Franse Cutsoen.
H. Roelf.
W. Jehan Brixes.
H. de Burgrave.
Michiel Sceriere.
Clays de Vos.
Willem de Staule.
Lauwerin van Staule.
Michiel de Vos.
Willem Ascheen.
Casin de Vos.
Clays van den Broke.
Willem Boidin.

fol. 166 r° Hannin van der Goestene.
Pieter Lettin
Hannin de Merseman.
Lammin van der Coutre.

Boidins Boidin.
Lammin Tassard.
Clays van den Heyde.
Jehan de Vos.
Lammin de Seelewe.   5
Hannin Haghelin.
Mahieu de Vos.
Robin Wideline.
H. de le Pertusere.
Michiel de Vaec.   10
Jehan de Repere.
Jakemijn de Terteine-Makere.
H. Pieroet.
Willem de Borgrave.
Hannin de Scheriere.   15
Mahieu le Raet, demorant de-
    sous madame de Huele.
Jakemijn Lodin Roet, demo-
    rant desous Baud. de Pene.
Casin van den Walle, demo- fol. 166 v°
    rant desous Baud. de Pene.
Jehan de Brede, demorant de-
    sous Baud. de Pene.
Hannin Maes, demorant desous
    monsingor Mahieu de Saint- 25
Venant
Pieter de Jaghere, demorant
    desous monsingor Mahieu
    de Saint-Venant.
Hannin Doem, demorant de-   30
    sous monsingor Mahieu de
    Saint-Venant.

CHE SUNT CIL QUI ESCHAPÈRENT DE LE BATAILLE DE CASSEL DEMORANT EN LE PAROCHE DE LUERDINGHE, DESOUS MONSINGOR ROBERT DE FLANDRES, EN LE CASTELRIE DE FURNES.

Pieter Screvel.
5 Coppin Heuin.
H. Altrouwe.
H. Martin.
Pauwelin van den Tonbe.
H. Wadijn.
10 Claikin Stalin.
Willem Colpard.
H. Riquard.
Jehan de Calewe de clerc.
Willekin van den Bussche.
15 Canin Stalin.
Coppin de Witte.
Langhe Pieter.
Boud. van den Berghe.
Coppin van den Berghe.
20 Pieter van den Berghe.
Jehan van den Berghe.
Hoste van den Berghe.
Jehan Mese.
Lammin Mese.

Pieter Menvaerd.
Pieter de Cramere.
Wouter de Scrotre.
Willem de Vos.
Andries Donker.
Lauwer Paeschijn.
Jehan Pouer.
Jehan de Witte.
Willem Voet.
Willem Raffin.
Jehan Notin.
Lippin Hughelard.
Pieter Willard.
Clays van den Broke.
Willem Ghise.
Coppin Evermoed.
Willem Alnaect.
Heinric Ghenge.
Jehan f. Ghisel.
Ghis. Piroet.

fol. 168 r° CHE SUNT CIL QUI ESCHAPÈRENT DE LE BATAILLE DE CASSEL DEMORANT EN LE PAROCHE DE WATWE, DESOUS LE BURCHGRAVE DE DICKEMUDE EN LE CASTEL.

Boidin Britche.
Jehan Britche.
Clays Britche.
Wouter Venoit.
Clays Terminc.
Pieterkin Pauwelin.
Colin Boid.
Lammin Wormende.
Hannin de Cat.
Hannin Mewelin.
fol. 168 v° H. Velpe.
Stasin Meirarde.
Hannekin de Smet.

Pieter Doedinc.
Pieter Velpe.   5
Willem Doedin.
H Rose.
Joris Fierlebien.
Pierin Stilter.
Pieter Hareme.   10
Lippin Stier.
H. Stamerare.
Willem van der Moeln.
H f. Malen.
H. Husdin.   15
Jehan de Vos.

CI JEHAN ARNOUD HA DESOUS LUY.

Masin van Linden.
Pieter van Linden.
fol. 169 r° Pieter f. Saren.
Willekin f. Saren.
Pieter de Ghent.
Jehan van den Stene.
Coppin f. Helen.
Hannin Pauwelin.
Jehan Ziele.
Willem le Grave.

H. f. Lips.
Jehan Boese van den Bu-
  schouke.   20
Lammin Lambrecht.
Jehan de Scrivere.
Jehan de Bil.
H. Rogier.
H. Dems.   25
H Lammin.
Jehan Mahieu de grote.

Jehan Mahieu de clene.
Clay Aremare.
Wouter Stasin.
fol. 169 v° H. Crocke.
5 H. de Vulre.
Claikin Boid.
Jehan dou Molin.
Pieter Ghijs.
Gillis Bonse.
10 Clays Vallant.
H. van der Beke.
Clays Michiel.
Coppin Herkengher.
H. Platvoet.
15 H. Stoppelbart.
H. Warnaye.

H. van den Moulhouke, fil Clais.
Lodewijc Joris.
Jehan Bouden.
Jehan Bonse.
Pieter de Scuetelare.
Mans de Grave.
Willem le Grave. fol. 170 v°
Stasin Gomme.
Hannekin Lotin Herkengher.
Hammijn Lammin.
Lammin Diederijc, sen fil.
Jehan Wijd.
H. Coppin.
Colin le Grave.

CHE SUNT CIL QUI ESCHAPÈRENT DE LE BATAILLE DE CASSEL DE LE VILE DE SOUCOTE QUI EST AU ROY, EN LA CASTELRIE DE BERGHES.

20 Clay Carlin.
Coppin Lem.
Jehan Conrein.
fol. 170 r° Clays Stontoghen.
Ansel Boudelayre.

Wouter Reinare.
Mikiel Pieter Mon.
Pieter Everart.
Wouter Mon.
Mikiel Scaddit.

25 CHE SUNT CEAUS QUI FURENT EN LE BATAILLE DE CASSEL fol. 171 r° ET QUI ESCAPÈRENT EN LE PAROTSE DE WATEWE, DESOUS MONS. PH. DE LE DOUVIE.

Diederic de Rubroch.
Paskijn de Duuc.
Clais Camerlinc.

Pierres le Man.
Clais Mese.
Colin f. Willem.

Lammijn Doem.	Hannijn Stalijn.
Hannin Erenboud.	Clais de le Suttere.
Heinrije Husdin.	Gillis Wervel.
Jehan f. Mewelijn Haghelijns.	Hannijn Bouderi.
Woite de le Helle.	Hannijn de Valke. 5
Mewelijn Naghel.	Wenijn de Valke.
fol. 171 v° Claikijn Spaeldinch.	Hannijn Hughe.
Hannekin Spaeldinch.	Claikijn van Molenbeyke.
Michiel Spaeldinch.	Boidijn le Couster. fol. 172 v°
Hannekin de Oyen.	Pierres de Watewe. 10
Pieter Spaeldinch.	Hanne Oghe.
Jehan Provendier.	Pierres Hademaer.
Clais Peleward.	Hannijn Hardebolle.
Clais Pelewaerd.	Clays Hardebolle.
H. de le Enod.	Stalijn f. Clais. 15
Lammijn Colin.	Boud. f. Clais.
Willem Bonse de longe.	H. f. Heilen.
Jehan Clement, filius ejus.	Pierres Boid.
Lammijn Clement.	Hannijn Gilebert.
Hannijn Haghedoren.	Canijn Lippe. 20
Michiel Hademare.	Pierres Mesc.
H. Hademare.	Clai Loef.
Clais Haghedoren.	Boidijn f. Clemmen.
fol. 172 r° Claikijn Hardebolle.	Hannijn Lippe.
Moenijn le Grave.	Clais Peleward f. Coppijn. 25
Clais le Grave.	H. Peleward f. Coppijn.
Hannijn Fensel.	Clais Louvijn. fol. 173 r°
Clais Gillis.	Wouter Brije.
Hannijn Hoymond.	Clai Ruescoire.
Hannijn Stasijn.	Boidijn le Zuttere. 30
Canijn Stalijn.	Pierre f. Willem.
Moenijn le Grise.	Hannekin van Oyen.
Lammijn van den Molenhouke.	Jehan le Grise.

Hannekin van Oyen.
Clai Coels.
Coppijn Coel.
H. Coel.
5 Clai Coel f. Maben.
H. Brie.
Pierres f. Hanne Pieters.
H. Willaerd.
Lammijn Scelewaerd.
10 Jehan Gheerbaerd.
H. de le Berghe.
Jehan de Steenbeke.
fol. 173 v° H. Willay.
Laur. Willay.
15 Coppijn Cortemete.
Willem Cortemete.
Clais Erenboud.

Jehan Hacke.
Coppijn Venoit.
H. Baudijn.
Clais Venoit.
H. Herkengher wevere.
H. le Vannemakere.
Pierres Stasijn.
Pierres de le Moelen.
Wouter Zvartboud.
H. le Dauwere.
Wouter Pellijn.
Michiel le Paiere w[u]lre.
H. de le Molenhouke.
H. le Clerc.
H. le Corte.   fol. 174 r°
Jehan Venoit.
Wouter Venoit.

CHE SUNT CEAUS QUI ESCHAPÈRENT DE LE BATAILLE DE CASSELE
DESOUS MONS. GHIJS PLATEEL.

20 Lammijn Lotijn.
H. de le Perbome.
Boid. de le Perbome.

Wauter de le Perbome.
H. Ruescoire.
Pierres Erenboud.

CHE SUNT CEAUS QUI ESCHAPÈRENT DE LE BATAELLE DE CASSEEL fol. 174 v°
DESOUS ANDRIES BOLLEKINE.

25 Pierre Bruun.
Clais Blondeel.
Pierijn Feijere.
Joris le Cupere.

Coppijn de Capple.
H. Doedijn.
H. de Oijen.

11

Che sunt ceaus qui eschapèrent de le batalle de Casseel desous Oliviere de Poelevorde.

Clais Mahieu. Lammijn Roelf.
H. Candeel. Ghijs de le Brigghe.

fol. 175 r° Che sunt ceaus qui eschapèrent de le bataelle de Casseel desous Clais le Raet.

H. Loef. Pierres f. Clais.
H. de Malevede.

APPENDICE.

1.

1324, 7 janvier.

Lettre de Louis de Nevers [au sire d'Aspremont] annonçant son prochain retour en Flandre pour rétablir l'ordre dans le pays.

> Archives communales de la ville d'Ypres. Chartes, n° 373. Original non scellé.
> Analysé dans J.-L.-A. Diegerick, *Inventaire analytique et chronologique des chartes et documents appartenant aux archives de la ville d'Ypres*, t. II, p. 1, n° CCCLXXIII.
> Bien que cette lettre ne porte pas de date d'année, elle est évidemment de 1324. Louis de Nevers avait quitté la Flandre à la fin de l'été 1323 pour se rendre dans son comté de Nevers, laissant en ses lieu et place le sire d'Aspremont comme gouverneur (*Chronicon comitum Flandrensium, Corpus chron. Flandr.*, t. I, p. 186). Dès la fin de novembre, les villes flamandes le prièrent de revenir pour apaiser les troubles (*Rekeningen der stad Gent*, t. I, p. 336, éd. J. Vuylsteke). Il était de retour au commencement de février (*Rekeningen, loc. cit.*, p. 341. *Chron. comit. Flandr., loc. cit.*, p. 187).

De par le conte de Flandres et de Nevers. — Nous avons rechut vos lettres contenant, avecques le respijt que le roy nosingneur vous a otroyé, que nous volons aleir en nos paijs de Flandres et menner avecques nous le conte de Namur (1) et messingneur Robert (2), nos oncles, pour

---

(1) Jean, comte de Namur (1297-1330), fils de Gui de Dampierre et par conséquent grand-oncle de Louis de Nevers.

(2) Robert, seigneur de Cassel (1320-1331), second fils de Robert de Béthune et par conséquent oncle de Louis de Nevers.

nous aidier à mettre nodit pays en estaet, et que chascun face faire loy en se terre, et, par l'ordenance de certaines persones députées à faire le pays tenir en pais et en transquilité, nous troverons les boines gens obéyssans et apparrelliés à nous aidier, à garder nos droitures et singneries encontre tous, à mettre no paijs à loy, et ferront envers nous leur devoir en tous cas, etc. Si vous faisons savoir que nous verrièmes moult qui fuist ainsi et le désirons sus toutes autres choses et, s'il ne tenoit fors à ce que nous alissons en no pays, tost seroit acompli. Mais encore n'avons nous seu nouveles de no pays pourcoy nous doyons, as coses en vos lettres contenues, adjouster foy, car nule ayde de ce que le pays nous doit, li gouverneur ne nous voillent faire, ne en aucune partie ne nous voillent lessier jouyr de nos rentes, combien que par nos gens en aient pluseurs foys en nostre absence esté requis, ne cex de Furnes ne autres ne voillent avoir nul bailliu, ne point n'en requièrent. Si nous pleuist il moult qu'il l'euissent et l'avièmes ordené avant que nous partissons du pays; par coy tout le contrayre des coses que escriptes nous aveis, nous puent clèrement apparoir. Si vorrièmes bien veoir et apercevoir de fait leur amandement et obessance, avant que nous meussons pour y aleir, et veoir le nous convenra autrement que de paroles. Et, quant à ce que escript nous aveis que bien nous devrièmes haster d'aleir en no pays pour une fame qui cuert que nous l'avons eschangé à la conté de Potiers (1), certes la fame est fause et mauvaise, car nous ne le pensâmes onques, et, combien que no pays de Flandres nous ait pau valu et vaille, et que plus-

---

(1) Le comté de Poitiers avait été réuni à la couronne en 1316.

seurs griés et outrages nous y aient esté fays, nous n'eusmes onques courage ne volenté de l'escanger, mes voulons vivre et morir conte de Flandres, et les gens qui nous connoissent penssent le contrayre. Pour les désobéissances que nous trouvons ou pays, si nous faites, autrement que de paroles, savoir l'amendement et le obbéissance du pays, et pour nous ne pour nostre alée ne demora mie. Diex vous gard. Donné à Dauzi, nostre chasteel (1), le vij° jour de jenvier.

2.

1334, 20 mars.

Les émeutiers du Veurnambacht se soumettent à l'arbitrage de Robert de Cassel et des échevins des trois bonnes villes de Flandre.

Archives communales de la ville d'Ypres. Chartes, n° 372. Minute sur parchemin avec diverses corrections.
Analysé dans J.-L.-A. DIEGERICK, *Inventaire analytique et chronologique des chartes et documents appartenant aux archives de la ville d'Ypres*, t. I, p. 297, n° CCCLXXII.

A tous cheaus qui ces présentes lettres verront et orront, nous Ernolz, abbés de Saint-Nicholas de Furnes, et nous eschevin et consailg de le ville de Gand, borechmaistres, eschevin et consailg de le ville de Bruges, eschevin et consailg de le ville d'Ypre, et nous Jehan, sires de Ghistele,

---

(1) Donzy, dans le comté de Nevers, aujourd'hui chef-lieu de canton dans le département de la Nièvre.

Therri de Bevere, castellain de Dickemue, Jehan de le
Wastine et Ernoul de le Berst, chevalier, Rogier Thonin,
Jehan Lauward, Casin de Coclare, Gilles Cnibbe, Renier
de Kienvile, Heinric Sporekin, Jehan Reufin et Heinri
Bruninc, hommes à très haut et très noble prince monsingneur le conte de Flandres, salutz. Sachent tuce que,
pardevant nous, sont venut li compaignon de l'esmeute et
le commun dou terroir de Furnes et chil des villes de
Furnes, de Nuefport et de Lombardie, comme sermentés
aveuc cheaus dudit terroir, et ont recognut et eaus obligiet
pardevant nous par leur seremens, de tenir le dit, pronon-
chiation et ordenance de haut homme et noble monsingneur Robert de Flandres et de sages hommes et honorables les eschevins des trois boenes villes de Flandres, ou
de cheaus qui seront député de par lesdites villes, à savoir
est Gand, Bruges et Ypre, de toutes demandes, calainges,
entreprisures et mesprisures, que lidit compaignon et
commun dudit terroir de Furnes ont demandé ou poent
demander sur les coriers, sur les pointeurs et sur tous
autres dudit terroir, qui ont esté puis le Noël l'an de grâce
M. CCC. et XXII jusques aujourdewy, et de tout ce qui
fait a esté en ledite esmuete, soit de seremens, soit
d'aliances ou de quelconques chose que ce soit, exepté
que lidit compaignon et commun n'en doivent faire nulle
amende; item de ordenner sur les poins que il ont demandé
et demandent pour le gouvernement du païs pour le tans
à venir. Et poent li desusdis mesingneur Robers, les
députés de par lesdites trois boenes villes, dire leur dit et
prononchier toutes les fois que il luer plara, quant acordé
l'aront, à une fois ou à pluseurs, à jour feriael et non feriael,
de jour ou de nuit, en lieu benoit ou dehors, en séant ou
en estant, si comme aisié en seront et bon lor samblera

sans fraude et baraet et sans nul mal engien, en le présence ou absence de partie, maes que il i soient adjourné et apellé, et tout ce qui fait, dit, prononchiet et ordenné sera ès choses dessusdites et chascune d'ichelles, en quelconque manière que ce soit et sur quelconque persone, par les dessusdis monsingneur Róbert de Flandres et les députés de par lesdites trois boenes villes de Flandres, ont il en convent par lor sèremens de tenir ferm et estable sans jamaes aler à l'encontre par eaus ne par nul de eaus et sur paine de cors et d'avoir et sur iestre ataint de paes brisier et de murdre et de iestre anemi au scingneur de le terre, as trois boenes villes de Flandres dessusdites et à tout le païs. Encore se sont obligièt que il recognistront toutes ches convenenches et s'en obligeront pardevant les coriers dudit terroir de Furnes, quant il seront refais. Et nous ont priet et requis que nous, en cognissance de vérité, vausissièmes ces présentes lettres saeller de nos séaus. Et nous Ernoulz, abbés de Saint-Nicholas de Furnes et nous, eschevin et consailg de le ville de Gand, borechmaistres, eschevins et consailg de le ville de Bruges, eschevin et conseilg de le ville d'Ypre, et nous Jehan, sires de Ghistele, Therri de Bevere, castellain de Dickemue, Jehan de le Wastine et Ernoul de le Berst, chevalier, Rogier Thonin, Jehan Lauward, Casin de Coclare, Gilges Cnibbe, Renier de Kienville, Henri Sporekin, Jehan Reufin et Heinri Bruninc, hommes monsingneur de Flandres desus nommés, à le requeste et prière des dessusdis compaignons, communalté dudit terroir de Furnes et villes desusdites aveuc eaus sermentés, pour plus grand seurté et pour ce que ce soit ferme cose et estable et bien gardée et tenue, avons nous mis nos séaus à ces présentes lettres, à lor prière et requeste, qui furent faites à Furnes et donées le mardi devant le Nostre-Dame en martz, en l'an de grâce mil trois centz vint et trois.

Au dos, en écriture du XVIe siècle :
Sentencie van die van Veurnambacht ghegheven by Robrecht van Vlaenderen, heere van Cassel ende de drie groote steden van Vlaenderen.

3.

1324, après le 20 mars.

Avis des échevins d'Ypres sur la sentence arbitrale dont il est question dans l'acte précédent.

Archives communales de la ville d'Ypres. Chartes, n° 374. Minute du temps.
Analysé dans J.-L.-A. DIEGERICK, *Inventaire analytique et chronologique des chartes et documents appartenant aux archives de la ville d'Ypres*, t. II, p. 2, n° CCCLXXIV.

Sour l'article de pardonner à cheus dou terroir de Furnes dou commun chou qu'il ont fait en ceste esmeute :
Il samble à ceus d'Ypre et est leur consel que, pour ce que le défaute est venue par monsingneur de Flandres, tant monsingneur Robert de boine mémoire qui fu (1), que monsingneur de Flandres qui ore est, qui souventes foys en ont esteit requis par ceus du paijs que le tort et le outrage que on i fist il mesist à point et que riens n'en fist, si que de riens il ne pooient estre adrecict par le singneur, il doit estre pardonné de par monsingneur de Flandres à tous cheus dou commun, hofmans, capitains et autres, tout che que il ont fait pour l'ocoison de le

_____
(1) Robert III de Béthune, comte de Flandre de 1305-1322.

esmeute depuis que l'esmeute se commencha oudit terroir;

Item, que tout maltalent doivent estre pardonné entre les persones d'une part et d'autre;

Item, sour l'article dou compte des kuerijers, il est accordé et samble à ceaus d'Ypre que, puisque li comptes des kuerijers est passeis devant le commun, il doit demourer, comment que bien leur samble qu'il est desrenaules, sauf ce que les deniers qu'il ont compteis en don à persones nient nommeis et qu'il ont dit encore nient estre paiés, ne paieront mie chil dou terroir, soient paiet as persones ou non;

Item que les 500 livres, compteis pour le paijs gouverneir, ne seront nient paiet;

Item, que les usures des 1200 lib. donneis à monsingneur de Flandres darrainement, pour ce que li paijs ne se assenti mie à chou, ne paieront mie chil dudit terroir;

Et, pour chou que lidis comptes est autrement desrenaules et qu'il ne ont mie fait chou qu'il deussent, il samble que jamais lidit kuerijer ne soient gouverneur ne kuerijer ne en loy oudit terroir, ne en office nul, là sèrement affert;

Item, que les lettres donneis à Jehan le Noir (1) de monsingneur de Flandres, soient rapellées et de nulle valeur, et que li bans dont il est bannis demeure, et, se il a aucune cose des biens dou terroir, que che soit paiet et pris de ses biens et que le wetteloesheide (2), que li coens Robers prononcha sour le dit Jehan, soit et demeure en se vertu;

---

(1) Ce personnage est cité comme keurier (keurheer) en 1292. Van de Putte et Carton, *Cronica et cartularium abbatiae S. Nicolai Furnensis* (Bruges, 1849), p. 193.

(2) *Wetteloosheid* = mise hors la loi, bannissement.

Item, que on fera nouvele loy de boines gens oudit terroir, devant lequele loy on adjournera Robert de le Bourch, Jehan le Goes, Jehan le Scildere (1) et Herbrecht Bladelin de ester à loy, et, s'il i vienent, il devront ester à loy de che que on leur demandera, et, s'il ne vienent, on les poursuiwera et bannira ensi qu'il affert par le loy, et avoec chou, que le onwettecheide (2), prononcié par le conte Robert sour ledit Robert de le Bourch, soit tenue et demeure en se vertu;

Item, tout li tailleur des parroces du terroir de Furnes, qui plus on crijet aucune persone qu'il ne fu tailliet, cascun doit esté à 60 s.;

Item, chil qui ont confessé, ou qu'il soit prouvé sour caus, qu'il ont taxé aucune persone mains qu'il ne doivent, sont parjure et demoront parjure;

Item, tout cil qui ont recheu aucune cose pour faire tailleurs ou pour aligier aucune persone de se droite taille, il le doivent rendre double au profit de le parroce;

Item, tout cil qui sont en office de sèrement, asquelz on a promis aucune cose pour faire tailleurs ou pour alégier aucun de se droite taille pour aucun don ou promesses, ou qu'il a fait taillier sour aucune parroce plus que le droite somme et qu'il est prouvé sour lui, tant doit il rendre à celle parroce et si ne doit jamais estre en loy ne en office du pays.

---

(1) En 1331, J. le Scildere était bailli de l'abbaye de Messines à Lampernesse. VAN DE PUTTE et CARTON, op. cit., p. 224.

(2) *Onwettigheid* (cf. *wetteloosheid*, p. 169, n. 2) = bannissement.

4.

1324, 28 avril.

Sentence arbitrale prononcée par Robert de Cassel et les commissaires des villes de Gand, de Bruges et d'Ypres au sujet des émeutes qui ont eu lieu dans le Veurnambacht en 1322 et 1323.

> Archives communales de la ville d'Ypres. Chartes, n° 375. Minute du temps écrite sur trois membranes cousues bout à bout.
> Analysé dans J.-L.-A. DIEGERICK, *Inventaire analytique et chronologique des chartes et documents appartenant aux archives de la ville d'Ypres*, t. II, p. 3, n° CCCLXXV.

Dit [a] eist 't segghen ende die ordinanche dat hoghe man ende edel mijnhere Robracht van Vlaendre, here van Cassele, van der baronije van Aluije ende van Monmiral in Pertsen (1), ende die ghoede lieden die ghedeputeert waren van den drien groten steden halven van Vlaendre, dat es te wetene deer Symoen Sheermaechelinenszone ende Pieter van der Mersch (2), ghedeputeert van der stede halven van Ghent, deer Willem die Deken (3), deer Ghizel-

a. *Première membrane.*

---

(1) Le partage fait par Robert de Béthune, le 2 juin 1320, entre ses deux fils, Louis et Robert, assigne à ce dernier « la baronnie d'Alloye et de Montmiral en Perche et les appendances, lesquels il tient et possède desjà ». J.-J. CARLIER, *Robert de Cassel*, dans les *Annales du Comité flamand de France*, t. X (1870), p. 120.

(2) Sur le rôle de ces deux députés, voy. *Rekeningen der stad Gent*, éd. J. Vuylsteke, t. I, pp. 340-342.

(3) Pour ce personnage, qui joua un grand rôle dans les événements postérieurs et fut supplicié à Paris après la bataille de Cassel, voy. HENRI STEIN, *Les conséquences de la bataille de Cassel pour la ville de Bruges et la mort de Guillaume De Deken, son ancien bourgmestre* (Bull. de la Comm. roy. d'histoire, t. LXVIII, pp. 647 et suiv.).

brecht van Zomergheem ende deer Niclais van Scathille, ghedeputeert over die stede van Brugghe; deer Lambracht Morin, deer Jhan van den Clite ende meester Christiaen Annoys, ghedeputeert over die stede van Ypre, ghewijst ende ghezeit te Vorne, in die abedije van Sinte-Niclaus, saterdaghes na Sinte Marx daghe, in 't jaer ons heren als men screef M. CCC. ende XXIIII, van al den debaten ende van allen den claghen, dat die meentucht van Vorne-ambacht, of singulere persone van den vorseiden ambachte, hem beclaghen of doleren mochten van eneghen mescripe jof van enegher mesdaet, dat die wethouders van Vorne-ambachte, die cueriers ende lanthouders waren van der tijt van daghe van Kersdaghe (1), doe men screef M. CCC. ende XXII, tote in 't jaer dat men screef M. CCC. ende XXIII, dat mijn here vorseid ende die ghoede lieden van den vor-seiden steden up namen. Ende wat dats mijnhere Robracht voorseid ende die ghoede lieden van den drien steden vorseid ghewyst ende gheordineert hebben, dat dat es omme 't meeste profijt ende nutscip ende bate van den emenen lande van Vorneambocht, asoos 't hier naer ghescreven staet van pointe te pointe.

Ende heeft ghwyst ende ghezeid mijnhere Robracht van Vlaendre vorseid ende die vornoomde persone van den drie ghoeden steden, in die name van den steden, dat ghoed pais ende ghoede ruste si ende blive tusschen hem-lieden van allen debaten, van allen eesschen, van allen contenten, van allen evelmoede die ghevallen jof gheweest hebben tusschen der meentucht ende den wethouders of singhulere persone omme der muete wille, die gheweest

---

(1) Le 25 décembre 1322.

heeft in Vorneambacht jof, die omme der muete wille, jof omme debaet, ghespruut mochte wese jof ghespruut es. Ende so wie dat daerjeghen yet dade jofde ghinghe dat dat ware up alzwilke peine als si hem verbonden hebben.

5 Alreerst[a] so waes 't segghen van mijnhere Robracht van Vlaendre ende van den ghoeden lieden van den groten drien steden van Vlaendre dat, van dies, des hem die ghoede lieden van der meentucht van Vorneambacht beclaghende waren, dat d'oude cueriers die waren, ghe-
10 gheven hadden enghenaemden personen 360 lb. par., dat daerof 't lant onghehouden blive ende scadeloos.

Vort, van dat si ghezet hadden, omme 't lant mede te beledene in 't jaer dat comen zoude, 500 lb. par., dat 't lant quite ende scadeloos derof blive ende onghehouden ende
15 dat men nemmermer vortan ghelt ne sal zetten omme 't lant te beledene, maer, daer men te ridene heeft in 's lans bederve, dat die ghone die over 't lant varen zullen de coste den lande lenen zullen tote der naester zettinghe, ende dat men 't hem danne ghelden zal.

20 Vort, van dat si ghelt elent hebben te woukere, of ghifte ghegheven bute willen ende weten van der meentucht, dat si dat ghelden ende 't lant derof quite houden elc sine quantitet, also groot als elc hier naer ghenoomt es, stidende Sinte Baefsdaghe naestcomende, dats te
25 wetene : Debboud Tastevort (1) 54 lb. par., Jacop Abboud (2) 54 lb. par., Jacop die Visch (3) 54 lb.,

a. Deuxième membrane.

---

(1) Il était keurier en 1296. VAN DE PUTTE et CARTON, *Chronica et cartularium S. Nicolai Furnensis*, p. 226.
(2) Il était keurier en 1316. *Ibid.*, p. 143.
(3) Il était keurier en 1336. *Ibid.*, p. 218.

Robracht Bariseel 54 lb., Jhan van den Hove 54 lb., Arard Knibbe 54 lb., Jhan die Goes 54 lb., Jhan die Scildere (1) 54 lb., Herebrecht Bladerin 54 lb., Gilles Bigghe (2) 54 lb., Jhan die Deckere 54 lb., mijnhere Jhan van Scors (3) 14 lb., Robracht van der Borgh 14 lb., Gillis die Value 14 lb., Gillis Vese (4) 14 lb., Wydoot die Crane 14 lb., Willem Scinkel (5) 14 lb., Jhan die Plankenare 14 lb. Ende ware dat sake, dat si eneghe coste ghedaen hadden, die si in ware doen mochten vor cueriers die nu zijn soffisantilike, die redelijc ende zedelijc waren, dat men hem die gholde in 't ofslaen van dat si den lande sculdich zijn.

Vort eis 't segghen van mijnhere ende van den drien steden, dat Debboud Tastevort ende zijn ghezelle (6), die lanthouders waren ende hare borghe, 't lant zijn sculdich te quite ende te zuverne van 1129 lb. 2 s. 6 d. par., dat versceed was van den clerken, ter laetster zettinghe die was, zonder dese, omme die redene dat sijs 's lans scult lieten te gheldene metten ghoede van den lande ende zij 't elre gaven, daer zij 't gheven wilden ende lieten 't lant in den commer ende van al dat sijs verhalen moghen

---

(1) Voy. plus haut, p. 170, n. 1.
(2) Il était keurier en 1318. Van De Putte et Carton, *op. cit.*, p. 209.
(3) Il était keurier en 1292. *Ibid.*, p. 195.
(4) Il était keurier en 1292. *Ibid.*, p. 195 et bailli en 1296. *Ibid.*, p. 210.
(5) Il était keurier en 1316. *Ibid.*, p. 143 et le fut de nouveau en 1332. *Ibid.*, p. 146.
(6) Il y avait à Furnes deux *landhouders*, l'un pour la *commune*, c'est-à-dire pour les affaires administratives, l'autre pour la loi (*wet*), c'est-à-dire pour les affaires judiciaires. Voy. Gilliodts Van Severen, *Coutumes de la ville de Furnes*, t. I, p. 16. Notre texte nous montre qu'ils furent momentanément supprimés par la sentence. Voy. plus bas p. 178.

up die clerke, van dat si 't achter zijn of up andre die hem
gheloof ghedaen hebben, dat hem dat werde te baten
ende, haddens die clerke yet van deser vorseider somme
yet verghouden, dat hem dat te baten come, dat es te
5 wetene Debboud Tastevort, zijn ghezelle ende haerlieder
borghe.

Vort, up dat hare die meentucht doleerde ende beclaghede
dat si onwettachtighe lieden ontfanghen zoude
hebben in die wet, namelike Robracht van der Borgh (1)
10 ende Gillis den Value, so zeght mijnhere ende die ghoede
lieden van den drien steden dat si daer los of ende quite
zijn sculdich te wesene van der calaingne, namelike
Robracht van der Borgh, omme die redene datene mijnhere
van Vlaendre (2), dies God die ziele moete hebben,
15 wijsde bi sire wille ende, daer Robracht vorseid hem
niewerin ne verbant ende hem mijnhere, dies God die
ziele moete hebben, sine lettre sident gaf van wederroupe,
dats mijnhere van Vlaendre alse machtich was van wederroupene
also te doene, ende diereghelike, Gillis den
20 Valuen, omme die redene dat hi noit van sinen banke
was ghedaen ofsitten ende hire in bleef sittende cuerier,
daer andre ofghedaen waren ende zijnt dattene mijnhere
van Vlaendre, daer God die ziele of hebben moete, cuerier
makede, so seght mijnhere ende die ghoede lieden van
25 den drien steden dat se van diere calaingne ongheblameert
sijn sculdich te blivene.

Vort, van dat hare die meentucht doleert dat si onwettighe
lieden lanthouders ghemaect hebben ende ontfaen,

---

(1) Il avait été banni par Robert de Béthune. Voy. plus haut, p. 170.
(2) Robert de Béthune. Voy. plus haut, p. 170.

namelike Robracht van der Borgh ende Jhanne den
Zwarten (1), so seght mijnhere ende die ghoede lieden
van den drien steden, omme dat si Jhanne den Zwarten
maeckten ende ontfinghen lanthoudre, die onwettachtich
man was ende es, dat si daerin mesdaen hebben ende dat
si dat betren zullen seeghen den here.

Vort, van der claghe die Verkateline, de wedewe Gillis
Mote, dede over Debboud Tastevorden, alse van 8 lb.
6 s. 8 d. par., dat hare die Debboud vorseid wederkere,
omme die redene dat soe wel toghede dat soe se Jhan
Pruedomme tere tijt verghouden hadde ende, ware dat
sake dat Debboud vorseid toghen mochte dat hi se ghedaen hadde in 't 'slans profijt, dattene daerof 't lant
quite helde.

Vort *, van dat hare die meentucht beclaghede up singhulere persone, die in die wet waren, dat si zouden hebben
bi bedwanghe, omme huere of omme mieden, ghedaen
nedren lieden van harre zettinghe den zetters ende min
ghedaen zetten danne si sculdich hadden gheweest te
ghelden ende ghelt ghenomen ende belof van ghelde
omme zetters te makene, ende dat up eneghe persone, die
men hiernaer nomenen sal, ghetocht ende gheprouft es,
so eist 't segghen van mijnhere ende van den ghoeden
lieden van den drien steden, dat Debboud Tastevort,
Robracht Barizeel, Jhan die Goes, Jhan die Scildere ende
Herebrecht Bladerin nemmermeer cueriers ne lanthouders
wesen moghen, no in officien, daer eet toebehoort, binnen
den lande van Vorneambacht ende dat si wederkeren

a. En regard de ce mot, on lit en marge : Nota.

---

(1) Voy. plus haut, pp. 169, 170.

moeten elken persone dat si van den sinen gheheven
hebben omme 't selve okysoen.

Vort, dat Jacop die Visch, omme die redene dat hi eneghen persoon dede verlichten van sire zettinghe sceghen
den wille van den zetters, dat doen zal ene pelegrimage
t' Onser-Vrouwen te Charters (1). Item Jhan die Deckere,
omme alzwilke redene, dat hi varen zal ene pelegrimage
t' Ons-Heren-Trane te Vendone (2), ende dat hi ghelde
de vitsen die hi ghelovede te gheldene. Item Gillis Vese,
omme alzwilke redene als ghezeid es van Jacop den Visch,
so sal hi doen ene pelegrimage t' Onser-Vrouwen te Rutsemadoene (3). Item Jhan die Plankenare, omme alzwilke
redene als ghezeid es van Gillis Vesen, so zal hi doen ene
peligrimage t'Onser-Vrouwen te Rutsemadoene (3). Ende
dese vorseide pelegrimagen die zul si doen ende porren
binnen den naesten Sinte Jhans daghe middel zomers
eerst coomt, up alzwilke pene als si ghelooft hebben.

Ende^a heeft mijnhere Robracht van Vlaendre ende die
ghoede lieden van den drien steden onthouden noch te
hemlieden waert te zegghene van den mesgripen ende van
der bate, dat die vorseide persone, die wethouders waren,
mesgrepen ende mesdaen moghen hebben sceghen mijnhere van Vlaendre in die sticken daerin dat si ewijst zijn,
jof in wat manieren dat si mesdaen moghen hebben
sceghen 't lant, jof sceghen singulere persone binnen der

a. Troisième membrane.

---

(1) Notre-Dame de Chartres. Pour ce pèlerinage et les suivants, voy. *Bull. de la Comm. roy. d'histoire*, 4e sér., t. XIV, pp. 72 et suiv.
(2) La Sainte-Larme de Vendôme.
(3) Notre-Dame de Rocamadour.

tijt dat voren ghezeid es porrende omme dese zelve muete ende te zegghene, te alzwilken daghe als 't hemlieden zit ende voght ende zijs vroet zijn.

Vort, se heeft mijnhere Robracht van Vlaendre ende die ghoede lieden van den drien steden ghewijst ende gheordeneert omme pais, omme die ruste ende omme 't profijt van den lande van Vorneambacht, dat nemmermeer gheen cuerier ander salaris ne sal hebben danne alzwilken als van der daghedinghe (1) up haren banc.

Vort, dat men nemmermeer, in 't lant van Vorneambacht, neghene lanthouders (2) ne hebbe omme 't lant mede te beledene.

Vort, dat nemmermeer ghene ghifte ter wet waert ne mach ghekeert zijn, ne waer, so welken tiden dat die meentucht wettelike ghedaecht wert ende cueriers up haren banc dat so waer dat die meeste menechte die daer ter stede es, dat dat gehouden si eis 't in ghiften eis 't in rekeninghen.

Vort dat nemme ghene beriders (3) zullens wesen in Vorneambacht ende dat die here sine boeten inne met ammanne ende met dienstmanne.

Vort, so wat menscen, die in 't water vallet, dat helkerlijc diere toecomen sal, uten water helpen mach zonder mescrijp sceghen den here, es hi levende dat men draghen mach daer men wille, es hi doot, dat mene up lant late ligghen tote derstont datter man toecoompt van 's heren weghe.

---

(1) Citations en justice.
(2) Voy. plus haut, p. 174, n. 6.
(3) Des enquêteurs. Voy. E. GAILLARD, *Glossaire flamand des archives de Bruges*, v° Berider.

Vort, so welken tiden dat men rekeninghe doen sal in 't lant van Vorneambacht, dat die ghone, die rekeninghe doen zullen van den ghoede ende van den costen van den lande, so welken tiden dat si gherekent hebben, dat si die brieve overgheven den ghonen die in 't 's heren stede es, ende ute elker prochije van Vorneambacht twe man, midsgaders den here, ende dat die de rekeninghe examineren zullen van 's heren weghe ende van 's lans binne den XL daghe na dat die rekeninghe ghedaen zal zijn. Ende, vind sire in te beterne, dat die ghone, die de rekeninghe ghedaen zullen hebben, betren moeten ende, vind sire niet in te beterne binne der vorseider termine, dat die rekeninghe ghoed sal bliven ende die persone, die ute elker prochie ghenomen zullen zijn, zullen wesen up den cost elc van sire prochie.

Vort, so wijsde mijnhere Robracht vorseid ende die ghoede lieden van den drien steden dat alle aleyanchen, alle ede, alle ghelove ende alle clocken te ludene omme vergaderinghe van den volke te makene ende alle hooftmanne in Vorneambacht of zijn ghedaen ende te niete. Ende alle dese vorseide pointe, die mijnhere Robracht vorseid ende die ghoede lieden van den drien steden vorseid hebben ghewijst, ghezeid, gheprononchijert ende gheordineert, dat si ghehouden zijn ende bliven wel, vast ende ghestade, van pointe te pointe, also si voren ghescreven zijn. Ende so wie die daer sceghen ghinghe of dade dat dat ware up alzwilke peine als hem die partien voren ghenoompt verbonden hebben, dat es te wetene up hare lijf ende up hare goed, up zoendincbrake (1) ende up

---

(1) Rupture de réconciliation, « paix brisée ».

mordael ende up viant te wesene mijns heren van Vlaendre ende mijns here Robrachts [van] Vlaendre, den drien ghoeden steden ende al 's lans ghemeenlike. Ende, ware dat sake dat eneghe verdonckerthede jof debaet worde in die vorseide points, die ghewijst ende ghezeid zijn bi mijn here Robracht van Vlaendre ende bi den drien ghoeden steden vorseid, daer verclaerzinghe toebehorde te doene van eneghen pointen, die voren ghewijst zijn, dat het staet ten verclarsene van mijnhere Robracht van Vlaendre ende van den drien ghoeden steden vorseid ende, daer zij 't verclaersen zouden, dat het daer ghehouden moeste bliven.

5.

1325, 25 avril.

Lambert Bonin de Calvekete, ancien « hooftman » dans le Franc de Bruges, fait sa soumission au comte de Flandre.

Archives de l'État à Gand. Chartes des comtes de Flandre, n° 1416
Original scellé.
Analysé dans l'*Inventaire Saint-Genois*, p. 409.

Tallen den ghonen die dese zullen zien of horen lesen, ic Lambrecht Bonin van Calvekete (1), doe te weitene dat ic mi bekenne mesdadich tieghe minen rechten here, minen

---

(1) Le *Chronicon comit. Flandrens.* (*Corpus chron. Flandr.*, t. I) donne plusieurs renseignements sur ce personnage. Il apparaît comme « capitaine » dans le Franc de Bruges dès le commencement des troubles (p. 188). Après sa soumission au comte, il ne tarda pas à reprendre les armes (p. 190). Il fut décapité après la bataille de Cassel (p. 207).

here van Vlaendren, van der welkere mesdaet ic mi
bekenne lijf ende goed hebbende verbuert als van den
occoysoene van der moite ende van der roeringhen die
ghesijn heeft int Vrije in de contrarie van min here van
5 Vlaendren, dewelke mesdaet min vorseide here van Vlaendren bi sire groter eidelheit mi al vergheven heeft, bi also
dat ic Lambrecht vorseit hebbe gheloeft ende belove bi
trauwen ende bi waerheiden dat ic nemmerme als hoeftman van den Vrien steken nochte zetten zal in enich point
10 tieghen minen vorseiden here van Vlaendren, nochte
hoeftman te sine van den Vrien, het ne ware bi also dat
het ware bi den beveilne van minen vorseiden here van
Vlaendren. Ende ware dat zake dat gheviele dat nemmerme ghevallen ne moete dat eneghe meute of roeringhe
15 gheviele van dien van den Vrien of van dien van Brueghe
in contrarien van minen vorseiden here van Vlaendren,
ende min vorseide here van Vlaendren mi ombode bi
sinen letteren tote hem te comene in steiden daer ic,
behouden mins lives, van vresen van veeten mochte comen,
20 so belovic Lambrecht vorseit te comene tote minen vorseiden here van Vlaendren ende hem suffissantelike als
minen rechten here te diene met live ende met goede,
ende met al dat ic zoude vermueghen ende bi hem te
blivene, bi also dat ware dat zake dat ic scade derof
25 ghecreghe van minen goede dat dat min vorseide here van
Vlaendren mi sculdech ware te restorrerne suffisantelike
na der quantiteit van minen verliese. Ende ware oec dat
zake dat gheviele, dat ic bi versoeke van den ghonen van
den Vrien eneghe dinghen toghede over 't Vrije dat ter
30 vormen van der ordenance van den paise toebehorde, dat
ic dat doen zoude mueghen sonder te mesgripene tieghen

minen vorseiden here van Vlaendren, ende sonder te maintenierne eneghe faite die gaen mochten of wesen in quetsclicheiden ende in contrarien van minen vorseiden here van Vlaendren iof van sinen rechte. Ende ware dat zake dat ic Lambrecht vorseit tieghen enich van desen pointe dade in quetelicheiden ende in contrarien van min here vorseit of van sinen rechte so es dat ic min lijf ende al min goed verbinde te wesene verbuert tieghen minen vorseiden here van Vlaendren. In orconscepen van desen dinghen hebbic Lambrecht Bonin vorseit dese letteren uthanghende beseghelt met minen zegle. Dit was ghedaen up den vive en twintichsten dagh van april int jaer ons Heren als men screef dusentich driehondert ende vive ende twintich.

Au dos : « Lettres de Lambert Bonin comme de convenences que il a envers monseigneur. Registrate. » — *Une autre main du XIV° siècle a ajouté :* « Registrata est in novo registro. »

Sceau très petit, en cire rouge, sur double queue de parchemin. On y lit l'inscription : « S. LAMBRECHT BONIN ».

6.

1327, 30 mars.

Robert de Cassel établit Gautier de Kevaucamp percepteur d'une somme de 800 livres tournois, qu'il est autorisé à lever par la chambre des comptes du roi, en dédommagement de ses revenus du Perche confisqués lors des dernières émeutes de Flandre.

> Archives du département du Nord. Chambre des Comptes de Flandre, B. 621 (5799 ter).
> Copie du temps en mauvais état.

Nous Robert de Flandre, sires de Cassiel, faisons savoir à tous que nous avons mis et establi[a]... establissons en no lieu et ke[a]... Watier de Kevaucamp present[eur] de ces lettres pour lever et rechevoir wiit cens[a]... tour. dont nous avons cédule de la chambre des comptes, pour nos biens que li recheveres d'Orliens leva de nostre terre du Perche à cause des darraines esmeutes de Flandre, et li avons donné et donnons plain pooir et mandement espécial de quitter, quitte clamer et donner lettre de quittanche à tous ceus de qui lidit Wautiers aura rechut ledicte somme de deniers ou de tant qu'il aura rechut d'icelle, par le tesmoing de ces présentes lettres saiellées de nostre saiel, faites et données à Paris, le lundi devant Pasques flories, l'an de grâce M. CCC vint et sis.

a. *Suit un passage ilisible.*

7.

1328, 17 septembre.

Le comte de Flandre donne commission à Josse de Hemsrode, bailli de Furnes, de s'enquérir, avec les gens du roi, des révoltés morts à la bataille de Cassel et de leurs biens, sur la confiscation desquels le roi a accordé au comte la troisième partie.

>Archives générales du Royaume. Chambre des Comptes de Flandre, n° 715.
>Original pourvu du sceau du comte pendant sur simple queue de parchemin.

Loys, cuenz de Flandres et de Nevers, à no amé vallés Josse de Hemsrede no bailliu de Furnes (1), salutz. Comme li roys nossire ait ordené que le tierche partie de tous les biens de ceux qui à lui et à sa gent se vinrent combatre desous le mont de Cassel, tant des mors comme des vis, est et appartient à nous, et lui plaist que nous le levons et esploitons et il les autres deus pars, nous vous mandons et par ces présentes lettres commetons que vous, aveuc les genz dou roy nosseigneur qui à ce seront commis de par lui, enquirés diligamment le verité desdis combateurs par nom et par sournom, tant des mors comme vis, et des biens qui il tenoient, avoient et possédoient adonques, et no dite tierche part prendés, levés et esploitiés en nom de nous et pour nous, et faitez tout ce que à ce

---

(1) En 1318, il était bailli de Waes (Ch. Duvivier, *L'Escaut est-il flamand ou brabançon* dans les *Bull. de l'Acad. roy. de Belgique*, Classe des lettres, 1890, p. 759). En 1334, il apparaît avec le titre de conseiller du comte (J. de Coussemaker, *Documents relatifs à la ville de Bailleul*, t. III, p. 15).

appartient, puet et doit appartenir en le meisme manière
et forme que nous le ferienz et faire porriens se présent i
estienz. Et de ce faire vous donnons plain pooir et mandement espécial, et mandons et estroitement commandons
à tous nos subgiez à qui ce touche et puet toucher, que il
à vous en ce faisant entendent et obéissent à vous comme
il feroient à nous se présent i estiemes. Et prions et
requérons as commissaires dou roy nosseigneur en cest
cas que il i gardent et sauvent la dite ordenance dou roy
nosseigneur dessusdit et le droit de cascun. Et ce pooir vous
donnons nous dusques à nostre volonté et rappel, et arons
ferm et estable ce [que] par vous en sera fait. Donné à
Menin, l'an de grâce MCCC vint et wit, le disseptime jour
dou mois de septembre.

Par monseigneur : Maier [a].

8.

1328, 10 décembre.

Lettre du roi de France accordant à Robert de Cassel le tiers des confiscations des hommes de sa terre qui ont pris part à la bataille de Cassel. — Vidimus (B) de cette lettre en date du 8 février 1330 par le garde de la prévôté de Paris, contenu lui même dans un vidimus (A) des commissaires députés par le roi sur les forfaitures de Flandre, en date du 26 mai 1333.

Archives du département du Nord. Chambre des Comptes de Flandre, n° 6614.
Original scellé.

(A) A tous ceus qui ces lettres verront, Regnaus de Fieffes, Gautier de Cavaucamp et Vaast de Villers, commissaires députez de par le roy nosseigneur sus les forfaitures

a. Lecture douteuse.

de Flandre de le derrienne bataillie de Cassel, salut. Sachent tout que nous, l'an de grâce mil troiz cenz trente et trois, le merquedi après la Penthecouste, recheusmes à Saint Omer un vidimus d'unes lettres du roy nossigneur, scélé du séel de le prévosté de Paris, si comme il apparoit, présenté à nous par les gens de très noble dame, me dame de Cassel (1), contenant ceste fourme : (B) A tous ceus qui ces lettres verront, Hugues de Crusi, garde de le prévosté de Paris, salut. Savoir faisons que nous, l'an de grâce mil trois cens vint et neuf, le jeudi VIII° jour de février, veismes unes lettres scélés du séel nostre sire le roy, contenant la fourme qui s'ensuit :

Philippus Dei gracia Francorum rex, universis presentes litteras inspecturis, salutem. Notum facimus quod nos, ad supplicationem dilecti et fidelis nostri Robberti de Flandria, militis, domini Casselli, terciam partem forefacturarum Flamingorum et aliorum inimicorum seu rebellium nostrorum, in nostra ultima guerra flandrensi in bello Casselli mortuorum, et qui inde per fugam evaserunt, illorum videlicet terre sue quam habet in Flandria, in qua altam habet justiciam, eidem donamus de speciali gracia per presentes, dantes, deputatis ex parte nostra super dictis forefacturis tenore presentium in mandatis, ut dictam terciam partem per manum nostram levatam et explettatam eidem militi vel ejus certo mandato tradant et liberent per eamdem manum nostram. Quia tamen quidam nobiles illarum parcium terciam partem dictarum forefacturarum terrarum suarum quas habent infra dictam terram militis prefati, in quibus altam justiciam se habere dicebant, eis per

---

(1) Jeanne de Bretagne, veuve de Robert de Cassel mort en juin 1331.

nos concedi modo simili procurasse dicuntur, et inter ipsos dicentes se habere in dictis eorum terris sicut premittitur altam justiciam, et dictum militem id contendentem et dicentem altam justiciam dictarum terrarum ad ipsum solum et in solidum pertinere ex parte altera, causa litigii super hoc mota est, ut dictus miles asseruit adhuc pendens, nostre intentionis existit, quod cum dicta causa fuerit sententialiter diffinita per illos ad quos diffinitio noscitur pertinere, ipsaque deffinitio in rem transierit judicatam, tunc demum et non antea dicti deputati litteras nostras dictis nobilibus super dicta tercia parte foreffacturarum concessas juxta ipsarum et diffinitionis dicte cause de quibus liquebit tenores habeant exequi et complere, et interim dicte cause durante litigio, terciam partem in manu nostra teneant antedictam. Sic enim per dictos deputatos liberata et tradita per dilectas et fideles gentes compotorum nostrorum Parisius, in ipsorum deputatorum compotis allocari volumus et mandamus. In cujus rei testimonium presentibus litteris nostrum fecimus apponi sigillum. Datum apud Vincennas, die x decembris, anno domini millesimo CCC° vicesimo octavo.

(*B*) Et nous en ce transcript avons mis le séel de la prévosté de Paris, l'an et le jour dessus diz. (*A*) Item, au dos dudit vidimus estoient escriptes les paroles qui s'ensiuent : « Collatio istius transcripti cum originali signato sic... per dominum regem in consilio ad relationem thesaurarii Remensis Ja. de Boulayo, facta fuit in camera compotorum xxi die maii, anno domini M° CCC° XXXIII°, per me Adam de Campellis. Vos commissarii deputati in facto foreffacturarum dicti exercitus Casselli ex parte domini regis, credatis huic transcripto per nos signato sicut originali in ipsius originalis absencia. Et in quantum vos et quamlibet vestrum seu officium et commissionem vestram tangit seu tangere poterit in futurum, faciatis et compleatis absque difficultate quacumque, quod hic in albo continetur, ita quod ob vestri diffinitum, plus ad nos non referatur querela. Scriptum in dicta camera compotorum domini regis Parisius, anno et die predictis ». Aprez les queles paroles estoient miz trois séaulz en cire rouge de nos seigneurs de ladicte Chambre des Comptes, si comme il apparoit. Et ce fait nous respondismes ausdittes gens de madame de Cassel, que volentiers feriemes le mandement dou roy nosseigneur et de nos seigneurs de la Chambre des Comptes, tant comme à nous povoit apartenir, et retenismes par devers nous le vidimus dessus contenu pour faire foi, en la dicte Chambre des Comptes à nos seigneurs, du mandement dessus dit. En tesmoing de ce, nous avons ces lettres séelées de nos séaulz. Données à Saint-Omer, l'an et le jour dessus diz.

Au dos : Coppie du vidimus envoiet à Wautier de Kevaucamp et maistre Vaast de Villers, commis de par le roy sur les forfaiturez de le bataille de Cassel, faisant mencion du tierch que madame y doit avoir.

Plus bas : Vidimus du don fait par le roy au seigneur de Cassel de la tierche partie des fourfaitures de Cassel.

Sceaux en cire rouge, sur simple queue, de Regnaut de Fieffes, Gautier de Cavaucamp et Vaast de Villers.

9.

1329, 28 septembre.

Jean Le Clerc, ex-clerc des échevins de Grammont, fait sa soumission au comte de Flandre.

Archives générales du Royaume. Chambre des Comptes de Flandre, n° 728.
Original. Sceau disparu.

Je Jehan li Clers, jadis clers de le ville de Granmont, fais savoir à tous que parmi la quitanche que mes très chiers et redoutés sieres et prinches monseigneur Loys cuens de Flandres, de Nevers et de Rethest m'a fait comme de tout ce que je puis avoir méfait en ces derraines esmeutes ou al okison de elles dusques au jours de huy, je me oblige et soubmets à li d'estre en avant bons, loyaus et vrais obéisans en tous cas envers ly, comme boins soubgis doit estre à son droit et naturel singneur et que se je en aucune manière fisise al encontre, que ja ne seufere Dieu avenir, je m'esente et veul que il me courige telement comme de consienche il vorra faire selonc le meffait, non obstant bourgoisie, franchise, privilège ni autre chose nulle au contraire que jou ou autres de par mi ou pour mi poroit allégier, proposer ou metre avant, et pour çou que je veul que toutes ches coses devant esscrites soient tenues fermes et estables, ay jou priet et requis à honorables hommes et sages les esschevins de le ville de Granmont qu'il veulgent ceste lettre seléer dou contre-séel de leur esschevinage. Et nous esschevins de le ville dessusdits avons ceste lettre séclet dou contre-séel de nostre esschevinage à le prière et requeste doudit Jehan le Clerc, lequele fu faite et seléc en l'an nostre Seigneur mil CCC.XXIX, le dyens devant le jour de Saint Michel (1).

10.

1330, 31 mars.

Gérard, sire de Rassenghien et de Liedekerke, fait sa soumission au comte de Flandre.

Archives générales du Royaume. Chambre des Comptes de Flandre, n° 726.
Original pourvu de cinq fragments de sceaux, pendant sur double queue de parchemin.

Jou Gérars, sires de Rassinghiem et de Liedekerke, chevaliers (2), fais savoir a touz que comme très nobles et très poissanz princes mon très chier et amé seigneur monseigneur Loys conte de Flandre, de Nevers et de Rethel ait esté mal paiez de moi pour aucunes malefachons que il me admettoit avoir faitez contre lui, sa seignourie et sa noblece, de laquele chose j'ai mult estei à mal ayse, dolant et triste de cuer, pour quoi jou, qui tous jours ai eu et encores ai volenté de lui servir et obéyr comme bons subgiez doit faire à son seigneur ainsi que droit et raison l'enseigne, et pour venir à sa boine pais, grâce et

---

(1) Le même carton contient une lettre toute semblable de Jehan Scoudeharme, également scellée par les échevins de Grammont « en l'an de grâce mil CCC.XXIX, le demerkes après le jour de Sain Pierre et de Sain Poel ». (5 juillet 1329.)

(2) Gérard, sire de Resseghem (arr. d'Alost), de Lens (arr. de Mons), de Liedekerke (arr. de Bruxelles) et de Bréda. Sur ce personnage, voy. WAUTERS, *Table chronologique*, t. IX, pp. 21, 25, 157, 162, 237, 301, 305, 453, 513, 527.

amour, je, pour cause d'amende, diz et recognois en boine foy et en ma loyauté, et promets par mon serement que ce que fait ai par moi ou par les miens je ne le fis ne ne fis faire ou dammaige ne honte de mon très cher et amei seigneur dessusdit, ne onques ne os entente ne volenté de faire ne de faire faire chose qui fust ou peust estre ou préjudice, dammaige, honte, grief ou despit de li, de sa seignourie, sa noblece, ses amis ne de son pays, mais ce que je fis ou fis faire, ce fu pour cause de guerre tant seulement ou préjudice, grief et dammaige de mes anemis morteux comme de ciaux qui se traveilloient nuit et jour de moi et les miens honnir, grever et destruire à leur pooir. Item, je promes et recognois avoir promis par mon dit serement comme chevaliers à mon dit seigneur de venir, aler et demourer en sa prison en la contei de Flandre comme son prisonnier pour cause de la malefachon dessus dicte, toutes les fois qu'il le me requerra ou fera requerre et de tenir prison en quelcunque lieu que ce soit en Flandre, soit ville ou chastiaux, sans en yssir jusques à la volenté ou rapiel de mon dit seigneur, hors mis les villes et chastiaus de Gand et de Grantmont. Item, pour ce que je ou li mien en maintenant la guerre dessusdicte nos sommes yssus, demourez et retournez ou chastiel de Liedekerke en faisant les malefachons à nous admises, comme dessus est dit, lequel chastel nous tenons dudit monseigneur en fief et en hommaige, jurable et rendable à lui à son besoing, auquel chastel nous aviens tousjours no retour et no recept, dont nos très chers et amés sire se est tenus à mal paiez, pour ce est ce que je li ai promis et promes en boine foy et par mon serement, à bailler et délivrer ou à son commandement, pour cause d'amende, ledit castel, la maison et toutes les forterèches, et dès maintenant le baille et délivre la saisine et possession d'yceli castel, forteresses et maison par le teneur de ces lettres à faire sa pure volenté et ordener ainsi que li plaira tant que li mariages de ma chère et amée compaingne et de moi durra, sauve tous jours le droit de elle et de ses hoirs ou temps avenir. Et parmi les choses dessusdictes faitez et acompliez, mon très cher et amé seigneur dessusdict a pardonné à moi et aus miens tant que à li touche pour lui et pour les siens sa malamour et son maltalent, et nous a remis en sa grâce comme devant, sauve le droit des partiez se aucunes estoient complaignantes, et toutes les choses dessusdictes et cascune d'ycelles je promes par mon serement comme chevaliers à avoir fermes et estables et tenir et acomplir sans enfraindre ne venir alencontre par moi ne par autrui par quelconques causes, conception de paroles de droit ou de fait que ce soit, sus l'obligation de tous mes biens et de mes hoirs et successeurs, muebles et non muebles, présens et avenir ou qu'il soient et puissent estre trouvez, et prie et requier à mes chers seigneurs et grans amis : monseigneur Robert de Flandre seigneur de Cassel, monseigneur Henri de Flandre conte de Lode, monseigneur Thierri de Beverne chastellain de Dickemue, monseigneur Jehan seigneur de Sombreffe, monseigneur Godefroy son frère, qui à ces choses ont estei présent, voillent mettre leur séeaulz en tesmoignage de vérité et pour plus grande seurtei. Et nous, Robers, Henris, Thierris, Jehans, Godefrois dessusdis, à la prière et requeste dudit monseigneur Ghérar, avons pour la raison dessusdicte, mis nos séeaulz à ces présentes lettres. En tesmoignage desqueles choses je ai mis mon séel à ces présentes lettres, faites et données à Paris, le semedi devant Pasques flories, l'an de grâce mil CCC vint et nuef.

11.

1331, mars.

Le roi de France ratifie au comte de Flandre sa promesse de lui abandonner le tiers des confiscations faites sur les hommes demeurant en ses justice et seigneurie.

Archives nationales de Paris. Registre JJ, 66, fol. 287 v°.

Philippe, par la grâce de Dieu rois de France, savoir faisons à touz présens et à venir que, comme pour les désobéissances, esmuetes et rébellions que plusieurs personnes du pays de Flandres, lesquiex par leur mauvaise coulpe et volenté moururent en la bataille de Cassel, avoient fait contre nous en esgenant nostre royal majesté, touz leurs biens quels que il fussent aient esté forfaiz, acquis et confisquiés, et appartiegnent à nous seulement et pour le tout; et nous, considerées la peinne et diligence que nostre chier et féal cousin Loys, conte de Flandres, de Nevers et de Rétel, mist à ce que lesdiz rebelles fussent convencus et puniz, donnissiens de nostre libéralité et de grâce espécial à nostredit cousin pour li et pour ses hoirs et successeurs, dès lors que nous estions à Lille en recourant de laditte bataille, la tierce partie de touz les biens muebles et héritages qui nous estoient aussi tenuz et escheuz de toutes les personnes ainsi mors, lesquiex tenoient de li sanz moyen et demouroient en sa justice et seigneurie sanz moyen, duquel don il ne ot pas lors noz lettres; nous adecertes voulans nostredit don estre à nostredit cousin vaillable, ycelli don voulons, ratefions et

approuvons par la teneur de ces présentes lettres, et
voulons et octroions que nostredit cousin, que il, ses
hoirs et successeurs ou ceuls qui auront cause de eulz,
tiengnent et pousient ladite tierce partie desdiz biens paisiblement sanz aucun empêchement que nous ou noz
successeurs y puissons mettre. Et que ce soit ferme chose
et vaillable à touzjours perpétuelment, nous avons fait
mettre nostre séel à ces présentes lettres. Ce fu fait à
Paris, l'an de grâce mil CCC et trente, ou moys de mars.

Par le roy, à la relacion de Monsr de Noyers et Martin
des Essars, vous présent : Vistrebet.

12.

1333, 14 avril.

*Jean de Lespent, sergent du roi au baillage d'Amiens, en
vertu de mandements royaux en date du 3 novembre 1332 (A) et du 12 janvier 1333 (B), détermine les
pouvoirs et les attributions des commissaires chargés de
procéder aux confiscations dans la châtellenie de Cassel.*

A. Archives du Royaume à Bruxelles. Chambre des Comptes de
Flandre, n° 738. Original. — B. Archives du département du
Nord. Chambre des Comptes de Flandre, n° 6525. Original.

Donné par copie sur le séel Jehan de Lespent sergant
du roy nosseigneur en la baillie d'Amiens. Nous Renaus
de Fieffes, Gautier de Kevaucamp et Vaast de Villers, clers
du roy nosseigneur, à Jehan de Lespant sergant du roy
salut. Nous avons receu deux paires de lettres dudit
seigneur dont la teneur de la première est tele[a].

---

a. Sur le scel — — — est tele, *manque dans* B.

(*A*) Philippe, par la grâce de Dieu roys de Franche, à nos amés et féauls clers et conseillers maistre Jehan des Prés, Wautier de Kevaucamp [a] et Vaast de Villers, salut et dilection. Nous vous mandons et commetons que nonobstant se nostre parlement siet, et quelconques commissions faites à autres personnes de par nous, lesqueles nous rapelons et volons estre de nule valeur, vous treis ou deux de vous, vous transportés ès parties de Flandres, èsqueles vous porrés saveir que cheus qui furent contre nous à Cassel en la derreine bataille avoient acuns biens et yceux biens quels que il soient, pernés, vendés et esploitiés par cry et par enchières le mieus et le plus pourfitaulement que vous porrés comme forfais à nous, sous quelques juridiction et seignourie [b] que il soient et puisent estre trouvés, et des vendues que vous en ferés, donnés vos lettres patentes à yceuls qui avoir les voront, lesqueles vous conferemerons par nos lettres se nous en somes requis. Et tous les deniers del exploit que vous en ferés, envoiés en nostre trésor à Paris sous sauve garde. De faire les chozes dessusdictes et tout ce qui en dépent et qui y peut apartenir, nous vous donnons à tous ensamble et à deus de vous plain poooir et autorité, mandons et commandons à tous nos sougiés et requérons tous autres, que à vous et aus deux de vous obéissent diligemment ès chozes dessusdictes. Doné a Pacy, III jour en novembre, l'an de grasce M. CCC. XXXII.

(*B*) Item la teneur de la seconde est tele : Philippe, par la grasce de Dieu roy de Franche, à nostre amé mestre Renaut [c] de Fieffes, chanoine d'Amiens, salut.

a. Gautier de Quevaucamp, *B*.
b. et seignourie, *manque dans A*.
c. Regnaut, *B*.

Comme nous aions naguieres faite chiertaine commission
à nos amés et fiables maistre Jehan des Prés, Gautier de
Kevaucamp et mestre Vaast de Villers, à euls transporter
ou pais de Flandres et prendre et saisir, vendre et exploitier tous les biens qu'il porront trouver de cheus qui furent
contre nous à Cassel à la derrenier bataille, et ledit mestre
Jehan ne puisse entendre en ladicte commission pour ce
qu'il est ocupés d'autres besoingnes, si comme nous avons
entendu, nous vous subrogons en lieu dudit mestre en
ladicte commission et vous mandons et commetons par
ces lettres que vous alliés avant aveuc lesdis Gautier et
mestre Vaast ou avec l'un deus ou lieu dudit mestre Jehan
en la dicte commission selon la forme d'ychele. Donné à
Paris, le XIIe de genvier, l'an de grasce M. CCC et XXXII^a.

Par la vertu desqueles lettres nous vous mandons et
cometons de par le roy nosseigneur que vous vous transportés par toutes les villes et paroches de le castelerie de
Cassel, esqueles villes et paroches pernés et saysiés en le
main du roy tous le biens moebles et héritages de toutes
les persones qui furent contre le roy à Cassel en la derrenier bataille, lesqueles villes et paroches nous vous
avons autrefois baillié par escrit souz nos séaus, et espécialement touz les biens moebles que vous porrés trouver en
quelque lieu que il soient, pernés et levés et metés en
chiertain lieu desquels vous nous sachiés arespondre, et se

---

a. B. ajoute ici : «En tesmoing de ce, nous Regnaus, Gautier et Vaast, commissaires dessusnommé, avons mis en ces présentes lettres nos séaus. Faites le dimanche que on chante Quasimodo, l'an de grâce mil CCC trente et trois. » (11 Avril, 1333.) *Au bas de l'acte pendent les sceaux des trois commissaires, en cire rouge, à simple queue. La lettre de J. de Lespant qui suit dans notre texte est transcrite au dos de l'acte. Ce n'est donc qu'une simple copie du texte de A. et il est inutile d'en relever les variantes.*

acun à che se opposent qui se vantent d'avoir fait aucune finanche pour le cauze dessusdicte de leur biens pris en le main du roy comme dit est, donnés leur journée par devant nous à Saint-Omer, et avec che, comme nous avons entendu que Jehan Boulequin et Andrieu Poignant seroient profitable pour l'onneur dou roy et pour le profit du païs pour nous enformer des certaines chozes qui à nostre commission dessusdicte apartient, nous vous mandons que yceus vous fachiés venir et comparoir par devant nous à Saint-Omer le plus tost que vous porrés et que vous les contraingniés par prinse de leur corps, se mestiers est, de venir. Et pour tous cheus que vous, en faisant vostre office, trouverés rebeles ou en aucune chose désobéissans, amenés par devers nous à Saint-Omer. De faire les choses dessusdictes nous vous donnons plain pooir et autorité de par le roy nosseigneur, et espécialement se en vostre mandement vous avés mestier de aucune ayde, subcide ou confort pour vostredit mandement acomplir et exécuter, nous vous donnons plain pooir de prendre et apeler aveuc vous tous subgiés et justichiers du roiame de Franche souz quelques juridiction et seignorie que il soient et de à auls commander de par le roy nosseigneur sour quanques il se puent mesfaire, que à vous soient obéissans autant comme à nous se nous y estiemes, et aidans, conseillans et confortans de tout leur pooir à vostre mandement dessusdit acomplir et exécuter. Et tout ce que sur ce fait arés, et que vous arés trové ès lieus et ès parties là où vous vous serés transportés, raportés nous par bouche à plus tost que vous porrés. Donné à Saint-Omer sous nos séaus, le XIVe jour de avril, l'an de grasce M. trois cent XXXIII.

Signet en cire brune pendant sur simple queue.

13.

1333, après le 14 avril.

Protestation de la dame de Cassel contre les agissements des commissaires aux confiscations dans sa terre, et citation de ceux-ci devant la Cour des Comptes, à Paris.

> Archives du département du Nord. Chambre des Comptes de Flandre, n° 7063.
> Original muni d'un fragment de sceau.
> Cette pièce n'est pas datée, mais il est évident par son contenu qu'elle est postérieure à l'acte publié ci-dessus sous le n° 12.

Comme le roy nostre sire eust, dès l'an mil CCC. XXXII, envoié et commis par ses lettres metres Regnaut de Fieffes, Gautier de Kevalcamp et Wast de Villers ou les deux d'iceus ès parties de Flandres, pour prendre, vendre et esploitier touz les biens, muebles et hiretages de ceuls qui furent contre li en le bataille de Cassel, comme forfaitz et confisqués à li, et depuis par composition et finance faite avec les eschevins, bourchmaistres et coeriers des villes et chastelleries de la terre que la dame de Cassel, à cause et comme bail de sa fille (1), tient en Flandres, qui furent ou envoièrent en ladicte bataille, nostredit seigneur le roy ait quitié et délaissié asdictes villes et chastelleries, subgiés et habitanz en ycelles lesdictes forfai-

---

(1) Robert de Cassel en mourant, en 1331, avait laissé deux enfants sous la tutelle de leur mère Jeanne de Bretagne : Jean et Yolande. Jean était déjà mort en 1333, puisque l'acte ci-dessus ne mentionne que sa sœur. Il faut rectifier dans ce sens le travail de Carlier sur *Robert de Cassel*, loc. cit., p. 207.

tures et tous les bien muebles et héritaiges à ly pour ce
forfaiz ou acquis, et quitié lesdiz subgiés et habitanz de
toutes choses qu'on leur poait demander pour le roy ou
qui au roy poait appartenir pour cause desdictes bataille
et forfaictures, nientmains lesdiz mestre Regnaut et Gautier, par vertu d'unes lettres du roy données depuis les
dictes compositions, relatives asdictes premières lettres,
veulent constraindre ladicte dame, son receveur, ceuls
qui ont esté receveurs du seigneur de Cassel, jadiz mari
de ladicte dame, et de ladicte dame depuis le temps de
ladicte bataille, et plusieurs des subgiés de ladicte terre
appartenant à ladicte dame, à delessier plusieurs biens,
héritaiges et muebles que lesdiz sire et dame de Cassel
et aucuns desdiz subgiés ont tenu et tiennent encore et
possessent à bone cause et à juste et loial titre, à dire et à
monstrer de par ladicte dame en temps et en lieu se
mestiers est. Et encore les voulent constraindre à rendre
à euls ou nom du roy tous les profiz et émolumenz qui
levés en ont esté depuis ladicte bataille, et veulent lesdiz
héritages et biens exposer à vente pour le roy nostre seigneur, nonobstanz les choses dessuzdictes ne raisons que
ladicte dame, ses gens ou ses subgés dient ou proposent.
Item, lesdiz mestres Regnaut et Gautier ont fait deffendre
publiquement et crier en la terre de ladicte dame as
jours de marchéz, que toutes les terres de ceuls qui ont
esté justiciés, banniz et fugitifs de ladicte terre depuis la
dicte bataille sont et appartenent au roy, et tout ce qu'on
a levé dou leur. Et avec ce ont fait crier et deffendre que
ladicte dame ou ses gens ne lievent riens de pacefiement
ne de composition faite à sondit mari ou à elle pour
aucuns de ceuls qui furent en ladicte bataille, nonobstanz

les choses dessuzdictes, et sanz avoir oïz ou appellés la dicte dame ou ses gens; et font prendre et lever de chascun de ceuls qu'il font appeller pardevant euls, dont il y a grant nombre 16 sols, pour guages des sergens, de quoy le païs et les bonnes gens ont esté moult grevés, et encore sont chascun jour. Si requiert ladicte dame qu'il soit mandé asdiz mestres Regnaut et Gautier qu'il cessent des choses dessusdictes, et ce que fait en auront rappellent et meitent au nyent, et rendent ce que levé en auront ou fait lever, et qu'il leur soit mandé que ce fait, s'il veulent dire ou proposer aucunes causes ou raisons pour le roy contre ladicte dame, ses gens ou ses subgiés, qu'il viengent et soient à certain jour par devant nos seigneurs de la Chambre des Comptes pour dire et proposer tout ce que bon samblera, ou qu'il envoient par devers nosdiz seigneurs par escript tout ce qu'il voudront dire ou proposer contre ladicte dame, ses receveurs ou ses gens.

(*Au dos*): A nos améz et féauls conseillers mestre Regnaut de Fiefes et mestre Gautier de Kevaucamp, commis et envoiez de par nous ès parties de Flandres.

(*Plus bas*) : Requeste civile de nostre amée et féal la dame de Cassel, pour la cause des levées des biens de ceulx qui furent à la bataille de Cassel.

14.

1336, 5 février.

Les commissaires royaux sur le fait des forfaitures de Flandre ordonnent, en vertu d'un mandement du roi du 6 octobre 1335 (A), à E. de la Broye, J. Russin et J. Spetin, de procéder aux confiscations dans la châtellenie de Bailleul.

> Archives du département du Nord. Chambre des Comptes de Flandre, n° 7056.
> Original dont les sceaux ont disparu.

Renaus de Fieffes, diiens d'Amiens et Wautier de Kevacamp, clerc du roy et commissaire député de par le roy noseigneur sour le fait des fourfaitures de Flandres pour les darnines batailles de Cassel, pour vendre et exploitier les biens forfais au roy pour cause de ladite bataille et pour recevoir les deniers des finances faites sur ce, à Estene de la Broye, Jehan Russin et Jehan Spetin et à cascun par lui, salut. Nous avons receu une commission du roy noseigneur dont la fourme s'enssieut :

(A) Philippe, par la grâce de Dieu, roys de Franche, à nos amés et féaus clercs mestres Renaut de Fieffes et Gautier de Kevacamp, salut. Comme nous vous aions autre fois mandé et commis que vous enqueissiés des choses que nous povoient apartenir par cause de la confiscation et fourfaiture de Cassel, et ycelles que vous trouverés à nous apartenir vous taxissiés et esploitissiés pour nous et les deniers envoiissiés à nostre trésor à Paris, encore vous mandons, commandons estroitement et commettons que vous vous transportés èsdictes parties et lesdites choses fachiés et acomplisiés en la manière que mandé le vous avons autre fois par nos lettres, le miex et plus pourfitablement que vous porés pour nous. Et tout l'argent que vous en avés et aurés, envoiés sans délay à nostredit trésor, et ce fetes si curieusement que par vous n'ï ait deffaut. Donné à Chartres, le vi⁰ jour d'octembre, l'an de grâce mil CCC trente et chuine.

Par le vertu desqueles lettres vous mandons et commettons, de par le roy noseigneur, à vous et à cascun de vous, que vous vous transportez en la chastelerie de Bailleul et ailleurs, si comme nous vous avons baillié par escriptes rolles séelés de nostre séaus, et prenés en le main du roy nossire les biens de toutes les personnes contenues esdit rolles pour cause des deniers qu'il doivent au roy nossire de terme passé, si comme en yceulx est contenu. Lesquels biens levés et metés sous sauvegarde se bonne récréance ne vous en est faite par seurt jusques à le somme du deu, en assingnant asdictes personnes jour pardevant nous à Saint-Omer au venredy et au semedi prochain après la Purification Nostre-Dame (1) et as jours ensievant, pour à nous paiier les deniers dessusdis quil doivent au roy nossire. Et s'aucuns s'oposse, le main du roy soufissaument garnie, avant toute œuvre, assingnés lui jour pardevant nous asdis jours et lieu pour faire raison. Sour che et sour lesdites personnes prenés les gages de vous despens ensi qu'il apartient de sergans, comme il aient esté deffalant de terme passé. Encore vous mandons nous et commettons à vous ensanle et cascun après li, que vous vous transportés as hommes et as eschevins de Bailleul et de le châ-

---

(1) Le 8 et le 9 février.

telrie, et à cheul qui le gouvernance et le rechete ont dou paiis, et leur commandés de par nous qu'il viengent paiier à nous cent libvres parisis, qu'il doivent au roy de terme eskeu as jours dessusdis, et à che les contragniés se rebelle en estoient par presse et exploit de corpz et de biens, soit par vente de biens ou en autre manière. Et s'il s'opposoient au contraire, si leur donnés journée devant nous as jours dessusdis, la main du roy tousjours premièrement garnie et vous nanti de la somme dessusdite, et exploitiés sour eaus vos gages comme dessus est dit comme il soient en deffante de paiiement de che faire. Et tout che qui en ce peut et qui y poet appartenir, donnons à vous tous ensamble et à cascun par soy, pooir et auctorité de par le roy nosseigneur, mandons et commandons à tous les subgés d'ycelui, prions et requérons à tous autres, que à vous et à cascun de vous obéissent en faisant vostredit office diligenment et entendement. Donné à Saint-Omer, sous nos séaus, le chuinkime jour de février, l'an de grâce mil CCC trente et chuine.

(*Au dos*) : Commission pour exécuter certaines personnes de Bailleul qui furent à la derraine bataille de Cassel et pour ce sont leurs biens confisquez au roy.

15.

1336, 7 février.

Les commissaires royaux sur le fait des fourfaitures de Flandre ordonnent en vertu du mandement du 6 octobre 1335 (Cf. n° 14, A) à C. de Lille et J. Maure, de procéder aux confiscations dans les châtellenies de Furnes, Bergues, Bourbourg, Dunkerque et Cassel.

> Archives du Royaume à Bruxelles, Chambre des Comptes de Flandre, n° 746.
> Original.

Donné par copie sous le sael Jehan Maure. Regnaus de Fieffes diiens d'Amiens et Gautier de Cavacamp commis et deputés de par le roy nosseigneur sour le fait des fourfaitures de Flandres pour la darraine bataille de Cassel pour vendre et exploitier les biens fourfais au roy pour cause de ladicte bataille et pour rechevoir les deniers des finanches faites sour ce, à Colardin de Lille et Jehan Maure ou à l'un d'eaus, salut. Nous avons recheu une commission du roy nosseigneur dont la fourme s'en sieut : Philippe par la grâce de Dieu, roys de France, à nos amés et féaus clers mestre Regnaut de Fieffes et Gautier de Cavacam, salut, etc. (*comme au n° 14, p.* 201). Par le vertu de laquelle nous vous mandons et cascun de vous commettons que vous vous transportés à Furnes, à Berghes, à Bourbourc et ès castelleries, à Neufport, à Dunkerke, à Cassel, à Warneston et ès castelleries, et généralement partout là vous verrés qu'il appartenra, et adjornés par devant

nous au lundi après les Brandons (1) Jehan Lauwer de
Berghes, Jehan du Pulgekin, Willame Pruchenier, Danel
de Paris, Jehan Boulekin, pour respondre à nous des biens
fourfais que il ont levés en quelque nom que ce soit et
aussi Danelke de Warneston, pour eaus deffendre de ce
que demander leur en porrièmes et pour aler avant au
sourplus si comme de raison sera. Encore vous mandons
nous et commetons que vous vous transportés èsdis lieus
ou alleurs et là il appartenra, et enquirés diligamment qui
les héritages de ceus dont li nom vous apparront par une
rolle scelé de nos séaus, qui sont mort, banni, justiciet ou
fuitif par qui que ce soit, qui contre le roy furent au
temps de le bataille de Cassel, tienent et possessent ou ont
possessé depuis, et ycheus adjornés à jours conpétens pardevant nous pour finer et rendre raison des levées depuis
le temps de ladicte bataille et pour aler avant si comme de
raison sera, et prenés tout avant oevre lesdis héritages et
chou que sus trouverés en la main dou roy pour satifier
à nous et paier des levées des termes passés et pour
rachater lesdis héritages à nous se rachater les voelent, et
faites intimation asdictes villes de Furnes, de Berghes, de
Cassel, de Neufport que des compositions qu'il ont faites à
le Chambre des Comptes à nous ou ailleurs ou nom du
roy il envoièchent les copies vers nous sous séaus auten-
tiques, par quoy cil qui quite et franc doivent estre par le
vertu de leurs compositions des choses dessusdites ne
soiient pas travillié sans cause, et que nous puissons procéder sour les autres en le manière que de raison sera. De

---

(1) Le 8 février.

che faire vous donnons poir et mandement espécial, mandons et commandons à tous les subgés dou roy nostredit seigneur, prions et requérons à tous autres que en ce faisant à vous obéissent diligamment et entendent. Donné sous nos séaus l'an de grâce mil CCC trente et chiunc, le VIIe jour de février.

Fragment d'un sceau en cire brune sur simple queue.

16.

Après 1328.

Plaintes adressées par Jehan le Vinc, Jehan de Saint-Nicholay, Jehan Colin, Ghis. du Boos, Louwers Damman, Wautier le Scridere, Benoît li Brol, etc., aux commissaires établis dans la terre de Cassel pour faire enquête au sujet des troubles.

Archives du département du Nord. Chambre des Comptes de Flandre, B. 262 (5796).
Rôle formé de membranes de grandeurs et d'écritures différentes, dont six en français et deux en flamand.

HONDESCOTE [a].

En l'an de grâce M.CCC.XXVI. wida Jehan li Vinc de Hondescote le païs par forche des esmeutes, aveuc Pirron delle Dilf, adonc bailliu de Berghes, pour che que lidis Jehan li Vinc voloit aidier à che que li paes faite à Arkes fust bien tenue et warde en le manière que li paes le contient, et là après fu cheli Jehan essilliés et brisiés.

Du commandement de Jakemon Peite et de Jehan de

---

a. *Première membrane.*

Dringham, vint Wautier li Fave et amena aveuc luis chaus de Rexponde, de Ostcaple et de Killem et de Hondescote et essilgièrent et brisirent le manoir dudit Jehan le Vinc en Hondescote, qui estoient ou pris de 50 lb. par.

Item 3 mesures de blé qui valut le mesure 5 lb. par.

Item 5 mesures d'avène qui valut le mesure 3 lb. par.

Item bos croissant qui valut bien 5 lb. par.

Item 4 mesures de terre de deus aneies ke li hofmans avoient li profit et li autre gisoit gasté; le mesure valut plus de 25 s. par.

Et fu lidis Jehan li Vinc de Hondescote encachiés parforche des esmeutes.

A vous chier singeur suplie Jehan li Vinc devantdit pour Dieu et pour miséricorde, que il vous plaise à metre tel remède et tele graze que lidis Jehan en ait restoir de son damage ausi com il sera bien trovei par le bone verité en lieu et en tans.

Chest li demande Jehan de Saint-Nicholay [a].

Par devant vous singneur qui est commis et député de par no trèz redoubtée dame madame de Cassel pour rechevoir les supplications de chaus qui ou tamps des derraines esmeutes furent encachiés hors dou pays, et pour, sur lesdites supplications enquerre quels damages et dépens cascuns en euyst, combien il ont depuis levé et de quelz personnes, démonstre en suppliant Jehan de Saint-Nicholai comme ou temps des esmeutes desusdites, lidis Jehans, pour tenir et warder le paes d'Arkes, ainsi comme il avoit juré, il wida le pays de Flandre et ala

---

a. *Deuxième membrane.*

outre, et quant li commun le savoit en alèrent à l'hostel doudit Jehan, wastèrent, essillèrent et empourtèrent ses biens et cateus et misent le feu en ses maussons et granges et les ardoient et brulloient, dont lidis Jehans prinst damage et dépens de 50 lb. Item encore perdi lidis Jehans, pour la cause dessusdite, les esplois de 24 mesures de terre dont il en avoit 8 mesures de blé, 8 mesures d'avaine et 8 mesures que fèves que trémois, dont cascune mesure l'une parmi l'autre valut 40 s par.; montent 48 lb. Item perdi lidis Jehans 2 mesures de herbage qui valut à 20 s. le mesure; valent 40 s. Et monte li somme de tous ses dépens et damage 100 lb. desquels dépens et damages lidis Jehans a peu levé mais che que il en a levé est chi en après escript en le supplicacion et lez nons de cascun et combien, supplie lidis Jehans que li dépens et damages lui soient restitué en le manière que trouvé sera que il appartenra et selonc ce que li grant grief et damage dessusdit lui fu fait pour che que il voloit wider et tenir la paes d'Arkes.

Che que il a levé par tout 4 lb. 12 d. de singulières personnes si comme il cognoist.

Défense contre le demande dessusdite.

Contre la demande Jehan de Saint-Nicholay respondent chil de le keure dou terroir de Bourbough pour eaus tan seulement, que lidis Jehans fu alans, venans et demourans aveucq les autrez dou commun dou pays près dusques en le fin, consentans et agréans les appirions (?) dou commun dou pays et par aucun débat que il eut en ichelui tamps contre les cuveliers et autrez, il wida le pays, et pour chele course ne sont chil de le keure tenu de porter kerke de ses dépens.

Item, ja fuist-il cose que sa maison fust arse et esillie si n'a-il nulepart dit en sa demande que cheaus dou pays par communauté lui fisent, et ja fust-il que il le desist ne seroit-il mie ainsi trouvés, car il sera trouvé pour chertain que singulières personnes lui fisent et de leur auctorité, qui pour che le mesprisme, et pour autant sont justichiée dou corps et sont banny li aucun dou pays. Et pour lez causes dessusdites doivent chil de le keure estre franc et delivre desdis dépens, et se à vous qui estez commissarez de cheste cause samblast que aucune restitucion en appartenist estre faite, font-il protestation et concludent à le fin de che demeure, parceque il ne dist de plus grant rechoipte de tout rabatemens de che que il sera trouvé que il perdi comme il ont fait de Robert le Heercez.

Tesmoins produis de le partie dou pays sour la demande dudit Jehan.

Jehan Bonne, tesmoins juré et requis sour ledit damage, dist par sen seerement que lidis Jehans fu demourans ou pays an et plus puis le paes faite à Arkez, et pooit perdre en tous biens environ 30 lb. selonc sentence. Requis audit tesmoin s'aucun restoir il en a eu, dit que il tient mieus que il n'en rechut sous che que contenu est en son brief que autre chose et quant que levé ou rechut en a esté à grand tort, et autre cause plus n'en sait.

Jehan Lay — — — dit par son serement que de la quantité de son damage il ne seit riens. Requis se aucune restitucion il en a eu, dist que il n'en seit rien.

Jehans li Clers — — — dist par son serement que lidis Jehans perdi 2 maisons de le valeur d'environ 25 lb. et che lui fisent 2 ribaudz ne mie li communs, si que li pays ne lui est tenus de rendre nule biens. Requis audit tesmoin se aucune cose en a levé, dist que levé en a plus que ses damages ne amontent, et d'autre cose plus ne seit.

Joris de le Tour, Willaume f. Sarre, Pieter Palin, Bauduin Scarke, Jehan Gottscalk — — — dient par leur serement que lidis Jehans fu demourans ens ou pays lent et lonc temps puis la paes et près dusques en le fin, et pour aucuncs doubtez que il avoit, que clerement ne seyvent desongner, ala outre, et pooit perdre en tous biens dusques à le value de 25 lb. Requis s'aucune restitucion il en a eu, dient que il puet bien avoir levé dusquez à la valeur de 60 s. feule par., et d'autre cose plus ne sevent.

Chest la demande de Jehan Colin.

Pardevant vous commisarez députés de par haute dame et noble madame de Cassel, monstre Jehans Colins et dist que il vous a bailliet par escript les dépens et damages que il rechut ou tamps des esmeutes et les levées et restitucion que il en a eu ou misme escript si *... comme il vous samble que vous desirés d'avoir eut plus grant déclaration, et pour déclarier plus à plain et en loyauté, dist lidis Jehan que il perdi bien en tous biens le valeur de 800 lb., dont il a eu restitucion tant en justice des mors justichiés ou bannis comme en deniers ou autres biens levés et rechus dusques à la valeur de 500 lb. Ainsi demeure que ses dépens montent plus que ses levées 300 lb. Supplie lidis Jehans que restitution lui en fait faire, car pour le boin serviche que il fist ou tamps de monseigneur eut lezdis damages.

a. Un mot illisible.

Deffense contre la demande dessusdite.

A l'encontre de le demande doudit Jehan Colin, dont li somme de tous ses dépens contient 800 lb. si comme il maintient, dient les bonnes gens de le kure dou terroir de Bourbourch que ou tamps des esmeutes li ville de Bourbourch, les clers, lez vauseries et le parroche de Loberghe estoient une communitez, et pour le raison que chil de le kure ne sont tenu ne aus obligiet de porter le kerke d'autrui, respondent-il pour aus tant seulement que on est tenus de rabatre che que desdis despens doudit Jehan pourroit touker à le ville de Bourbourgh, qui selont tous anchiens départemens monterroit le quarte part ou environ.

Item, devroit-on rabatre par coustume samblaule pour che que il pourroit touker as clers et aus vauseries le tierche part de le principale somme.

Item, doit-on rabatre pour le parroche de Lobergh non appartenant à le kure, pour che que il estoient participans ou tamps des esmeutes aveucques chaus de le ville et castellerie et appendance de Bourbourch, tout comme à vous qui estez commissarez semblera, et raisons est.

A^a vous singneurs qui estes deputei de par monseigneur de Cassel pour oir les pleintes des moufaiteurs de ces muetes, suplie Ghis. du Boos en compleignant.

Singneurs plaize vous à savoir que en l'an de grace mil trois cens vint et trois, vienrent li commun et li hoefman de le castelrie de Berghes le jour Saint Nicase en yver (1) et ajournèrent ledit Ghis. et ses compaingnons qui

a. Troisième membrane.

(1) 6 décembre.

adont furent coriers, de venir en prison à Berghes ens le piere, sour perdre cors et avoir. Là mirent ledit Ghis. et ses compaingnons vint et un semaines en grant péril de leur vie du commun de le castelrie. Dedens ce, fu fait un acort que ledit Ghis. et sen compaingnon demoroient de haut et de baes de quant que on leur porroit demander de par le commun et dezeure le loy sour monseigneur de Cassel, sour le ville de Ghant, sour le ville d'Ypres et sour le ville de Bruges. Là vienrent monseigneur de Cassel et les boines gens des trois villes, et oirent plaintes et enquestes sour ledit Ghis. et sour sen compaingnons en toutes les castelries de Berghes. Le verité owi, dirent-il leur dit sour ledit Ghis. et sour sen compaingnons en présence du commun sour peine de murdre, lequel dit fu mis en escrit, et ledit Ghis. et sen compaingnon le ont tenu et bien aparcompli.

Item, un an après commencha une autre muete qui tant dura ke une pais fu faite à Arke, pour lequele pais que Ghis. le volait tenir a sen poir fu encachiet du païs, et quant il fu encachiet vienrent cheaux de le ville de Dunkerke, bourrechmestre, eskevins et li commun, et brisièrent li manoir Ghis. estant d'en costé Dunkerke, qui valoit sussante et diis lb. de gros, et li portmestre de Dunkerke i fu.

Item, quant li manoir fu brisié vienrent cheaux de le ville de Berghes et enmenèrent en leur vile vint laes de brikes pour faire leur fortreches, et li remenant de brikes et du marien emportèrent pluscures persones de Dunkerke de le castelrie de Berghes.

Item, perdi ledit Ghis. siis mil gherbes de bley ki valurent diis lb. de gros.

Item, siis mil gherbes d'aveine qui valurent chinc lb. de gros.

Item, wiid mil wares de veches qui valurent chinc lb. de gros.

Item, treze vasques qui valurent trois lb. de gros.

Item, wiid pourcheux qui valurent douze sols de gros.

Item, deus jumens et deus pouttreins d'un an valurent trente sols de gros.

Item, lis, kieutepointes, uches, pos, paieles et autres facelmens (1) del ostel valurent 3 lb. de gros, et tous ces biens fi Jakeme Peit prendre par commandement du commun de le castelrie de Berghes, et les menèrent et vendirent H. Boit, Michiel Maiie, Wouter le Bere, H. Clai, Gherart Reel, Relof le Hont, Baudewin Huusman, Hue Tant, Colin le Crane, Ghis. Nevin, Ghis. Boudene, Lammin de Linke, H. Porart, Michiel Vlintart.

Dit*a* sijn die scaden die Louwers Damman hebbet iehad sident dat die paes van Arken iemaket was ende omme den paes van Arken te houdene, ende namelike dat hie sende Louwerkin sijn kind ende veile van sinen naesten magten tote Pieters van der Delft die do bailgieu was te Berghen, ende waren met hem in den steen omme dat hie den paes van Arken wilde houden ende doen houden ende plaine wet wilde hebben ghedaen van mins heren alven van Cassele in sijn land, omme twelke die bailgieu verdreven was tote in Inghelrames huus van Bieren, metten welken bailgieu sie treeden int huus ende helpet hem houden. Ende omme dese zake so was Louwers Damman verdreven ende sijn goet iesailgiert ende ienomen, dats te verstane : een huus in die steide van Berghen dat wel ward was 3 lb. grote, twelke dat Coppin Peit ende Hannin die

a. Quatrième membrane.

(1) Vaisselle, cf. anc. fr. *Vasselmente.*

Coninc ende harleider helpers van Berghen ende van Berghena[m]bocht daden. Item ene woninghe te Wormoud daer Louwers wonende was, ende ene te Wijlre bewesten den karchove, ende ene te Wijlrebrigghe, ende ene het ooest in Wormoud, diewelke sailgierden die van Wormoud, van Quat-Ypre, Sox, Bieren, Steen, Ykelsbeike, Kideringheem ende Bissinczele, van dewelken dorpen beledre was Hannin Lenin ende al sine helpers, diewelke woininghen ic niet iegheven hadde omme 60 lb. groter tournoise.

Item, in groenen houte, draghende ende ghelde, die Boidin Huusman ende Reilof die Hont vertoechten van slants halven, die ic niet jegheven hadde omme 4 lb. grote.

Item, dat deise selve verkochten van minen vruchten tot 80 iemeiten an die eerde van slants alven, die ic niet hadde iegheiven omme 13 lb. grote.

Item, in corne, in crude ende in eiven (1) die laghen in die scure, die ic niet iegheven hadde omme 30 s. grote.

Item, in allen antrechten bin den huus, bedde, pots, pannen ende andere clene katelen, ende bin den hove waghene, zelen ende datter toebehorde, die ic niet hadde ghegheven omme 30 s. grote.

Item, 70 iemeite lants die blade (2) van 2 jaren die hieven ende hadden Hannin die Marscalc van Quaetypre ende Hannin sijn zone, Hannin van Rivelde, Hannin Carstianen, Hannin die Meer ende Coppin Peit, die ic niet hadde iegheven omme 10 lb. grote die 2 jaerscaren, ende alle deise dinghe vorseit biede ic wel in ware te doene ter wille van minen here jof van sinen lieden.

---

(1) C'est-à-dire : even, avoine.
(2) Blé (veldvruchten).

En ª l'an de grace mil CCC vint et sept, wida Wautier le Scridere de Hontescote le païs de Flandres par forche des esmeutes, pour chou ke il estoit aveuke Pieron de le Dief adonc baillieu de Berghes en le steen pour aidier et tenir
5 le pais d'Arkes, et enkachièrent li devantdiit Wautier les persones, chi après nommés, chest à savoir Winnoc le Fiere (1) adonc hoofman de Berghes et Jehan le Valewe hoofman de Hondescote et Michel Beier, Jehan Basin, Clai Metten Zuaerde, Jehan Boidin fieus Karsten, Rubbin fieus
10 Aven et leur aïdans.

Primièrement, par le commandement Winnoc le Fiere, hoofman de le castelerie de Berghes et de tout le commun, vint Jehan le Varsche et acata encontre Winnoc le Fiere et le commun toute les kateus ki estoient Wautier le Scri-
15 dre devantdiit en Hondescote, chest à savoir ses maisons vers bos ki estoient u pris de sisante et diis livres de par., et prie Dieu très dous singneurs ke vous metté tele remède par quoi que je puis avoir restitusion de ma damage.

HONDESCOTE *ᵇ*.

20 A vous singneur commissaires députés de par monsin-gneur Robert de Flandres, sires de Cassel, des meffais ki ont

a. Cinquième membrane.
b. Sixième membrane.

---

(1) C'est le personnage que le *Chronicon comitum Flandrensium* (*Corpus chron. Flandr*, t. I, p. 204) appelle « Winnocus de Flere, pessimus homicida ». D'après cette chronique, il aurait commandé avec Zannekin l'armée flamande à Cassel. Une mauvaise lecture le fait dans ce texte capitaine des *Brugenses*; l'acte publié ici montre qu'il faut lire *Bergenses*. — Cf. p. 218.

esté fait en le vile de Berghes et en le chastelerie, vous supplient humilement en complaignant li amis et parens Benoit li Brol de Hondeschote, ki fu fausement mordris et tués en le vile de Berghes des personnes chi après noumés et de leur aidans, chest à savoir :

Jehan le Valewe ki a esté hoofman de Hondescote tout li muete durant et menoit de son maison lediit Benoit au Berghes pour lui mordrir, Winnoc le Fiere, Michiel le Varsche, Masin de Bieres, Michiel Boid, Jakemin Roze, David Loot, Clai Labaen, Jehan Brudoel, Willem Anbrois, Michiel Beier, Jehan Basin, Gill. Bode, Jehan le Mach, Danut Harbeen, et che furent cheaus ki faisoient chest orible fait de leur propre mains.

Et che fu par le conseil et par le confort de cheuas chi après noumés, chest a savoir :

Coppin Boid, Margharie le Vaue, Clai Piel, Pierin Say, Clai Mette Zuaerde, Rabbin fieus Aven, Jehan Bode fieus Willem Bode, et tous plains d'autres coupables dudiit orible fait en che keil tramoet en aus lediit orible fait de leur plaine volenté, desqueis on fera boine declaracion à le volenté de monsingneur et de ses gens. Chest orible fait fu fait en l'an de grasce mil CCC et vint et sept, sour le nuevime jour en février, pour chou que lediit Benoit fu en le steen aveucque Pieron de le Dielf adonc bailliu de Berghes et voloit aidier tenir le pais d'Arkes selonc sen poir.

Honscote [a].

Tote jou heren die zijt iecommissiert van minsheren weighe van Cassel, Jehan Bankinoet, Th. de Vinc ende Wouter de Scrider van Honscote beclaghen ons van Pie-

---
a. *Septième membrane.*

rine Boide ende van Michiel den Pinkere dat sie over ons
claghede *a* Willem van Morslede ende andre hoofmans van
Ypre, dat wie waren contrarie Coppin Peiter ende der
meente van Barghenambocht, ende dat hi negheen ievolch
mochte hebben van den commune van Honscote bi belet-
tene van ons.

Item, Pierin Boid ende H. Boid zeiden voren 't commun
in de carke van Honscote dat wie waren onprofitelijc in
't lant, ende dat was dat wie Coppin Peiten niet wilden vei-
sen ievolghich, ende dat was dat wie niet wilden ghaan
jeghen den pais van Arken.

Item up den dach dat cueriers waren ievanghen, so
cam Pierin Boid, Coppin Bode, Michiel Boid (1), Coppin
Boid, Rubbin Avenzuene ende H. Boid met Coppin Peiten
in den steen iewapent ende harleider helpers omme ons
doot te slane ende andre ghoede lieden van Honscote, ende
dar so moesten wi trecken bi noden in de carke van Zinte-
Winnox ende ander ghoede lieden met ons omme 't lijf te
behoudene.

Item Pierin Boid, H. Boid, Michiel Boid (1), Coppin Boid,
Pierin Sax, camen ende makeden hem here, ende vinghen
Boidin den Scuetelare te Honscote ende brochtene te Barghen in de vanghenesse ende reimerdene (2) van 100 grote
tournoise omme sijn uutecommen.

a. Lisez : clagheden aan.

---

(1) Cf. p. 97, 4.
(2) Vieux français *raimbre (redimere)*, mettre à rançon.

En^a l'an de grace mil CCC vint et sept, wida le païs Jehan Bankinoet de Hondescote par forche des esmeutes pour chou que il estoit aveucque Pieron de le Dielf adont baillieu de Berghes en le steen pour aidier tenir le païs d'Arkes selonc sen poir, et encachièrent li devantdict Jehan les persones chi après noumés, chest à savoir : Winnoc le Fiere adonc hoofman de le castelrie de Berghes (1), Jeh. le Valewe hoofman de Hondescote, Michel Beier, Jeh. Basin, Clai Metten Zuarde, Pierin Say, Jeh. fieu Boidin Karsten (2) Rubin fieus Aven et grant planté de leur aidans.

Premièrement, par le commandement Winnoc le Fiere hoofman de le castelrie de Berghes et de tout le commun, Michiel le Varsche akata encontre Winnoc le Fiere et le commun toute le cateus qui estoient Jehan Bankinot devantdiit en Hondescote, chest à savoir maisons, granges, estaules, 4 mesures de blé ki estoient u pris de sinkante livres de parisiis, et prie Dieu, très dous seigneurs, ke vous woeilliés mettre teile remeide par quoi je puis avoir restoir de ma damage.

a. Huitième membrane.

---

(1) Cf p. 215, n. — Cette plainte est rédigée presque textuellement dans les mêmes termes que celle de Wautier le Scridere, p. 215.
(2) Cf. p. 98, 32.

17.

1330, 1ᵉʳ octobre. — 1331, 1ᵉʳ octobre.

Extraits des comptes du receveur de Robert de Cassel, relatifs aux amendes et aux « forfaitures ».

Archives du département du Nord. Chambre des Comptes de Flandre. État général de Flandre, n° 1484. Registre en parchemin.

Comptes secondz Jehan de Ziesseles, recheveur à monseigneur Robert de Flandres, signeur de Cassel, de ses terres en Flandres, de ce qu'il en a recheu des rentes, revenues et esploitz desdittes terres, payé et delivré ès besoignes appartenans à la recheverie mondit signeur, aussi de che qu'il a recheu des rebelles qui ont finei et qui se sont paisiifié envers mondit signeur, aussi de che qu'il a recheu des terres et biens fourfaitz à cause des esmeutes par les mains des recheveurs d'ycelles et de chascune chose à par lui, depuis le jour Saint Remi (1) l'an trente (*1330*) jusques le jour Saint Remi (1) l'an trente et un (*1331*), etc.

Recepte des biens fourfaitz à cause des esmeutes par les mains des recheveurs d'ycelles.

---

(1) 1ᵉʳ octobre.

Primes, de Willaume Zoetanin, bailli de Dunkerke, sour sen compte qu'il doit faire des maisons et autres biens fourfaitz à cause des esmeutes en le ditte ville, rechuit à pluisseurs fois en monnoie de ce compte . 452 libvres, 5 sols.

Item, rechuit de Jehan Lauwers, recheveur des fourfaitures en le ville et en le castelerie de Berghes, sour sen compte qu'il doit faire des dittes fourfaitures de l'année commenchant le jour Saint Clément (1) l'an trente, car adont compta-il à Estainfort, rechuit en monnoie de ce compte . . . . 91 libvres, 12 sols.

Item, rechuit de Daniel de Parys, recheveur des fourfaitures en le ville et chastelerie de Cassel, pour le parpaie dou restat d'un compte qu'il fist à Stainford, environ le Saint Clément (1) l'an trente, en monnoie de ce compte. . . . . 35 libvres, 8 sols.

Somme : 579 libvres, 5 sols.

    Recepte de chiaus qui se sont acordé
    et paisifiié envers monsigneur, par ses
    gens, des meffais qu'il avoient fettes ès
    esmeutes.

Primes, rechuit de chiaus dou Pont d'Estaires et de Stainwerc, pour le dict que messeigneurs dist sour eaus, de leur acord et pais qu'il fisent à li des meffais des esmeutes, vint et chuinc libvres de viés gros tournois qui valent en monnoie de ce compte. . . . . . 300 libvres.

Item, rechuit des douze personnes qui furent conseilleur

---

(1) 23 novembre.

avoeques cheus de le castelerie de Cassel en temps des esmeutes, douquel meffait il fisent leur pais à monsigneur pour vint libvres de viés gros tournois qui valent en monnoie de ce compte. . . . . 240 libvres.

Item, rechuit de Vinchent Poene, liquelz fu banis par les estatus des esmeutes de che que il fu ocoisonnés de le mort d'un homme, si sen acorda et fist se pais pour . . . . 8 libvres.

Item, rechuit de Jehan de Monteberghe par le bailli de Warneston, pour le rapiel d'un ban fait en temps des esmeutes, douquel ban liditz Jehan devoit paier à monsigneur pour se pais trois libvres de gros tournois ; si en compte li rechevères rechuit en rabat de leditte somme en monnoie de ce compte. . . . . 17 libvres.

Item, de Gillekin le Tanre de Warneston, qui se appaissa d'une amende de diis libvres par ledit bailli, pour . . . . 4 libvres.

Item, de France Ysac par le bailli de Warneston, pour le rapel d'un ban fet en temps des esmeutes, rechuit : 24 libvres.

Item, rechuit de Pieron Wenemare et de son frère par ledit bailli, d'une amende . . . . 5 sols.

Somme : 593 libvres, 5 sols.

Date en diverses parties.

Item, donné pour les despens de maistre Wautier de Kevalcamp, maistre Thumas Ribolet, Ansel dou Lo, de deus sergans dou Roy et d'autres avoeques euz, fetz à Berghes le semmedi et le diemenche devant le Saint Barnabé (1) quant il vinrent premirement pour mettre le ville de Berghes et le terroir et toutes les autres villes et chastelleries que messire de Cassel tenoit de son vivant en Flandres en la main et en la garde dou Roy, au profit de ma dame, en monnoie de ce compte . . . 7 libvres, 9 sols, 3 deniers.

Item, à Hubelet le Peskeur, pour pisson de douche eauwe achaté par Jehan Palstier environ le Saint Jehan en mi-estei (2), et envoyé as commissaires le Roy qui passèrent Warneston, donné en mémoire dessus. dicte . . . 30 sols.

Date pour messageries envoiiés.

Item, à Claikin de le Cuisine, envoié le mardi ès pasquères (3), de Warneston à Berghes, à Dunkerke, à Noefport, à Bourbourg et à Cassel, à tous les lettres ouvertes dou recheveur par lesqueles il leur manda comment il avoit novelles de le ville d'Ypre que Rogier Monac et autres des fugitifz, deus centz en plus, s'estoient mis en mer pour arriver à Dunkerke, et que partant il en faissient sour leur warde, donné . . . . 12 sols.

Item, à un messaige envoié le lundi devant le jour de may (4) de Warneston au bailli de Cassel, pour li faire

---

(1) 8 et 9 juin 1331.
(2) Vers le 24 juin 1331.
(3) 2 avril 1331.
(4) 29 avril 1331.

savoir comment messeigneur avoit envoié commission des triewes jugier par son pays, et que à un chertain jour tout li pays monsigneur y seroit assemblez pour celle meisme besoigne, et li manda-on aussi le jour des comptes des baillis pour le terme de Sainte-Crois en may (1) l'an trente et un, etc. . . . . 3 sols.

Item, à un autre message, envoié che meisme jour et pour celle meisme besoigne, à Berghes, à Bourbourch, à Dunkerke, à Noefport, donné . . . . 8 sols.

Item, à Hanekin de Gand, le jovene, envoyé le semmedi après le Saint Jehan (2), de par madame, de Warneston au bailli d'Amiens, pour excuser les sergans du roy qui estoient en ses bescignes, et porta li ditz messaiges à Ansel dou Lo la relation dou sergant qui avoit estei à Bornehem, donné. . . . . 16 sols.

Item, à un message envoyé par le recheveur environ le Saint Jehan Décollace (3) de Warneston à Bourbourgh à Jehan Palstier, et li envoia liditz rechevères lettres en une boiste, lesqueles liditz Jehans avoit mandées pour les avoir à Bourbourgh, à celle journée qui adont y estoit, donné . . . . 8 sols.

(1) 3 mai.
(2) 29 juin 1331.
(3) Vers le 29 août 1331.

18.

Vers 1332.

Liste des maisons forfaites à Dunkerque, vendues et non vendues.

Original en parchemin scellé du sceau de Jean Maure.
Archives du département du Nord. Chambre des Comptes de Flandre, n° 7062 du Trésor des chartes.
Publié par E. De Coussemaker dans le *Bulletin du Comité flamand de France,* t. V, pp. 426-429.

Donné par copie sour le sael Jehan Maure. — Donné par copie sous le séaus de nous Renaut de Fieffes, doiiens d'Amiens et Gautier de Cavacamp, clers nostre sire le roy, et commissaires député ès choses qui s'ensièvent.

Che sont les maisons fourfaites en le ville de Dunkerke, vendues et non vendues :

Premièrement li maison qui fu David Lamman.

Item, le maison qui fu Colin le Bout, là il maint.

Item, encore le maison ledit Colin le Boud, là Stassin le Walwerkere maint.

Item, le maison Colin le Boud, là Manie Wisselars maint.

Item, une autre maisonchele qui fu Colin le Bout, delés Pieres Michels.

Item, le maison qui fu Jehan Tyel, le jovene.

Item, le maison qui fu Jehan le Goes.

Item, le maison qui fu Guys Honesschen.

Item, le maison qui fu Jehan Ronkiers.

Item, le maison qui fu Willaume Lauwers.

Item, le maison qui fu Griele Craets, là Jehan le Mestre, soloit manoir.

Item, le maison qui fu Willaume Tongh, estant delés Lawers Balox.

Item, le pendoir de hérens qui furent Griele Craets, estant derière le maison Hughe Porke, là Jehan le Mestre maint.

Item, le maison qui fu Jakemin Sbiters.

Item, le maison Griele Scraets, là Willaumes Blijfhier maint.

Item, le maison qui fu Jehan Mandont.

Item, le maison qui fu Jehan le Scot de Loon.

Item, le maison qui [fu] Clay Slove.

Item, le maison qui [fu] Jehan le Repere.

Item, le moitié de le maison qui avoit esté Michel Coens et fu Mikiel Hanghers avant qu'il le fourfiist.

Item, le moitié d'une grange qui fu ledit Michel Hanghers et avoit esté aussi à Michel Coene.

Item, le maison qui fu Jehan Sterts, là Willaume le Vos maint.

Item, le maison qui fu Jehan le Barbier.

Item, le maison qui fu Jehan Craets.

Item, le maison qui [fu] Willaume Heyneman.

Item, le maisonchele qui fu Jakemin Buffaes estant sour terre Jehan Moens.

Item, le maison Jehan Craets, là Coppin Pap maint.

Item, le maison qui [fu] Moenin Treelaps.

Item, le maison qui fu Jehan Maes Sconeventers, lequele li vint par le mort Michel le Hoep zeman.

Item, le maison Jehan Smekartz.

Item, le maison qui fu Griele Scraets, delés le maison Hughe Fourke.

15

Item, le maison qui fu Clays le Voghelare delés le maison Pierre de le Hofstede.

Item, le maison qui fu Clay le Voghelare, delés le maison Pierre Dertiene.

Item, le maison qui fu Clay le Voghelare, delés le maison Coppin Soys.

Item, le maison qui fu Grenboud de le Ysere.

Item, le maison et les 2 cambres qui furent Mikiel Hanghers.

Item, le maison qui fu Jehan Maes Sconevensters, là Mikiel le Bedelare maint.

Item, le maison qui fu Jehan Sterts estant encontre le maison Jehan de Dunkerke.

Item, le maison qui fu Jehan Sterts, là Pieron le Rantere maint, et une cambrele delés le maison.

Item, le maison Willaume Togh, encontre le maison Michiel Langbeens.

Item, le cambre qui fu Coppin Lyoen.

Item, le moitié de le grange qui fu Willaume Togghes, de lequelle li autre moitié est à Gherkin Royel.

Item, le maison qui fu Pieron le Boud.

Item, Andrieu de Vos, une maisoncele.

Item, le grange qui fu Griele Craetz, delés Ghijs Rijm.

Item, le maison Griele Craetz, derière le maison Moenin Everard.

Item, le maison qui fu Griele Craetz, là Mikiel le Grise maint.

Item, le maison qui fu Baudin Beenkin.

Item, le maison qui fu Rikart Karlin, delés le maison Poillekin.

Item, le maison qui fu Rikart Karlin, delés le maison Michel Vinx.

Item, Winnoc Craet, Hannin Craet, Mabe Craetz, Griele Craetz et Trisse Craets eurent part en le maison là Roulf Stuvin demeure, et en apartint à eus des 5 pars de ledite maison les 3 pars; et furent les 5 pars prisiés 25 libres. Et y a lidis Roulfs demouret et demeuré jusques à le volenté de monseigneur, de ses gens et de leur assent.

(*Au dos*) : Plusieurs maisons venduz à Dunkerke comme fourfaiz au Roy par ceulx qui furent à l'encontre de lui en la derrenière bataille de Cassel.

Les copies des commissions mestre Gautier et ses compaignons que Jehan Maure me baillia à Dunkerke.

TABLE DES NOMS PROPRES

N. B. — Les noms des hommes ayant pris part à la bataille de Cassel ne figurent pas dans cette table.

A

Adam de Campellis, 187 [25].
Adam Paeldinc, *enquêteur*, 106 [10].
Adinghem, *Hondeghem, arr. d'Hazebrouck, Nord*, 78 [15].
Aluije, *Alloye, baronnie de Robert de Cassel dans le Perche*, 171 [10].
Alverinchem, *Alveringhem, arr. de Furnes*, 15 [1].
Amiens, *bailli d'-*, 223 [10].
Anceel Loir, *enquêteur*, 159 [10], 142 [15], 143 [25].
Andries Bollekine, *ses hommes*, 161 [20].
Andrieu Poignant, 197 [5].
Andrieu de Saint-Venant, 80 [1].
Andrieu de Vos, *de Dunkerque*, 226 [20].
Ansel dou Lo, 221 [25], 223 [10].
Arard Knibbe, *keurier de Furnes*, 174 [1].
Arkes (Arken), *Arques près Saint-Omer; paix d'-*, 206 [20], 207 [25], 208 [15], 209 [15], 212 [15], 213 [20], 215 [5], 216 [25], 217 [10], 218 [5].
Arnouds-Capple, *Westcappel, arr. de Dunkerque, Nord*, 143 [25].
Aspremont (le sire d'), *gouverneur de Flandre en 1324*, 163 [1].

Aubert le Wale, *enquêteur*, 79 [15].
Avencapelle, *Avecapelle, arr. de Furnes*, 48 [20].

B

Bailleul, *arr. d'Hazebrouck, Nord*, 68 [25], 79 [15], 202 [25], 203 [20]. — *Châtellenie de* -, 202 [25].
Bambeke, *Bambecque, arr. de Dunkerque, Nord*, 103 [1].
Baudewijn le Brabandere, *enquêteur*, 117 [10].
Baudewijn Faillart, *enquêteur*, 114 [1].
Baudewin (Boidin) Huusman, 213 [10], 214 [10].
Baudin Beenkin, *de Dunkerque*, 226 [25].
Bauduin (Baudewijn) de le Court, *enquêteur*, 18 [25], 24 [15], 46 [1], 47 [10], 63 [5].
Bauduin de Heuchin, 69 [10].
Bauduin Mauwere, *enquêteur*, 71 [1].
Bauduin Scarke, 210 [5].
Bauduin Scoet (le Scoet), *enquêteur*, 77 [1], [10], 79 [10].
Behoester-Port, *quartier de Furnes*, 5 [10].
Benoît li Brol, *d'Hondschoote*, 216 [1].
Berghes (Berghen, Barghen), *Ber-*

gues, *arr. de Dunkerque, Nord,*
87 [20], 204 [20], 205 [20], 211 [25], 212 [1],
213 [10], 214 [1], 216 [1], 217 [1], 218 [1,10],
221 [25], 222 [1], 223 [5]. — Barghenambocht, castelrie de-, 211 [25], 212 [10],
213 [10], 217 [1], 222 [1]. — *Voy.*
Pieron de le Dielf; Hannin Lenin,
Winnoc le Fiere, Zinte-Winnox.

Bertelemieu Bladelijn, *enquêteur,*
5 [15], 13 [5], 62 [1].

Bertelemieu de le Mote, *enquêteur,*
5 [15].

Beverne, *Beveren, arr. de Furnes,*
18 [20].

Bewester-Poort, *quartier de Furnes,*
6 [5].

Bieren, *Bierns, arr. de Dunkerque, Nord,* 114 [1], 214 [5].

Bissinzeles, Bissinczele, *Bissezeele, arr. de Dunkerque, Nord,* 128 [1], 214 [5].

Boescepe, *Boeschepe, arr. d'Hazebrouck, Nord,* 76 [25].

Boldekins-Houcke, *dépendance de Wulpen,* 27 [20].

Boidijn Basekijn, *enquêteur,* 57 [15].

Boidin den Scutelare, 217 [20].

Bornehem, *Borhem, arr. de Malines,* 223 [15].

Borre, *arr. d'Hazebrouck, Nord,* 69 [5].

Boud. Gherkijn, *enquêteur,* 119 [1], 121 [25].

Bourbourg (Bourbourc, Bourbourch, Bourbourgh), *arr. de Dunkerque, Nord,* 204 [20], 208 [20], 211 [5,10,15], 222 [15], 223 [5,15]. — Terroir de-, 208 [20].

Broukerke, *Brouckerque, arr. de Dunkerque, Nord,* 101 [1].

Bruges (Brugghe, Brucghe), 165 [20], 166 [15], 167 [20], 172 [1], 181 [15], 212 [5].
— Castelrie de-, 84 [25]. — *Voy.*
Willem die Deken.

Bullinzeles, *Bollezeele, arr. d'Hazebrouck, Nord,* 78 [1].

Bulscamp, *arr. de Furnes,* 51 [20].

C

Cannius de la Biest, 69 [1].

Capele-Saint-Jake, *Sint-Jacobs-Capelle, arr. de Dixmude,* 64 [15]. —
Frankise Saint-Pierre de Lille à -,
64 [15]. — Frankise Wijts Vischs à-,
65 [1].

Capele-Sainte-Katerine, *Sainte-Catherine, dépendance de Pervyse,*
59 [10].

Caples (?), *arr. du Nord,* 71 [1].

Casin de Coclare, *homme de fief du comte de Flandre,* 166 [1], 167 [10].

Cassel, *arr. d'Hazebrouck, Nord,*
204 [25], 205 [20], 222 [15]. — Mont de-,
184 [15]. — Bataille de-, 186 [1], 193 [10],
195 [10], 196 [5], 198 [15], 201 [10], 203 [20],
204 [10], 205 [10], 227 [10]. — Castelerie de-, 221 [1].

Chartres, 202 [5].

Choex (Sox), *Socx, arr. de Dunkerque, Nord,* 137 [10], 214 [5].

Christiaen Annoys, *commissaire yprois en 1324,* 172 [1].

Clai Labaen, 216 [10].

Clai Metten Zuarde (Mette Zunerde), 215 [5], 216 [15], 218 [5].

Clai Piel, 216 [15].

Claikin de le Cuisine, 222 [10].

Clais le Coustre, *enquêteur,* 17 [25], 56 [1].

Clais (Clay) le Doyerre, *enquêteur*, 112 [15], 113 [25], 136 [5].
Clais Ogier, *enquêteur*, 54 [5], 36 [20], 50 [20].
Clais le Raet, *ses hommes*, 162 [5].
Clais le Scelewe, *enquêteur*, 45 [5], 57 [15].
Clay le Rouch, *enquêteur*, 134 [1].
Clay Slove, *de Dunkerque*, 225 [10].
Clay (Clays) le Voghelare, *de Dunkerque*, 226 [1], [5].
Colardin de Lille, 204 [15].
Colin le Boud (le Bout), *de Dunkerque*, 224 [15], [20].
Colin le Crane, 213 [10].
Coppin Bode, 217 [10].
Coppin Boid, 216 [15], 217 [10].
Coppin Lyoen, *de Dunkerque*, 226 [15].
Coppin Peit, *Voy.* Jakeme Peit.
Coppin Pap, *de Dunkerque*, 225 [25].
Coppin Soys, *de Dunkerque*, 226 [5].
Coudekerke, *Coudekerque, arr. de Dunkerque, Nord*, 117 [10].
Corduaen de le Borre, 69 [5].
Crombeke, *arr. d'Ypres*, 54 [20]. — Le Franc de -, 54 [25].
Crochten, *Crochte, arr. de Dunkerque, Nord*, 138 [25].

D

Danelke de Warneston, 205 [5].
Daniel de Parys (Danel de Paris), *receveur des forfaitures à Cassel*, 205 [1], 220 [10].
Danut Harbeen, 216 [10].
Dauzi, *Donzi, château de-, dans le comté de Nevers*, 165 [5].
David Lamman, *de Dunkerque*, 224 [15].

David Loot, 216 [10].
Debboud Tastevort, *keurier de Furnes*, 173 [25], 174 [10], 175 [5], 176 [5], [20].
Dikemue, *Dixmude, hommes du châtelain (burchgrave) de - à Watou*, 148 [1], 158 [1]. — *Voy.* Thierri de Bevere.
Drauvenhoutere, *Dranoutre, arr. d'Ypres*, 79 [25].
Dunkerke, *Dunkerque*, 204 [25], 212 [20], [25], 222 [10], 223 [5], 224-227. — *Voy.* Willaume Zoetanin.
Duunkerke, *Oostdunkerke, arr. de Furnes*, 43 [1].

E

Ebblinghem, *arr. d'Hazebrouck, Nord*, 77 [5].
Egghewartscappele, *Eggewaertscappelle, arr. de Furnes*, 45 [5].
Elverdinghe (Luerdinghe), *arr. d'Ypres*, 47 [10], 157 [1].
Erenboutscapple, *Arembouts-Cappel, arr. de Dunkerque, Nord*, 131 [20].
Ernolz, *abbé de Saint-Nicolas de Furnes*, 165 [20], 167 [15].
Ernoul de le Derst, *chevalier*, 166 [1], 167 [20].
Estainfort (Steinfort, Stainford), *Steenvoorde, arr. d'Hazebrouck, Nord*, 73 [10], 220 [5], [10].
Estene de la Broye, 201 [15].

F

France Ysac, 221 [15].
Furnes (Vorne), 1 [1], 8 [1], 164 [15],

166 [5], 167 [25], 172 [5], 204 [20], 205 [20].
— Castelrie de -, 80 [10], 81 [30], 166 [5], 167 [15, 25], 170 [10]. *Voy.* Behoester-Port, Bewester-Poort, Saint-Nicolay, Sainte - Wuubur, Josse de Hemsrode.

G

Gadifer de Hasebreuch, 69 [1].
Gand (Ghent), 165 [20], 166 [15], 167 [15], 171 [15], 191 [20], 212 [5].
Gautier (Watier, Wautier) de Kevaucamp (Kevelcamp, Kavaucamp, Kavacamp, Cavacamp), *clerc et commissaire-député du roi de France*, 183 [10], 188 [15], 194 [20], 195 [1], 196 [1], 198 [10], 199 [5, 20], 200 [5, 20], 201 [10], 204 [10, 20], 221 [25], 224 [10], 227 [10].
Gérars, *sire de Rassenghien et de Liedekerke*, 190-192.
Ghedaringhet, *dép. de Ramscapelle*, 85 [15].
Gherart Reel, 213 [10].
Ghérard Verlusien, 69 [10].
Gherkin Royel, *de Dunkerque*, 226 [20].
Ghieverdinchove, *Ghyverinchove, arr. de Furnes*, 44 [5].
Ghis. du Boos, *habitant de la châtellenie de Bergues*, 211 [20, 25], 212 [1, 10, 15, 20, 30].
Ghijs Ossine, *enquêteur*, 137 [15], 138 [25].
Ghijs Plateel, *ses hommes*, 161 [15].
Ghijs Rijm, *de Dunkerque*, 226 [20].
Ghis. Boudene, 213 [10].
Ghis. Nevin, 213 [10].
Ghiselijn Damman, *enquêteur*, 51 [20].

Ghivelde, *Ghyvelde, arr. de Dunkerque, Nord*, 88 [25].
Ghizelbrecht van Zomerghem, *commissaire brugeois en 1324*, 171 [15].
Gill. Bode, 216 [10].
Gillekin le Tanre, *de Warneton*, 221 [15].
Gilles Bigghe, *keurier de Furnes*, 174 [1].
Gilles (Gilges) Cnibe, *homme de fief du comte de Flandre*, 166 [1], 167 [20].
Gillis Mote, 176 [5]. *Cf.* Verkateline.
Gillis die (den) Value, *keurier de Furnes*, 174 [5], 175 [15].
Gillis Vese, *keurier de Furnes*, 174 [5], 177 [10].
Gillon (Gilles) f. Jehan, *enquêteur*, 26 [15], 37 [25], 43 [1].
Gillon f. Wouters, *enquêteur*, 44 [1].
Godefroy, *frère de Jehan, seigneur de Sombreffe*, 192 [20].
Goudefortcamp, *Godewaersvelde, arr. d'Hazebrouck, Nord*, 74 [20].
Granmont (Grantmont), Grammont, 189-190, 191 [20]. — *Voy.* Jehan li Clers.
Grenboud de le Ysere, *de Dunkerque*, 226 [5]
Griele Craets (Craetz, Scraets), *de Dunkerque*, 225 [1, 5, 30], 226 [20, 25], 227 [1].
Guys Honesschen, *de Dunkerque*, 224 [25].

H

H. Boit, 213 [10].
H. Bold, 217 [5, 20].
H. Clai, 213 [10].

(233)

H Porart, 213[10]
Hamen, *Ham, abbaye près de Saint-Omer, hommes de l'abbé de-*, 147[15].
Hanekin de Gand, 223[10].
Hannekijn Willijn, *enquêteur*, 13[5], 62[1].
Hannin Carstianen, 214[25].
Hannin die Coninc, *de Bergues*, 213[25].
Hannin Craet, *de Dunkerque*, 227[1].
Hannin, fils de Hannin die Marscalc, 214[25].
Hannin Leuin, « *beledre* » *dans la châtellenie de Bergues*, 214[5].
Hannin die Marscalc, *de Quaedypre*, 214[20].
Hannin die Meer, 214[25].
Hannin van Rivelde, 214[25].
Hardincfort, *Hardifort, arr. d'Hazebrouck, Nord*, 72[10].
Haringhes, *Rousbrugge-Haringhe, arr. d'Ypres*, 41[10]
Hazebrouc (Hazebrouch), *Hazebrouck, chef-lieu d'arrondissement, Nord*, 69[1], 73[1].
Heinri Bruninc, *homme de fief du comte de Flandre*, 166[1], 167[25].
Heinri Leencnecht (Leencneecht), *enquêteur*, 125[10], 128[15].
Heinric Sporekin, *homme de fief du comte de Flandre*, 166[1], 167[25].
Henri de le Cambre, 69[10].
Henri de Flandre, *comte de Lodi*, 192[20].
Herbrecht (Herebrecht), Bladelin (Bladerin), *keurier de Furnes*, 170[1], 174[1], 176[25].
Hersele, *Herzeele, arr. de Dunkerque, Nord*, 130[5].

Heyde (le), *Voy.* Nieweheide.
Hoghestades, *Hoogstade, arr. de Furnes*, 46[10].
Hoghevelt, *près Hazebrouck*(?), 69[5].
Hondescote (Honscote), *Hondschoote, arr. de Dunkerque, Nord*, 95[1], 97[1], 206[15], 207[1], 215[15], 216[25], 217[5, 15, 20], 218[15]. *Voy.* Jehan le Valewe.
Houthem, *arr. de Furnes*, 56[1].
Houtkerke, *Houtkerque, arr. d'Hazebrouck, Nord*, 95[20].
Hoymilne (le), *Hoymille, arr. de Dunkerque, Nord*, 116[15].
Hubelet le Peskeur, 222[5].
Hue Tant, 213[10].
Hughe Fourke, *de Dunkerque*, 225[30].
Hughe Porke, *de Dunkerque*, 225[5].
Hugues de Crusi, *garde de la prévôté de Paris*, 186[5].

I

Inghelram van Bieren, 213[20].

J

Ja. de Boulayo, *trésorier de Reims*, 187,[25].
Jacob Abboud, *keurier de Furnes*, 173[25].
Jacop die Visch, *keurier de Furnes*, 173[25], 177[1].
Jakeme (Jakemon, Coppin) Peit, *hooftman dans les châtellenies révoltées*, 206,[26], 213[5, 25], 214[25], 217[1, 5, 10].
Jakemin Buffaes, *de Dunkerque*, 225[20].

Jakemin Roze, 216 [10].
Jakemin Sbiters, *de Dunkerque*, 225 [5].
Jan van den Clite, *commissaire yprois en 1324*, 172 [1].
Jean, *comte de Namur*, 165 [25].
Jean, *fils de Robert de Cassel*, 198 n.
Jeanne de Bretagne, *femme de Robert de Cassel*, 186 [5], 188 [10], [20], 198 [15], 199-200, 210 [15], 222 [1], 223 [10].
Jehan, *sire de Ghistelles*, 165 [20]. 167 [20].
Jehan, *seigneur de Sombreffe*, 192 [20].
Jehan Armijs, *enquêteur*, 131 [20].
Jehan Arnoud, *hommes de* -, 158 [15].
Jehan Bancinood, (Bankinoet), *d'Hondschoote, enquêteur*, 97 [1], 216 [25], 218 [1].
Jehan le Barbier, *de Dunkerque*, 225 [20].
Jehan Basin, 215 [5], 216 [10], 218 [5].
Jehan Bode, f. Willem Bode, 216 [15].
Jehan de Borre, 68 [25].
Jehan Boudeloet, le jovene, *enquêteur*, 61 [5], 64 [20], 65 [10].
Jehan Boidin, f. Karsten, 215 [5].
Jehan, f. Boidin Karsten, 218 [5].
Jehan Bonne, 209 [15].
Jehan Boudeloet, *enquêteur*, 65 [10].
Jehan Boulequin, 197 [5], 205 [1].
Jehan Brudoel, 216 [10].
Jehan Cleney, *enquêteur*, 34 [5], 36 [20], 50 [20].
Jehan li Clers, *clerc de Grammont*, 189-190.
Jehan li Clers, 209 [25].
Jehan Cloed (Cloet), *enquêteur*, 69 [15], 70 [25], 72 [10].

Jehan Colin, *habitant du métier de Bourbourg*, 210 [10], [25], 211 [1].
Jehan Coppijn, *enquêteur*, 35 [1].
Jehan le Costre, *enquêteur*, 22 [1].
Jehan Craets, *de Dunkerque*, 225 [20].
Jehan de Dringham, 206 [25].
Jehan de Dunkerke, *de Dunkerque*, 226 [10].
Jehan le Goes, *enquêteur*, 80 [5], 87 [1]. *Peut-être identique au suivant.*
Jehan le Goes (Jhan die Goes), *keurier de Furnes*, 170 [1], 174, [1], 176 [25]. *Peut-être identique au précédent.*
Jehan le Goes, *de Dunkerque*, 224 [25].
Jehan Gottscalk, 210 [5].
Jehan le Jovene, *enquêteur*, 93 [20], 125 [1].
Jehan Kief, *enquêteur*, 88 [25], 91 [10].
Jehan de Kilhem, *enquêteur*, 92 [10].
Jehan le Koc, *enquêteur*, 45 [5].
Jehan Lauward, *homme de fief du comte de Flandre*, 166 [1], 167 [20].
Jehan Lauwers, *receveur des forfaitures à Bergues*, 205 [1], 220 [5].
Jehan Lay, 209 [25].
Jehan de Lespent (Lespant), *sergent du roi de France dans le baillage d'Amiens*, 194 [20].
Jehan le Lonc, *enquêteur*, 87 [20].
Jehan le Mach, 216 [10].
Jehan Maes Sconevensters, *de Dunkerque*, 226 [10].
Jehan Mandont, *de Dunkerque*, 225 [10].
Jehan Masin, *enquêteur*, 29 [1].
Jehan Maure, 204 [10], 224 [10], 227 [10].
Jehan le Mestre, *de Dunkerque*, 225 [1], [5].

Jehan Moens, *de Dunkerque*, 225 [15].
Jehan de Monteberghe, 221 [5].
Jehan le Noir, *keurier de Furnes*, 169 [10], 176 [1].
Jehan Palstier, 222 [5], 225 [15].
Jehan des Prés, 195 [1], 196 [1].
Jehan du Pulgekin, 205 [1].
Jehan le Ram, *enquêteur*, 17 [15], 22 [1], 56 [1].
Jehan le Repere, *de Dunkerque*, 225 [10].
Jehan Reufin, *homme de fief du comte de Flandre*, 166 [1], 167 [25].
Jehan Ronkiers, *de Dunkerque*, 224 [15].
Jehan le Roy, *enquêteur*, 24 [15], 30 [25], 32 [1], 39 [15], 41 [10], 46 [1], 47 [10], 49 [20], 53 [1], 54 [10], 63 [5].
Jehan Russin, 201 [15].
Jehan de Saint-Nicholay, *habitant du métier de Bourbourg*, 207-210.
Jehan le Scot de Loon, *de Dunkerque*, 225 [10].
Jehan Scotelinc, *enquêteur*, 35 [10], 48 [10], 64 [1].
Jehan le Scrivere, *enquêteur*, 73 [10], 74 [10], 75 [10], 76 [15].
Jehan Smekartz, *de Dunkerque*, 225 [30].
Jehan Spetin, 201 [15].
Jehan Sterts, *de Dunkerque*, 225 [15], 226 [10].
Jehan de le Wastine, *chevalier*, 166 [1], 167 [10].
Jehan le Scildere (Jhan die Scildere), *keurier de Furnes et bailli de l'abbesse de Messines à Lampernesse*, 170 [1], 174 [1], 176 [15].

Jehan Tyel le jovene, *de Dunkerque*, 224 [20].
Jehan le Valewe, *hooftman d'Hondschoote*, 215 [5], 216 [5], 218 [5].
Jehan le Varsche, 215 [10].
Jehan le Vinc, *enquêteur*, 97 [1], 206 [10], 207 [1], [10], [15].
Jehan de Ziessele, *receveur de Robert de Cassel*, 219 [5].
Jhan die Deckere, *keurier de Furnes*, 174 [1], 177 [5].
Jhan van den Hove, *keurier de Furnes*, 174 [1].
Jhan die Plankenare, *keurier de Furnes*, 174 [5], 177 [10].
Jhan Pruedomme, 176 [10].
Jhan van Scors, *keurier de Furnes*, 174 [5].
Jhanne den Zwarten. *Voy.* Jehan le Noir
Joris de le Tour, 210 [5].
Josse de Hemsrode, *bailli de Furnes*, 184 [10].

K

Kasekinskerke, *Caeskerke, arr. de Dixmude*, 50 [20].
Klderingheem, 214 [5].
Kilhem (Killem), *Killem, arr. de Dunkerque, Nord*, 92 [10], 207 [1].
Koxide, *Coxyde, arr. de Furnes*, 38 [10].

L

Lambert le Bonnere (Bonere), *enquêteur*, 30 [25], 32 [1], 39 [15], 41 [10], 49 [20], 53 [1], 54 [20].

Lambert Rijfiju, *enquêteur*, 26 [15], 37 [25], 43 [1].

Lambracht Morin, *commissaire yprois en 1324*, 172 [1].

Lambrecht Bonin van Calvekete, *hooftman dans le Franc de Bruges*, 180-182.

Lammin de le Crois, *enquêteur*, 77 [15].

Lommin de Linke, 213 [10].

Lapernesse, *Lampernesse, arr. de Dixmude*, 57 [15].

Lawers Balox, *de Dunkerque*, 225 [1].

Le Capele, *Arembouts-Cappel-Capelle, arr. de Dunkerque, Nord*, 131 [20].

Ledringhien, *Ledringhem, arr. de Dunkerque, Nord*, 125 [1].

Leffrinthouke, *Leffrinchoucke, arr. de Dunkerque, Nord*, 121 [25].

Lenseles, *Lëysele, arr. de Furnes*, 22 [1].

Liedekerke, *arr. de Bruxelles*, 191 [20]. *Voy* Gérars, sire de Russenghien

Lille, 193 [20]. — *Voy* Saint-Pierre.

Lo, *Loo, arr. de Dixmude*, 25 [10], 48 [1].

Loberghe (Lobergh), *arr. de Dunkerque, Nord*, 211 [5].

Locre, *arr. d'Ypres*, 155 [20].

Lombardie, *Lombartzijde, arr. de Furnes*, 106 [5].

Louis, *comte de Flandre, de Nevers et de Réthel*, 103-105, 108 [20], 109 [10], 184-185, 189 [10], 190-192, 193 [15].

Louwerkin, *fils de Louwers Damman*, 213 [15].

Louwers Damman, *habitant de la châtellenie de Bergues*, 213 [15], 214 [1].

Luerdinghe, *Voy*. Elverdinghe.

M

Mabe Craetz, *de Dunkerque*, 227 [1].

Maes Sconeventers, *de Dunkerque*, 225 [25].

Maier, *secrétaire de Louis de Nevers*, 185 [15].

Manie Wisselars, *de Dunkerque*, 224 [20].

Margharie le Vaue, 216 [15].

Martin des Essors, 194 [10].

Masin de Bieres, 216 [10].

Menin, 185 [10].

Merckeem, *abbaye de Merckem près d'Ypres, hommes de l'abesse de*-, 147 [1].

Michel Coene, *de Dunkerque*, 225 [15].

Michel le Hoep, *de Dunkerque*, 225 [25].

Michel Vinx, *de Dunkerque*, 226 [30].

Michiel Beier, 215 [5], 216 [10], 218 [5].

Michiel Boid, 216 [10], 217 [10].

Michiel Carstel, *enquêteur*, 128 [1].

Michiel Langbeens, *de Dunkerque*, 226 [15].

Michiel Maije, 213 [10].

Michiel den Pinkere, 217 [1].

Michiel le Varsche, 216 [10], 218 [10].

Michiel Vliutart, 213 [10].

Mikiel Bart, *enquêteur*, 73 [1].

Mikiel le Bedelare, *de Dunkerque*, 226 [10].

Mikiel le Grise, *de Dunkerque*, 226 [25].

Mikiel Hanghers, *de Dunkerque*, 225 [15], 226 [5].

Mikiel Scure, *enquêteur*, 66 [1].
Mikiel de le Walle, *enquêteur*, 15 [1].
Moenin Everard, *de Dunkerque*, 226 [20].
Moenin Treclops, *de Dunkerque*, 225 [25].
Monmiral, *Montmirail, baronnie de Robert de Cassel dans le Perche*, 171 [10].

N

Neufport (Noefport, Nuefport), *Nieuport*, 80 [5], 149 [5], 166 [5], 204 [25], 205 [20], 222 [10], 223 [5]. — *Voy.* Nieweheide.
Neuve-Capele, *Nieucappelle, arr. de Dixmude*, 61 [5].
Niclais van Scathille, *commissaire brugeois en 1324*, 172 [1].
Nieweheide (le Heyde), *jadis hameau près d'Oostdunkerke*, 80 [5], 87 [1]. — *Cf.* p. XLVI, n. 1.
Nortscoten, *Noordschoote, arr. de Dixmude*, 46 [1].
Noortpenes, *Noordpeene, arr. d'Hazebrouck, Nord*, 71 [1].
Noyers, *le sire de*-, 194 [10].

O

Odenkerke, *Adinkerke, arr. de Furnes*, 9 [10], 82 [15].
Oestvleternes, *Oostvleteren, arr. d'Ypres*, 53 [1].
Oliviere de Poelevorde, *ses hommes*, 162 [1].
Ons-Heren-Trane te Vendone, *la Sainte-Larme de Vendôme*, 177 [5].

Onse-Vrouw te Charters, *N.-D. de Chartres*, 177 [5].
Onse-Vrouw te Rutsemadoene, *N.-D. de Rocamadour*, 177 [10].
Orliens, *Orléans, receveur d'*-, 183 [15].
Ostcaple, *Oost-Cappel, arr. de Dunkerque, Nord*, 207 [1]. — *Voy.* Sint-Niclais-Capple.
Oudinzeles, *Oudezeele, arr. d'Hazebrouck, Nord*, 69 [15].

P

Pacy, *Passy, près Paris*, 195 [25].
Paris, 187 [15], 192 [30], 194 [5], 195 [15], 196 [10], — *prévôté de* -, 187 [20].
Perche, *biens de Robert de Cassel dans le* -, 183 [15].
Pervise, *Pervyse, arr. de Furnes*, 59 [10], 85 [10].
Ph. de le Douve (de le Douvie), *ses hommes à Watou*, 148 [5], 159 [15].
Ph. de Werhem, *enquêteur*, 103 [1].
Ph de le Zueine, *enquêteur*, 25 [10], 48 [1].
Philippe VI de Valois, *roi de France*, 186 [10], 193 [5], 195 [1], 201 [20], 204 [13].
Pieres Michels, *de Dunkerque*, 224 [20].
Pierin Boid (Pierine Boide) 217 [5], 10, 20.
Pierin Say (Sax), 216 [15], 217 [20], 218 [5].
Pieron le Boud, *de Dunkerque*, 226 [20].
Pieron de le Dielf (de le Dief, delle Dilf, Pieter van der Delft), *bailli de Bergues*, 206 [20], 213 [13], 215 [1], 216 [20], 218 [1].

Pieron le Rautere, *de Dunkerque*, 226 [10].
Pieron Wenemare, 221 [20].
Pierre Coppijn, *enquêteur*, 9 [10].
Pierre Dertienne, *de Dunkerque*, 226 [1].
Pierre le Have, *enquêteur*, 110 [10].
Pierre de le Hofstede, *de Dunkerque*, 226 [1].
Pieter van der Mersch, *commissaire gantois en 1324*, 171 [15].
Pieter Palin, 210 [5].
Pitgam, *arr. de Dunkerque, Nord*, 123 [1].
Poillekin, *de Dunkerque*, 226 [30].
Polinchove, *Pollinchove*, *arr. de Dixmude*, 29 [1].
Pont d'Estaires, *Estaires, arr. d'Hazebrouck, Nord*, 220 [20].
Poperinghe, *arr. d'Ypres*, 63 [5].
Potiers, *Poitiers, comté de -*, 164 [23].
Preidenburch (?), 130 [1].
Provendes, *Proven, arr. d'Ypres*, 49 [20].

Q

Quadypre (Quat-Ypre), *Quaedypre, arr. de Dunkerque, Nord*, 110 [10], 214 [5].
Quastraet, *Quaedstraete, dép. de Cassel, arr. d'Hazebrouck, Nord*, 69 [15].

R

Raemscappelle, *Ramscapelle, arr. de Furnes*, 35 [20], 82 [15], 85 [15]. *Voy.* Ghedaringhet.
Rase de Wiske, 69 [5].
Regnaus (Renaus, Regnaut) de Fieffes, *doyen d'Amiens, commissaire député du roi de France*, 185 [23], 194 [20], 198 [10], 199 [5], 200 [5, 15], 201 [10, 20], 204 [10, 20], 224 [10].
Relenghes, *Reninghe, arr. de Dixmude*, 39 [15], 40 [15].
Rellof le Hont (Rellof die Hont), 213 [10], 214 [10].
Rely (le sire de), *ses hommes à Watou*, 145 [15], 148 [5].
Renier de Kienvile, *homme de fief du comte de Flandre*, 166 [1], 167 [23].
Reninghelst, *arr. d'Ypres*, 154 [5].
Renteke, *Arneke, arr. d'Hazebrouck, Nord*, 72 [1].
Rexpoude, *Rexpoede, arr. de Dunkerque, Nord*, 130 [1], 139 [10], 207 [1].
Rikart Karlin, *de Dunkerque*, 226 [23, 30].
Risele, *dép. de Sainte-Marie-Capelle*, 70 [23].
Robert III de Béthune, *comte de Flandre*, 168 [20], 169 [23], 170 [5], 171 n. 1, 175 [10].
Robert de Flandre, *sire de Cassel*, 165 [23], 166 [10, 23], 167 [5], 171-180, 183 [10], 186 [15], 188 [25], 192 [20], 198 n, 199 [5], 211 [20], 212 [5], 215 [20], 216 [25], 219 [5], 222 [1], 223 [1]. *Voy.* Jean, Jeanne de Bretagne, Yolande.
Robert de le Bourch. *Voy.* Robracht van der Borgh
Robert le Heercez, *habitant du métier de Bourbourg* (?), 209 [10].
Robin Boud, *enquêteur*, 66 [1].
Robracht Bariscel, *keurier de Furnes*, 174 [1], 176 [23].

Robracht van der Borgh (Robert de le Bourch), *keurier de Furnes*, 170 [1], [5], 174 [5], 175 [5], [10], 176 [1].
Roeds-Brugghe, *Rubrouck; homme de madame de -*, 147 [5].
Roens-Nieweland (?), 86 [20].
Rogier Monac, 222 [15].
Rogier Thonin, *homme de fief du comte de Flandre*, 166 [1], 167 [20].
Roulf Stuvin, *de Dunkerque*, 227 [1].
Rubbin (Rubin, Rabbin) f. Aven (Rubbin Avenzuene), 215 [5], 216 [15], 217 [10], 218 [10].
Rubruec, *Rubrouck, arr. d'Hazebrouck, Nord*, 78 [5]. *Voy.* Roeds-Brugghe.
Ruyscure, *Renescure, arr. d'Hazebrouck, Nord*, 77 [1].

S

Saint-Bertin, *terre de -*, 85 [20].
Saint-Niclais-Capple, *Oostcappel, arr. de Dunkerque, Nord*, 142 [15]. Cf. p. xlviii, n. 2.
Saint-Nicolay (Sen-Nicholay, Sinte-Niclaus), *abbaye de - à Furnes*, 172 [5]. *Voy.* Ernolz — *Terre de - à Nieuport*, 85 [20]. — *Paroisse de - à Furnes*, 5 [10].
Saint-Omer (Saint-Thomer), 186 [1], 197 [1], [10], [25], 202 [15], 203 [15]. — *Prévôté du chapitre de - à Bierne*, 115 [15]; — *à Teteghem*, 121 [10].
Saint-Pierre de Lille, *franchise de -, à Capele-Saint-Jake*, 64 [15]; — *à Viese-Capele*, 65 [5].
Saint-Rikier, *Saint-Ricquiers, arr. de Furnes*, 33 [1].
Sainte-Marie-Capelle, *arr. d'Hazebroeck, Nord*, 70 [20]. — *Voy.* Risele.

Sainte-Wuubur, *aujourd'hui Sainte-Walburge, paroisse de Furnes*, 37 [10].
Serminseles, *Zermezeele, arr. d'Hazebrouck, Nord*, 72 [10].
Ser-Willems-Capelle, *'s Heer Willems-Cappelle, dép. de Furnes*, 61 [1].
Sincinne-Capielle, *Petite Synthe, arr. de Dunkerque, Nord*, 125 [10].
Soier-Capele, *Zeggers-Cappel arr. de Dunkerque, Nord*, 77 [20].
Soucote, *Voy.* Zoutcote.
Sox, *Voy.* Choex.
Spikere, *Spycker, arr. de Dunkerque, Nord*, 99 [1].
Stainford (Steinfort), *Voy.* Estainfort.
Stainwerc, *Steenwerk, arr. d'Hazebrouck, Nord*, 220 [20].
Staples, *Staple arr. d'Hazebrouck, Nord*, 77 [15].
Stassin le Walwerkere, *de Dunkerque*, 224 [15].
Stavele, *arr. de Furnes*, 32 [1].
Steenkerke, *arr. de Furnes*, 66 [1].
Stenes (Steen), *Steene, arr. de Dunkerque, Nord*, 134 [1], 214 [5].
Stuvinskerke, *Stuyvekenskerke, arr. de Dixmude*, 36 [15].
Suutpenes, *Zuydpeene, arr. d'Hazebrouck, Nord*, 71 [1].
Symoen Sheermaechelinenzone, *commissaire gantois en 1324*, 171 [15].
Symon le Keyser, *enquêteur*, 112 [15], 113 [25], 116 [15], 136 [5].
Symon des Prés (des Préés), *enquêteur*, 99 [1], 101 [1].
Symon le Tolnare, *enquêteur*, 59 [10].

T

Terewane, Térouanne, *terre de l'évêque de-* à *Herzeele,* 137 [5].

Tetinghem, *Teteghem, arr. de Dunkerque, Nord,* 119 [1]. — *Prévôté de Saint-Omer à-*, 121 [10].

Th. de Vinc, *d'Hondschote,* 216 [25].

Thierri de Bevere (Beverne), *châtelain de Dixmude,* 166 [1], 167 [20], 192 [20].

Thumas Ribolet, 221 [25].

Tierri le Brabandere, *enquêteur,* 88 [25], 91 [10].

Tilg, *Lynde arr. d'Hazebrouck, Nord,* 70 [10].

Trisse Craetz, *de Dunkerque,* 227 [1].

U

Uxhem, *Uxem, arr. de Dunkerque, Nord,* 91 [10].

V

Vaast (Waast) de Villers, *commissaire-député du roi de France,* 185 [25], 188 [15], 194 [20], 195 [1], 196 [1, 10], 198 [10].

Venichem, *Vinchem, arr. de Furnes,* 162 [1].

Verkateline, *veuve de Gillis Mote,* 176 [5].

Viese-Capele, *Oude-Capelle, arr. de Dixmude,* 65 [10]. — *Franchise de Saint-Pierre de Lille à -,* 65 [5].

Vincennes, 187 [20].

Vincheut Poene, 221 [5].

Vistrebel, *clerc de la chancellerie royale,* 194 [10].

Vlamertinghe, *arr. d'Ypres,* 154 [25].

Volcrincove, *Volkerinchove, arr. de Dunkerque, Nord,* 78 [10].

Volkensarne (?), 108 [20].

Vorne, *Voy.* Furnes.

Vrije (het), *le Franc de Bruges,* 181 [5, 10, 25].

W

Warneston, 204 [25], 222 [10], 223 [10] — *Bailli de -,* 221 [5, 15].

Waterne, *Watten, prévôté de l'abbaye de-,* 146 [25].

Watewe (Watwe), *Watou arr. de Furnes,* 145 [15], 148, 158, 159 [25]. *Voy.* Dikemue, *châtelain de-;* Ph. de le Douve.

Wautier li Fave, 207 [1].

Wautier le Foullon, *enquêteur,* 77 [20], 78 [1, 5, 10].

Wautier de Kevaucamp. *Voy.* Gautier de Kevaucamp.

Wautier le Scridere, *d'Hondschoote,* 215 [1, 10].

Werhem, *Warhem, arr. de Dunkerque, Nord,* 106 [10].

Westvleternes, *Westvleteren, arr. d'Ypres,* 30 [20].

Wijlre, *Wylder, arr. de Dunkerque, Nord,* 214 [1].

Wijlrebrigghe, *dép. de Wylder, arr. de Dunkerque, Nord,* 214 [1].

Wijts Vischs, *franchise de-,* à *Capele-Saint-Jake,* 65 [1].

Willaumes Blijfhier, *de Dunkerque,* 225 [5].

Willaume Heyneman, *de Dunkerque,* 225 [20].

Willaume Horard, *enquêteur,* 1 [1].

Willaume Lauwers, *de Dunkerque*, 224 [25].

Willame Pruchenier, 205 [1].

Willaume f. Sarre, 210 [5].

Willaume Togh (Togghes), *de Dunkerque*, 226 [15].

Willaume Tongh, *de Dunkerque*, 225 [1].

Willaume le Vos, *de Dunkerque*, 225 [15].

Willaume Zoetanin, *bailli de Dunkerque*, 220 [1].

Willem Anbrois, 216 [10].

Willem de Couthove, *enquêteur*, 73 [10], 74 [20], 75 [20], 76 [25], 78 [15].

Willem die Deken, *bourgmestre de Bruges*, 171 [15].

Willem Martelieu, *enquêteur*, 119 [1], 121 [25].

Willem van Morslede, *hooftman d'Ypres*, 217 [1].

Willem Pander, *enquêteur*, 123 [1].

Willem le Poison, *enquêteur*, 44 [10], 46 [10].

Willem Scinkel, *keurier de Furnes*, 174 [5].

Wininzele, *Winnezeele, arr. d'Hazebrouck, Nord*, 75 [20].

Winnoc Craets, *de Dunkerque*, 227 [1].

Winnoc le Fiere (de Flere), *hooftman de Bergues*, 215 [5], [10] et n. 216 [5], 218 [5], [10].

Wlcravenskinderkerke, *Oostkerke, arr. de Furnes*, 34 [5]. *Cf.* p. xliii, n. 1.

Wormoud, *Wormhoudt, arr. de Dunkerque, Nord*, 112 [15], 214 [1], — *prévôté de* -, 113 [20].

Wouter le Bere, 213 [10].

Wouter de Scrider, *d'Hondschote*, 216 [25].

Wulpen, *arr. de Furnes*, 26 [15].

Wulverinchem, *Wulveringhem, arr. de Furnes*, 15 [5].

Wydoot die Crane, *keurier de Furnes*, 174 [5].

Y

Ykelsbeike, 214 [5].

Yolande, *fille de Robert de Cassel*, 198 n.

Ypres, 165 [20], 166 [15], 167 [20], 168 [15], 169 [5], 172 [1], 212 [5], 222 [15]. *Voy.* Willem van Morslede.

Ysenberghe, *arr. de Furnes*, 17 [25].

Z

Zentergrant - Monstier, *Grande Synthe, arr. de Dunkerque, Nord*, 128 [15]. — *Cf.* p. xlviii, n. 1

Zinte-Winnox, *église à Bergues*, 217 [15].

Zoutcote (Soucote), *Zuytcoote, arr. de Dunkerque, Nord*, 145 [1], 159 [15].

Zoutenay, *Zoutenaey, arr. de Furnes*, 44 [1].

Zuutscotes, *Zuydschoote, arr. d'Ypres*, 24 [10], 46 [1].

TABLE DES MATIÈRES.

	Pages.
Introduction	I–LXX
Inventaires des héritages des combattants de Cassel	1
a. Hommes tués à la bataille	ib.
b. Hommes échappés de la bataille	149
Appendice	163
Table des noms propres	229

ERRATA.

Page	3,	ligne 25,	au lieu de	*mesure,*	lire	*mesures.*
=	9	= 22	=	*ghivoldre*	=	*Ghivoldre.*
=	11	= 15	=	*tere*	=	*terre.*
=	20	= 10	=	*ea*	=	*eo.*
=	26	= 16	=	*Gilles fils Jehan*	=	*Gillon f. Jehan.*
=	43	= 17	=	*le veve*	=	*le neve.*
=	47	= 17	=	*seit*	=	*7.*
=	48	= 22	=	*Anencapple*	=	*Avencapple.*
=	57	= 28	=	*le veve*	=	*le neve.*
=	58	= 6	=	*le veve*	=	*le neve.*
=	95	= 6	=	*Drapier*	=	*drapier.*
=	99	= 3	=	*Desprees*	=	*des Préés.*
=	101	= 3	=	*Despres*	=	*des Prés.*
=	103	= 29	=	*une*	=	*1.*
=	158	=	3, les mots *en le castel* doivent être probablement complétés : *en le castel[lerie de Furnes].*			
=	171, n. 1, ligne 3, au lieu de *Montmiral,* lire *Montmirail.*					
=	184, ligne 13, au lieu de *Hemsrede* lire *Hemsrode.*					
=	197	= 9	=	*nous*	=	*vous.*
=	204	= 21	=	*Cavacam*	=	*Cavacamp*
=	207	= 2	=	*Rexponde*	=	*Rexpond.*
=	213	= 11	=	*matie*	=	*matje*

AVIS.

Tous les livres et brochures destinés à la Commission doivent lui être envoyés par l'intermédiaire de M. le Secrétaire perpétuel de l'Académie.

Toute réclamation relative à l'envoi des Bulletins ou des Chroniques doit lui être faite par le même intermédiaire.

PUBLICATIONS DE LA COMMISSION.

IN-QUARTO.

Rymkronyk van Jan Van Heelu, uitgegeven met ophelderingen en aenteekeningen door J.-F. WILLEMS; 1836.

Chronique rimée de Philippe Mouskès, publiée par le baron DE REIFFENBERG : t. Ier, 1836; t. II, 1838; Suppl., 1845.

Corpus Chronicorum Flandriae, edidit J.-J. DE SMET, cathed. S. Bavonis canon : t. Ier, 1837; t. II, 1841; t. III, 1856; t. IV, 1865.

Brabantsche Yeesten of Rymkronyk van Braband, door Jan De Klerk van Antwerpen, uitgegeven door J.-F. WILLEMS : t. Ier, 1839; t. II, 1843; t. III (par BORMANS), 1869.

Monuments pour servir à l'histoire des provinces de Namur, de Hainaut et de Luxembourg. (Les tomes I, IV, V, VII et VIII ont été publiés par le baron DE REIFFENBERG.)

T. Ier. — Chartes de Namur et de Hainaut; 1844.

T. II — Cartulaire de Cambron, publié par J.-J. DE SMET, 1869.

T. III. — Suite et complément des Chartes de Hainaut, publié par M. LÉOPOLD DEVILLERS; 1874.

T. IV et V. — Le Chevalier au Cygne et Godefroid de Bouillon; 1846 et 1848.

T. VI. — 1re partie : Suite du Chevalier au Cygne et Godefroid de Bouillon (publiée par ADOLPHE BORGNET), 1854; 2me partie : Glossaire, par ÉM. GACHET et LIEBRECHT; 1859.

T. VII. — Gilles de Chin, poème; Chroniques monastiques; 1847.

T. VIII. — Autres chroniques monastiques du Namurois et du Hainaut, 1848.

Documents relatifs aux troubles de Liége sous les princes-évêques Louis de Bourbon et Jean de Hornes, publiés par le chanoine DE RAM; 1844.

Relation des troubles de Gand sous Charles-Quint, suivie de 330 documents inédits sur cet événement, publiée par GACHARD; 1846.

Chronique de Brabant, par de Dynter, avec la traduction de Wauquelin, publiée par DE RAM : t. I, part. I et II, 1854 et 1860; t. II, 1854; t. III, 1857.

Joannis Molani historiae Lovaniensium libri XIV, publiés par DE RAM : part. I et II; 1861.

Chronique de Jean de Stavelot, publiée par ADOLPHE BORGNET; 1861; Table, par M. STANISLAS BORMANS, 1887.

Chronique de Jean d'Outremeuse : t. I, 1864; t. II, 1869; t. III, 1873; t. V, 1867, publiés par BORGNET; t. IV, 1877; t. VI, 1880, et Introduction et Table, 1887, publiés par M. STANISLAS BORMANS.

Table chronologique des chartes et diplômes imprimés concernant l'histoire de la Belgique, par M. ALPHONSE WAUTERS : t. I, 1866; t. II, 1868; t. III, 1871; t. IV, 1874; t. V, 1877; t. VI, 1881; t. VII, 1re partie, 1885; 2e partie 1889; t. VIII, 1892; t. IX, 1896.

Chroniques relatives à l'histoire de la Belgique sous les ducs de Bourgogne, publiées par le baron KERVYN DE LETTENHOVE, t. I, 1870; t. II, 1873; t. III, 1876.

Collection des voyages des souverains des Pays-Bas : tome Ier, 1876; tome II, 1874; tome III, 1881; tome IV, 1882. (Les tomes I et II ont été publiés par GACHARD, le tome III par MM. GACHARD et PIOT, le tome IV par M. PIOT.)

Cartulaire de l'abbaye de Saint-Trond, publié par M. CH. PIOT : t. I, 1870; t. II, 1875.

Les Bibliothèques de Madrid et de l'Escurial. Notices et Extraits des manuscrits qui concernent l'histoire de Belgique, par GACHARD, 1875.

Codex Dunensis sive Diplomatum et Chartarum medii aevi amplissima Collectio; publié par le baron KERVYN DE LETTENHOVE, 1875.

La Bibliothèque nationale à Paris. Notices et Extraits des manuscrits qui concernent l'histoire de Belgique; par GACHARD : t. Ier, 1875; t. II, 1877.

Correspondance du cardinal de Granvelle : t. Ier, 1878; t. II, 1880; t. III, 1881; t. IV, 1884; t. V, 1886; t. VI, 1887; t. VII, 1889; t. VIII, 1890; t. IX, 1892; t. X, 1893; t. XI, 1894; t. XII, 1896. Les tomes I, II, III publiés par EDM. POULLET, les t. IV à XII, par M. CH. PIOT.

Istore et Chroniques de Flandres, publiées par le baron KERVYN DE LETTENHOVE : t. Ier, 1879; t. II, 1880.

Chroniques de Brabant et de Flandre (en flamand), publiées par M. CHARLES PIOT, 1879.

Cartulaire de l'abbaye d'Orval, publié par le P. HIPPOLYTE GOFFINET, 1879.

Cartulaire des comtes de Hainaut, publié par M. LÉOPOLD DEVILLERS : t. Ier, 1881; t. II, 1883; t. III, 1886; t. IV, 1889; t. V, 1891; t. VI, 1896.

Relations politiques des Pays-Bas et de l'Angleterre sous le règne de Philippe II, publiées par le baron KERVYN DE LETTENHOVE: t. Ier, 1882; t. II et III, 1883; t. IV, 1884; t. V, 1886; t. VI et VII, 1888; t. VIII, 1889; t. IX, 1890; t. X, 1891.

Histoire des troubles des Pays-Bas, de Renon de France, publiée par M. CHARLES PIOT : t. Ier, 1886; t. II, 1889; t. III, 1891.

Cartulaire de l'église de Saint-Lambert de Liège, publié par M. STAN. BORMANS et SCHOOLMEESTERS, t. Ier, 1893; t. II, 1895; t. III, 1898.

Le manuscrit Cotton Galba B. I. transcrit sur l'original par M. Edw. Scott, conservateur des manuscrits au British Museum, publié par M. GILLIODTS-VAN SEVEREN.

Chartes inédites de l'abbaye d'Orval, publiées par M. DELESCLUSE, 1896.

Les chartes de Saint-Martin, de Tournai, publiées par M. D'HERBOMEZ, t. I, 1898.

IN-OCTAVO.

Compte rendu des séances de la Commission royale d'histoire, ou Recueil de ses Bulletins : 1re série, 16 vol., 1834-1850; 2me série, 12 vol., 1850-1859; 3me série, 14 vol., 1859-1872; 4me série, 17 vol., 1873-1890; 5me série, t. I à VIII, 1891-1898.

Table générale des Bulletins (1re série, t. I à XVI), rédigée par ÉM. GACHET, 1852; — (2me série, t. I à XII); par M. ERN. VAN BRUYSSEL, 1865; — (3me série, t. I à XIV); par M. J.-J.-E. PROOST, 1875.

Table générale, chronologique et analytique, des chartes, lettres, ordonnances, traités et autres documents contenus dans les 1re, 2me *et* 3me *séries des Bulletins*; par M. J.-J.-E. PROOST, 1874.

Retraite et mort de Charles-Quint au monastère de Yuste. Lettres inédites publiées par GACHARD: Introduction, 1854; t. Ier, 1854; t. II, 1855.

Relations des ambassadeurs vénitiens sur Charles-Quint et Philippe II; par GACHARD, 1855.

Synopsis actorum ecclesiae Antverpiensis; par DE RAM, 1856.

Revue des Opera Diplomatica du Miraeus; par LE GLAY, 1856.

Correspondance de Charles-Quint et d'Adrien VI, publiée pour la première fois par GACHARD, 1859.

Actes des États généraux des Pays-Bas, 1576-1585. Notice chronologique et analytique, par GACHARD : t. Ier, 1861; t. II, 1866.

Don Carlos et Philippe II; par GACHARD, t. I et II, 1863.

Le Livre des feudataires du duc Jean III; publié par L. GALESLOOT, 1865.

Le Livre des fiefs du comté de Looz sous Jean d'Arckel; par M. le chevalier C. DE BORMAN, 1875.

Table générale des Notices concernant l'histoire de Belgique publiées dans les Revues belges, de 1830 à 1865; par M. ERNEST VAN BRUYSSEL, 1869.

Documents inédits relatifs à l'histoire du XVIe siècle, publiés par le baron KERVYN DE LETTENHOVE, 1re partie, 1883.

Le mémoire du légat Onufrius sur les affaires de Liège, 1468; publié par M. STANISLAS BORMANS.

Obituaire de l'église Saint-Jean, à Gand, 1889; publié par M. DE PAUW.

Polyptyque de Guillaume, abbé de Saint-Trond, 1896; publié par M. PIRENNE.

Le livre des fiefs de l'église de Liège sous Adolphe de la Marck, 1898; publié par M. PONCELET.

Actes et documents anciens intéressant la Belgique, 1898; publiés par M. CH. DUVIVIER.

Inventaire des cartulaires conservés dans les dépôts des archives de l'État en Belgique, 1895.

Inventaire des cartulaires conservés en Belgique ailleurs que dans les dépôts des archives de l'État, 1897.

Inventaire des cartulaires belges conservés à l'étranger, 1899.

Inventaire des héritages des Flamands tués à la bataille de Cassel, 1900; publié par M. PIRENNE.

SOUS PRESSE :

MM. BORMANS et SCHOOLMEESTERS, *Cartulaire de l'église de Saint-Lambert, de Liège*; t. IV.

M. BORMANS, *Table chronologique des chartes et diplômes imprimés concernant l'histoire de Belgique*, t. X.

M. GILLIODTS-VAN SEVEREN, *Relations politiques entre les Pays-Bas et l'Angleterre*, t. XI.

M. KURTH, *Les chartes de l'abbaye de Saint-Hubert*, t. I.

M. D'HERBOMEZ, *Les chartes de l'abbaye de Saint-Martin de Tournai*, t. II.

M. BACHA, *La chronique de Gembloux*.

MM. HALKIN et PONCELET, *Table générale du recueil des Bulletins*, 4e série, t. I à XVII.

www.ingramcontent.com/pod-product-compliance
Lightning Source LLC
Chambersburg PA
CBHW071300160426
43196CB00009B/1370